商用车结构仿真分析

赵卫艳 周肖飞 主 编

西北工业大学出版社
西安

【内容简介】 本书系统介绍商用车的仿真分析架构和理论方法,内容包括概念、结构分析基础理论、有限元建模、车身结构分析、碰撞安全分析、车门分析、车架系统分析、转向系统分析、悬架系统分析、动力总成悬置系统分析、传动轴系统分析、车架接附件分析、商用车动力电池系统分析、载荷谱分析和轻量化分析。本书可用作车辆设计、机械设计专业研究生、本科生及车辆行业设计、仿真等相关从业者的参考用书。

图书在版编目(CIP)数据

商用车结构仿真分析 / 赵卫艳,周肖飞主编.

西安：西北工业大学出版社,2024.10. -- ISBN 978 - 7 - 5612 - 9410 - 9

Ⅰ.U469

中国国家版本馆 CIP 数据核字第 2024SD9066 号

SHANGYONGCHE JIEGOU FANGZHEN FENXI

商 用 车 结 构 仿 真 分 析

赵卫艳　周肖飞　主编

责任编辑：付高明		策划编辑：查秀婷	
责任校对：曹　江		装帧设计：高永斌　董晓伟	
出版发行：	西北工业大学出版社		
通信地址：	西安市友谊西路 127 号	邮编：710072	
电　　话：	(029)88493844,88491757		
网　　址：	www.nwpup.com		
印　刷　者：	西安五星印刷有限公司		
开　　本：	787 mm×1 092 mm	1/16	
印　　张：	18		
字　　数：	449 千字		
版　　次：	2024 年 10 月第 1 版	2024 年 10 月第 1 次印刷	
书　　号：	ISBN 978 - 7 - 5612 - 9410 - 9		
定　　价：	88.00 元		

如有印装问题请与出版社联系调换

前　言

　　1896年，德国戴姆勒公司生产了世界上第一辆卡车，证明了内燃机在货物运输场景的可用性。这辆卡车由一辆马车改装，动力来源于 4 hp（1 hp＝745.7 W）的双缸乘用车发动机，加装了弹簧悬架用于避震，戴姆勒公司将其命名为"凤凰（Phoenix）"。以现代的目光来看，这辆车甚至很难定义为一台卡车。1924年，德国曼商用车股份公司在其生产的卡车"Saurer"上搭载了一台四缸直喷的柴油发动机，工程师驾驶这辆 4 t 的 40 hp 平板卡车在 5.5 h 内完成了 140 km 的路测。这辆卡车的出现成为卡车发展史上的里程碑，卡车逐渐替代马车成为运输行业的主力。

　　我国第一台卡车诞生于1956年，由第一汽车制造厂生产的"解放"牌 CA10 卡车，载重量 4 t，搭载一台 5.6 L 的 6 缸发动机，最大功率为 90 hp，匹配 5 速手动变速箱，最高车速为 75 km/h，油耗为 29 L/km。1970年，我军下线第一代重型越野车，在20世纪80年代通过改型，实现了"军""民"卡车的共同发展。

　　回顾我国卡车发展的历史，从第一辆卡车仿制于苏联的 ZiS-150，到目前能够完全自主研发生产，有着几代卡车人的共同努力，从试验验证到仿真验证，从粗略模仿到性能可控，仿真分析在其中扮演着不可或缺的角色。

　　本书基于笔者在商用车行业二十余年的仿真分析经验和积累，尽量采用通俗易懂的语言介绍商用车仿真分析的相关知识架构，并对每个知识点提供了现实案例予以支撑，希望能帮助到读者。

　　本书前3章介绍商用车及结构仿真分析的基础知识，第4～13章以子系统为单位，系统介绍相关的分析内容和指标，并针对相关的分析理论进行详细说明;第 14 章介绍商用车最主要的激励来源——路面载荷的获取及信号处理;第 15 章介绍商用车设计中常用的优化手段。

本书由赵卫艳、周肖飞主编并编稿,参与编写的人员有张永涛、黄淼、陈文斐、何海浪、高军委、周利、史季青、王淼、任国涛、杨胜超、杨敏、贺廷俊、翟云飞、姜永晴等,在此,由衷地向参编人员表示感谢!

在编写本书的过程中,笔者参考了大量资料与文献,在此向其作者表示感谢。

由于水平有限,本书难免存在不足之处,还请广大读者朋友及业内专家多多指正。

编 者

2024 年 1 月

目　　录

第1章　概论	1
1.1　商用车构造及性能指标体系	2
1.2　商用车性能验证方法	6
1.3　本书主要内容	10
参考文献	13
第2章　结构分析基础理论	14
2.1　有限元理论	14
2.2　结构失效与强度理论	26
2.3　疲劳理论	29
参考文献	47
第3章　有限元建模	48
3.1　模型检查与几何清理	48
3.2　单元类型及网格划分	50
3.3　模型连接	59
3.4　材料属性设置	65
3.5　边界条件	69
3.6　分析工况	70
参考文献	73
第4章　车身结构分析	74
4.1　车身有限元建模	74
4.2　车身刚度分析	75
4.3　车身模态分析	80
4.4　车身强度分析	81
4.5　车身翻转系统分析	84
4.6　外板抗凹分析	86
4.7　机舱盖分析	87
4.8　车身内外饰件分析	90

参考文献 ·· 93

第 5 章 碰撞安全分析 94
5.1 汽车碰撞仿真基本理论 94
5.2 商用车驾驶室乘员保护法规试验及仿真 100
5.3 商用车安全带安装固定点系统试验及仿真 117
5.4 商用车防护装置碰撞分析 120
参考文献 ·· 126

第 6 章 车门分析 128
6.1 车门简介 128
6.2 车门仿真分析 130
参考文献 ·· 141

第 7 章 车架系统分析 142
7.1 车架简介 142
7.2 车架仿真建模 145
7.3 车架强度分析 148
7.4 车架刚度分析 154
7.5 车架疲劳分析 157
7.6 车架模态分析 161
参考文献 ·· 162

第 8 章 转向系统分析 163
8.1 转向系统模态分析 164
8.2 转向操纵机构强度分析 166
8.3 转向传动机构强度分析 171
参考文献 ·· 174

第 9 章 悬架系统分析 175
9.1 悬架结构 176
9.2 悬架系统分析 179
9.3 悬架附件分析 183
参考文献 ·· 186

第 10 章 动力总成悬置系统分析 187
10.1 动力总成悬置系统简介 187
10.2 动力总成悬置系统振动分析 188
10.3 动力总成悬置支架强度及疲劳分析 196
参考文献 ·· 197

第 11 章 传动轴系统分析 198
11.1 传动轴强度分析 199

11.2 传动轴约束模态 203
11.3 传动轴支承角板静强度 204
参考文献 206

第12章 车架接附件分析 207
12.1 车架接附件的激励源 207
12.2 接附件模态分析 211
12.3 接附件强度分析 216
12.4 接附件疲劳分析 220
参考文献 229

第13章 商用车动力电池系统分析 230
13.1 电池系统构成和布置形式 230
13.2 电池包机械安全测试和仿真 232
参考文献 242

第14章 载荷谱分析 243
14.1 载荷谱采集与处理 243
14.2 道路模拟试验方法简介 252
14.3 虚拟迭代仿真分析 253
14.4 多体动力学载荷提取 257
参考文献 260

第15章 轻量化分析 261
15.1 结构优化分析理论与流程 261
15.2 结构优化技术 263
15.3 基于结构优化的轻量化设计实例 272
15.4 基于超单元的结构优化分析 277
参考文献 280

第1章 概　　论

近年来,汽车已成为最普遍的运输和代步工具,许多国家都将汽车工业作为支柱性产业。我国汽车工业起步晚,经过改革开放四十多年的艰难探索,逐渐缩小了与世界先进汽车制造业的差距,汽车产业有了长足的发展。我国是汽车的消费大国,根据乘用车市场信息联席会(简称乘联会)公布数据,2023年全年乘用车累计销量为2 606.3万辆;中国汽车工业协会统计数据显示,2023年商用车累计销售403.1万辆,其中货车销量为353.9万辆,货车销量中重型货车占比25.74%。面对日益增长的市场需求,还要应对日益严峻的能源危机和世界范围的生态环境问题,轻量化、节能、环保、提速、可靠性、舒适性和安全性成为汽车工业发展不可回避的问题,并将在今后一段时期内发展为行业趋势。

国内的整车研发,从技术引进、合资开发到目前已具备一定的自主研发能力,车辆开发已从粗放单纯的结构设计发展到基于性能的整车开发。整车性能是龙头,是车辆品质的保证,而合理的结构是整车性能实现的前提。整车性能包括质量寿命、安全性、驾驶环境、环保性能、驱动性能、造型、运输效率和残值,要实现整车性能指标,需要科学的研发体系和合理的结构去保障。

汽车由动力源、传动系统、承载系统、行驶系统和控制系统组成。承载系统是整车的骨架和支撑结构,其他系统通过连接件搭载在骨架上实现车辆的正常运行。所有系统功能都是通过结构实现的,因此结构设计水平决定了车辆的品质。随着科学技术的进步,人们对结构设计的要求越来越高,不仅要求结构能实现预定功能,而且要具有良好的静、动特性,长寿命,工作安全可靠,轻量化,造型美观等特点。

汽车零部件在使用过程中会发生不同形式的损伤和破坏。车辆在运行过程中,与人、路、环境组成一个十分复杂的系统,车辆各个系统的零部件承受动载荷,动载荷受许多因素(驾驶员的操作习惯和操作方式、行驶车速及路面条件等)的影响,而且车辆装配的一致性也会影响车辆受力。汽车的使用条件复杂,影响因素多样,零件承受外载荷导致的应力幅值在很大的范围内变动,甚至应力性质也会改变。当受到短时间大的峰值载荷的作用并在其危险截面产生超过屈服极限或强度极限的应力时,会导致零件的断裂失效,这种失效形式称为静强度失效;有些零件在动载荷长期重复作用下形成局部高应力区,使较弱晶粒产生微观裂纹并继续发展成宏观裂纹,从而导致疲劳破坏。这种动载荷可能是拉、压、弯、扭载荷中的一种,也可能是几种载荷的复合载荷,这种失效称为疲劳失效。无论是哪种失效形式都会对车辆运行造成影响,甚至导致安全事故。图1-1所示为车架管梁失效,管梁主要承受扭转力的作用,车架扭转角度过大时容易导致横梁开裂。图1-2所示为板簧失效,板簧主要承受垂向和侧向载荷,车辆超载时易产生板簧断裂失效。

图1-1 管梁失效

图1-2 板簧失效

因此,在车型开发阶段,需对车辆各个零部件的结构进行强度、刚度、疲劳等性能分析,同时对设计不足和冗余项进行优化设计,形成有效合理的设计方案。20世纪60年代发展起来的有限元技术使得结构设计和计算的多次迭代成为可能,在提高结构设计质量的同时,大大缩短了汽车研发周期,降低了研发成本。在结构设计过程中需同步关注轻量化,实现结构轻量化主要有三种途径:①运用高强度和轻质材料,例如高强度板、铝镁合金、玻璃钢、碳纤维复合材料等,从技术路径看,碳纤维复合材料、铝镁合金、先进高强度钢是目前车企探索的三种材料,这三种材料替代当前的主流材料碳素钢,可分别降重60%、40%和25%。②采用先进的制造工艺技术,如内高压成形、摩擦焊、形变热处理等。③利用结构优化手段实现轻量化设计,结构优化手段包括拓扑优化、形貌优化和尺寸优化等,是产品设计阶段实现结构轻量化的重要手段,已被广泛应用于航空、航天、汽车、船舶、机械、新型材料设计等工程领域。

1.1 商用车构造及性能指标体系

根据商用车的功能和性能设计要求,每个车型至少由上万个零件装配而成,且型号繁多。整车性能指标的实现依赖于各个系统的功能和性能,因此在产品开发阶段要明确整车性能指标,并分解到各个系统,明确各系统的设计指标,最终实现整车性能。

1.1.1 商用车的总体结构

组成商用车的零部件、总成种类多,且用途与构造各异,但从汽车的整体构造而言,任何一辆汽车都包括四大组成部分,即动力总成、底盘、车身、电器与电子设备。图1-3所示为典型的商用车车身,图1-4所示为典型的商用车底盘。

图 1-3　商用车车身

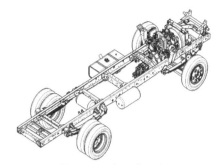
图 1-4　商用车底盘

1. 动力总成

动力总成是汽车的主要动力装置,为整车驱动提供动力来源,是整车的心脏。动力总成按照动力源不同可以分为汽油发动机、柴油发动机、醇类和液化天然气(Liquefied Natural Gas,LNG)等燃料发动机、电机等。电机是电动车动力总成的组成部分,电动车又可分为纯电动、混合动力和燃料电池车型。

在现代汽车上广泛应用的燃料发动机是往复活塞式内燃机,一般由曲柄连杆机构、配气机构、供给系统、冷却系统、润滑系统、点火系统(汽油机)和起动系统等组成。电动车一般由电动机、动力电池、发动机、发电机和控制器等组成。

2. 底盘

底盘是车身、动力总成和各系统部件的安装载体,发动机产生的动力,经减速增扭后传给驱动车轮,驱动车辆前进,并保证汽车能够正常行驶。底盘可分为传动系统、行驶系统、转向系统和制动系统四部分。

(1)汽车的传动系统是汽车发动机与驱动轮之间动力传递装置的总称,传动系统根据需要将动力平稳接合并传递到驱动轮或迅速彻底地分离动力,满足汽车倒车和必要时左、右驱动车轮差速转动的要求,还要保证在各种行驶条件下给汽车提供必需的牵引力、车速,使汽车具有良好的动力性和燃油经济性。传动系统包括离合器、变速器、传动轴、驱动桥(主减速器、差速器)等部分。

(2)汽车的行驶系统接受发动机经传动系统传来的扭矩,并通过驱动轮与路面间的摩擦产生汽车驱动力,保证汽车正常行驶,同时缓和、衰减不平路面对车身的冲击和振动,保证汽车行驶的平顺性。行驶系统还与转向系统配合设计,保证汽车的操纵稳定性。行驶系统包括车架、悬架和车轮等部分。

(3)汽车的转向系统是用来保持或者改变汽车行驶方向的机构,驾驶员通过操纵转向系统,将汽车保持在要求的直线或转向运动状态,或者使这两种运动状态互相转换。转向系统包括转向盘、转向轴、转向机、转向拉杆、转向梯形和转向节等部分。

(4)汽车的制动系统是汽车装配的所有制动和减速系统的总称,其作用是使行驶中的汽车减速或停车并可实现可靠驻车。制动系统包括前后制动器、控制装置、供能和传动装置等部分。

3. 车身

车身安装在底盘上，用于驾驶员、旅客乘坐或装载货物。轿车、客车的车身一般是整体结构，货车车身一般由驾驶室和货箱两部分组成。车身的主要作用是便于驾驶员操纵，同时为乘客或货物提供容纳空间，消除或缓解汽车行驶时对驾驶员、乘客和货物造成的影响，保证行车安全和减轻事故后果。车身按照受力情况可分为非承载式、半承载式和承载式（或称全承载式）三种，商用车车身都属于非承载式，车身与车架通过橡胶衬套、螺旋弹簧或空气弹簧柔性连接，因此车身对车架的加固作用不大，仅承受自身及装载乘客的重力及汽车行驶中的惯性力和空气阻力。商用车车身一般自重大，整车高度高，制造成本也高，与国外相比我国汽车整体轻量化设计水平低，因此车身的轻量化设计尤为重要。

商用车车身包括白车身、车门、外饰件、内饰件、车身附件、座椅、通风管道和暖风等。白车身是车身部件的安装基体，一般指由地板纵梁、横梁、A柱、B柱、接头、前围、侧围、后围、顶盖及相连板件共同组成的框架结构。车身外饰件主要指保险杠、前面罩、导流罩、机舱盖、灯具和后视镜等附件，以及装饰条、车轮装饰罩、标志等装饰件。车身的内饰件主要有仪表板、卧铺、高架箱、顶棚、侧壁、座椅及地毯等表面覆饰物。车身附件包括门锁、铰链、车门限位器、玻璃升降器、各种密封件、风窗刮水器、风窗洗涤器、遮阳板、内视镜、无线电收放机及天线等。座椅由骨架、座垫、靠背和调节机构组成，座垫和靠背具有一定的减振作用，调节机构可使座位前后上下移动以及调节靠背的倾斜角度。车身内的通风、暖风、冷气以及空调装置是维持车内良好的温度环境，满足除霜除雾要求，保证驾驶员和乘客安全、舒适的一些重要装置。

4. 电器与电子设备

电器与电子设备可分为电源系统、用电设备、控制设备和车载电子控制系统等。电源系统主要包括蓄电池、发电机及附属设备等，用于向各用电设备提供电能并完成能量间的相互转化。用电设备主要包括起动系统、照明与信号装置、仪表与传感器、辅助用电器、空调、雨刮和汽车音响等。控制设备包括各类控制开关、继电器、保险装置和整车电线束等，可以实现对用电设备的综合控制。电子控制系统主要包括发动机电控系统、制动防抱死系统、自动变速系统、车身控制系统、导航系统、电子驱动防滑、门锁遥控、防盗报警、盲区监测、倒车雷达、人面状态识别等各种智能设备。

1.1.2 商用车性能指标体系及开发流程

在汽车正向开发中，整车性能是结构的灵魂，而物理结构则是整车性能实现的载体。因此，在汽车开发之初，要明确开发车辆的性能指标及亮点，并将整车性能指标分解到各系统，作为系统结构方案设计的基础和验收依据。

整车性能指标来源于汽车自身的功能定义和客户的需求，最终要体现使用价值，给用户高品质的感受。整车性能开发的目标是满足整车市场定位、法规及整车开发的技术质量要求，从而最终满足客户的需要。

商用车整车性能包括整车品质、座舱环境、安全性、环保、驱动性能和运输效率6大项性能指标。这6大项性能指标又可分解为25小项性能指标(见图1-5)。例如,安全性指标包括操纵稳定性、制动性能、驾乘视野、主动安全、被动安全与碰撞兼容性。汽车的操纵稳定(简称操稳)性,指驾驶员在不感到过分紧张、疲劳的条件下,汽车能够遵循驾驶员通过转向系统及转向车轮给定的方向行驶,且当遭遇外界干扰时,汽车抵抗干扰而保持稳定行驶的能力;制动性能指车辆应满足车辆制动距离和制动时间等设计要求,同时具备行车和驻坡制动性能;驾乘视野是保证车辆安全行驶要满足驾驶员的视线范围,避免视野盲区,包括前方视野、后方视野、侧方视野和组合仪表视野;被动安全性指车辆发生碰撞事故(前碰、侧碰翻滚、后碰)时能够保证驾乘人员的生存空间要求,包括前摆锤碰撞、侧碰顶压及后围冲击性能;碰撞兼容性指在发生碰撞事故时对其他车辆的保护能力,包括前防护、后防护及侧防护碰撞兼容性;主动安全指车辆对安全事故的避免能力,包括防抱死制动系统(ABS)、电子制动力分配系(EBD)、电子稳定程序(ESP)、紧急刹车辅助系统(AEBS)和车道偏离预警系统(LDWS)等。

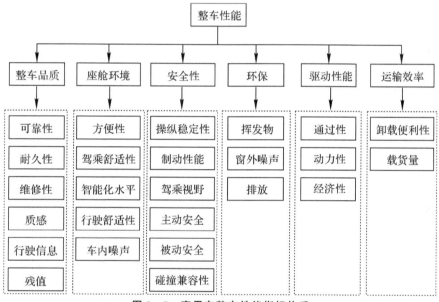

图 1-5 商用车整车性能指标体系

完整的整车性能开发流程至少包括整车性能目标设定、性能目标分解、概念设计性能分析及优化、工程设计性能目标的达成、实车性能验证等5个阶段,与整车结构正向设计流程相对应。根据目标车型定位和性能指标体系,通过对基础车、标杆车和竞争车型进行试验和仿真分析,以获取性能参数,基于企业自身的数据库确定整车的性能指标。整车性能指标是一组抽象的数据,无法直接实现,需要将其逐级分解到总成和零部件级,可以直接测量和评估,为概念设计提供方案选择的依据。指标的分解是个系统工程,如安全性能中的操纵稳定性,影响因素主要有整车质量质心分布、侧倾刚度、俯仰刚度、轴距、轮距等,涉及的系统级指标包括驾驶室质量质心、驾驶室悬置刚度、货箱质量质心、转向系统刚度及间隙、悬架侧倾中心及侧倾刚度、车架刚度、前轮定位参数、轮胎侧偏刚度等。概念设计性能分析及优化阶段与结构开发配合最为紧密,通过虚拟分析验证结构方案的可行性并提供相应的优化方案;反之，通过结构方案的可行性分析及整车性能指标的达成情况，在保证整车性能指标的前提下对系统指标进行微调，实现各系统结构方案与各项性能指标之间的平衡。工程设计性能目标的达成阶段为性能开发和结构开发的实施阶段。通过结构方案和性能指标的多次迭代求优，最终提升整车性能。在实车验证阶段，通过台架及整车试验对整车及分解指标进行验证、优化、微调，实现整车性能指标。

1.2 商用车性能验证方法

车辆各系统方案设计完成后，要按照性能指标要求对其进行逐项验证，确保整车性能指标的达成。性能验证根据验证层级可以分为零部件级、系统（总成）级和整车级。零部件级别验证部件材料的特性性能和性能指标（如各类支架的理化性能）是否达标，系统级别验证系统（总成）性能指标（如板簧的刚度、疲劳特性，传动轴的扭转可靠性，车身的刚度、疲劳，车架的抗弯抗扭性能等）的完成情况；整车级别验证整车性能（包括整车操稳性、平顺性、动力经济性、碰撞性能等）是否达到指标要求。

商用车性能验证方法包括试验和虚拟验证两种。试验验证法主要包括理化检验、台架试验、实际道路和试验场试验等，虚拟验证法主要是应用计算机辅助工程（Computer Aided Engineering，CAE）分析软件，利用有限元、边界元等方法，对结构性能进行仿真分析。

1.2.1 商用车性能试验

1. 理化检验

理化检验是借助相关仪器和设备，通过物理、化学方式对物质材料进行分析和检验，确定材料的力学性能、化学成分等。理化检验包括化学分析、物理试验和金相检验。化学分析是分析材料的化学成分，采用微观的方式判断实际的组成状态。物理试验是对材料进行拉伸、压缩等，主要通过力学性能的分析，确定金属的硬度、强度、屈服、塑性等整体性能。金相检验是采用定量金相学原理，由二维金相试样磨面或薄膜的金相显微组织的测量和计算来确定合金组织的三维空间形貌，从而建立合金成分、组织和性能间的定量关系。鉴定物质由哪些元素（或离子）组成，称为定性分析；测定各组分间量的关系（通常以百分比表示），称为定量分析。

理化检验是对材料工艺处理、加工缺陷引起失效最有效的检验方法，一般用于对产品的质量检验和后期产品问题的追踪，以保证产品材料方面的性能达到设计要求，同时在出现产品质量问题时判断是否是材料造成的失效。

例如，某变速器齿轮出现断裂失效，对其进行化学成分、金相组织和力学性能检验，与标准材料牌号的化学成分、材料力学性能及工艺技术条件标准进行对比，以判断断裂原因。图1-6所示为是齿轮断裂端口形态及金相组织，渗碳层和基体的金相组织未见明显的热处理缺陷，经化学成分分析，样品材料符合20CrMnTi的化学成分规定（见表1-1）。该齿轮材料符合设计要求,推测该齿轮的失效非材料因素,而是应力过载所致。

 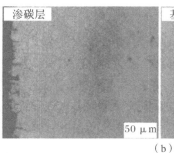 

图1-6 齿部端口形态及金相组织

表1-1 齿轮化学成分构成

化学元素	Mn	Cr	Ti	S	P	Ni	Cu
标准值/(%)	0.80~1.10	1.00~1.30	0.04~0.10	≤0.035	≤0.035	≤0.030	≤0.030
实测值/(%)	1.02	1.15	0.07	0.022	0.014	0.013	0.020

2. 台架试验

台架试验一般在室内进行,其特点是精度高、试验不受室外环境条件的影响,因此试验效率高、试验结果的重复性好,还可以为虚拟分析提供数据。台架试验不仅可以进行机构、总成及零部件试验,如车架、驾驶室、动力总成、悬架、传动系统等的性能和结构强度、刚度、疲劳寿命、耐久性等试验,还可进行整车性能试验,如动力性、经济性、制动性、整车疲劳性能等试验。图1-7~图1-12所示分别为驾驶室转动惯量试验台、车架扭转疲劳试验台、传动轴疲劳试验台、轮胎刚度试验台、板簧刚度试验台、整车振动疲劳试验台(六立柱)。

图1-7 驾驶室转动惯量试验台　　图1-8 车架扭转疲劳试验台　　图1-9 传动轴疲劳试验台

图1-10 轮胎刚度试验台　　图1-11 板簧刚度试验台　　图1-12 整车振动试验台

3. 实际道路和试验场试验

实际道路和试验场试验是在车辆常用运行路面和试验场进行的一系列整车试验,用于对整车性能进行验证和评价,包括主观评价和客观评价。试验内容主要包括整车经济性、动力性、操纵稳定性、平顺性、可靠性等试验。

汽车试验场,亦称试车场,是进行汽车整车道路试验的场所。为满足汽车的实际行驶要求,汽车试验场的主要试验设施是集中修筑的各种各样的试验道路,包括汽车能持续高速行驶的高速环形道路、可造成汽车强烈颠簸的凹凸不平道路,以及易滑道、陡坡、转向广场等,可以给汽车试验提供稳定的路面试验条件。汽车试验场是重现汽车使用中遇到的各种各样的道路条件和使用条件的试验场地。图 1-13 所示为中汽中心盐城汽车试验场。

图 1-13 中汽中心盐城汽车试验场

汽车在试验场试验比在实验室或一般行驶条件下的试验更严格、更科学、更迅速、更实际。汽车试验场的主要功用是:开展汽车产品的质量鉴定试验;开展汽车新产品的开发、鉴定和认证试验;为试验室零部件试验或整车模拟试验以及虚拟验证确定工况并提供边界条件;开展汽车标准及法规的研究和验证试验等。

1.2.2 商用车性能虚拟验证(CAE 分析)

商用车性能虚拟验证主要是通过 CAE 分析来对整车、系统和零部件级别的性能进行分析和评价,主要应用在产品开发阶段多方案优选、定型阶段性能验证、辅助提供试验方案、产品问题原因分析及方案改进等阶段。

商用车性能虚拟验证法与试验相比具有下列优势:花费低廉,如驾驶室法规碰撞试验,每次试验需要至少三个驾驶室,若试验不合格,方案改进后仍需要三个新的驾驶室进行重复试验。而虚拟验证是基于三维模型进行的分析,周期短、成本低、可重复性好,当结构方案发生变化时,只需修改模型即可进行再次验证,这比实体修改后再进行试验的过程更方便、快捷,利于对多种方案进行快速分析和比较;不需要任何测量仪器,就可以输出需要的所有结果,如结构上某一点的位移、应力、应变、机构受力等,而且有些结果是试验无法测量得到的;能够任意多次地重复再现各个部件、各个视图的中间变形过程,方便设计人员对结构的观察、分析和改进;验证过程不受外界因素(环境、设备等)干扰,分析过程稳定,结果一致性好、对比性强。

尽管虚拟分析具有强大的优势与功能,但不能脱离试验单独存在。因为虚拟分析的方法源于试验,分析需要的许多参数,如材料参数、衬套特性等都来自试验测试,而且虚拟分析受人为因素的影响较大,虚拟分析整个过程从模型简化、建模、参数设置、模型连接、边界条件施加等都会受到分析人员经验和能力的影响。因此,虚拟验证法与试验互为补充、相辅相成,必须将虚拟分析与试验有机结合起来,才能最大限度地发挥虚拟分析的优势和潜力。

虚拟分析是一项集产品设计、工程分析、数据及经验管理、仿真在内的计算机辅助工程系统。虚拟分析在汽车产品的开发中应用非常广泛,如在开发过程中进行强度(包括疲劳强度)和刚度分析、整车操纵稳定性和行驶平顺性分析、制动效能分析、碰撞安全性分析、振动和噪声分析、流场分析、动力经济性分析等。可以说,虚拟分析已逐渐渗透到了汽车产品开发的各个环节。虚拟仿真的引入大大缩短了产品的研制周期、减少了产品开发费用,为开发出性能更为优异的汽车整车和零部件,提高汽车整车性能发挥了至关重要的作用。对于车辆开发企业来说,所研发的产品能否具备良好的性能:一是要看是否具备完善的整车性能的评价指标体系;二是要看是否具备相应的指标分解和分析能力,即指标的层级分解和逐级验证能力。虚拟分析作为一项重要的分析能力项目,其在整车开发过程中的参与程度和能力层次在一定程度上决定了车辆性能。

虚拟分析验证从整车性能出发,对性能指标进行分解并进行零部件级、系统级和整车级虚拟验证,保证整车性能的实现,最后,对实车进行试验验证,确保指标落地。虚拟验证的分析内容见表1-2。

表1-2 虚拟验证的分析内容

分析项目	分析内容
静强度分析	研究机构在常温条件下承受载荷的能力
结构优化	在满足不同的激励和载荷条件下,使结构设计达到最佳状态,结构优化技术包括尺寸优化、形状优化和拓扑优化
疲劳分析	根据材料特性和受力条件对结构的使用寿命进行评估分析
碰撞分析	研究车辆发生碰撞时车体结构的受力和变形是否满足车辆及人员安全。商用车碰撞分析包括驾驶室碰撞法规分析、前后防护分析等
刚度分析	研究车辆结构在受到静载荷时抵抗变形的能力,合适的刚度是保证车辆装配和正常使用的前提
模态分析	模态分析是识别出结构系统的模态参数,为车辆结构系统的振动特性分析、振动故障诊断和预报及结构动力特性的设计提供依据
NTF分析	对车身与底盘之间的连接路径进行声学传递函数分析,以便找出噪声传递路径及对声学特性影响较大的关键零部件
VTF分析	通过振动对车辆进行输入激励,计算系统的频率响应分析,反映车辆系统对信号的传递特性。VTF分析便于了解车辆的振动特性,从而进行方案评价和故障诊断
动刚度分析	研究车辆结构在受到动载荷时抵抗变形的能力,以衡量车辆结构抵抗预定动态激励的特性
声腔分析	研究车内空气在其固有频率下的振动情况

续表

分析项目	分析内容
隔振分析	对车辆的弹性系统进行分析,考察系统的隔振特性是否满足对车辆关键振动激励的隔离和衰减要求
K&C分析	研究悬架系统在受到外力作用时悬架参数的变化特性
整车动力学分析	对车辆的操稳性能进行研究,考察车辆设计是否满足使用要求
载荷提取	对车辆的实际使用载荷进行提取,看其是否满足结构强度和疲劳等分析需求
动力性、经济性	对整车的最高车速、爬坡性能、能耗情况及续驶里程等进行分析
外流场分析	对整车的风阻特性进行研究,风阻特性对车辆的高速经济性影响较大
整车热管理	包含车辆热舒适性和机舱热管理等内容,保证驾乘舒适性和机舱温度分布满足车辆的正常使用
除霜除雾分析	研究车辆空调及风道设置是否满足驾驶室除霜除雾的要求,保证行驶安全

1.3 本书主要内容

1.3.1 商用车结构分析的主要内容

商用车设计是基于性能指标体系对整车所有系统进行设计的整个过程,而结构设计是所有性能指标实现的基础,本书以商用车结构分析为主进行阐述。

商用车的结构分析以结构的强度、疲劳、刚度、模态、抗凹、流固耦合、碰撞安全、多体提载、轻量化分析等为主要内容,涉及车身、车门、车架、转向、悬架、动力悬置、传动轴、车架安装附件等多个系统。

结构强度和疲劳分析是确保结构件使用寿命和可靠性的主要保障,不同用途的车具有不同的承载力及使用要求,因此不同用途车型的分析工况也有较大差异。例如标载长途运输、城市物流车、自卸车等往往由于使用路况和载荷状态不同,其结构件的设计要求也不相同。可见结构件设计要满足强度与疲劳性能要求,首先需要确定运行工况,包括车辆装载状态、运行路面条件、车速等,根据准确的运行工况才能对结构件的强度和疲劳进行有效评估,保证设计质量。结构件的强度和疲劳分析是基于动态载荷的,因此精准的结构设计要有相对准确的载荷数据库,载荷数据的获取除了实车采集外,利用多体分析软件进行迭代和提载是目前缺乏实车试验数据时开展分析工作的重要替代手段。结构强度和疲劳是结构性能的基础,因此开展结构设计之初就应将抗疲劳设计理念融入产品设计中。

结构的刚度和模态分析不仅仅是NVH性能设计的基础指标,更是改进结构件抗动态疲劳能力的关键因素。随着高速公路网络的日益发达,路况越来越好,车速越来越快,物流等长途运输车结构件的失效更多体现为振动疲劳失效。本书在后续章节中针对商用车各个系统的虚拟验证,将刚度和模态分析纳入其中,包括车身的刚度和模态分析、车门的刚度和模态分析、连接附件的模态分析等。目前随着油箱容量增加、LNG气瓶扩容、各类液罐车的发展,单一的强度与疲劳分析已经不能满足设计要求,必须引入流固耦合分析,充分考虑液体晃动对箱体、瓶体和罐体以及整车的影响,以准确体现结构的受力状态,提高仿真精度。

随着汽车保有量的快速增长,交通事故所造成的人员伤亡和财产损失案例也越来越多,国内外安全性法规也日益严格,商用车的碰撞安全设计备受关注,车身的碰撞安全分析成为当前商用车结构分析的重要内容。为了提高卡车的碰撞安全性能,欧洲在20世纪90年代就开展了大量的研究工作,并且制定了《商用车驾驶室防护》(ECE-R29-01版),并在2002年升级为ECE-R29-02版,经过多年的运行之后,在2010年发布了ECE-R29-03版。中国于2011年发布了《商用车驾驶室乘员保护》(GB 26512—2011)法规,并在2012年1月1日起强制执行。GB 26512—2011借鉴ECE-R29-02版内容,新版碰撞国家标准正在修订中,借鉴ECE-R29-03内容,并保留驾驶室后围强度试验内容,于2021年开始实施。

我国目前生产的卡车比欧美同类卡车要重10%~15%,在车重方面没有优势。车重大不仅影响成本,而且影响装载量和运输效率,且不满足可持续发展战略的要求,因此国内车企仅在轻量化方面面临的挑战就已十分突出。轻量化的目的首先是节能,即减轻整车装备质量以降低单位装载质量的能耗,其次是降低成本。据相关试验统计,若汽车整车质量降低10%,燃油效率可提高6%~8%。轻量化设计具有很大的潜力和经济效益。结构优化设计与有限元分析相结合的方法克服了传统设计经验类比或过多假设导致的诸多局限。

满足强度、刚度、可靠性、碰撞安全等性能要求,同时具有轻量化优势的产品在市场上才会有竞争力。因此在产品开发之初,要对整车性能指标进行充分研读,并结合市场质量问题和设计制造经验,将指标分解到车身、车门、车架、转向、悬架、动力悬置、传动轴、车架附件等系统,并根据车辆运行工况、结构分析类型和产品重要程度等将结构件分类,保证指标达成,同时避免冗余设计。例如在结构件强度和疲劳分析时首先识别结构件在整车上的重要度,根据重要度可将结构件分为三类:第一类为车轮、轴、转向节、车架、车身悬置等部件,这些部件在整个使用周期内不允许断裂,否则会引发安全事故,强度和疲劳指标严格设定,考虑极限恶劣工况;第二类为货箱开裂、卧铺铰链失效等部件只影响使用功能,对行车安全无风险;第三类为如车身的局部位置、车架附件的局部支架等部件,此类部件的失效影响外观,不会影响行车安全和使用功能,强度和疲劳指标可设置为最低档,考虑正常使用工况即可。

CAE分析在静态强度、刚度、模态分析领域的发展已经十分成熟,基本可以取代试验;在碰撞安全分析方面的误差也可控制在20%以内,而在疲劳分析方面与试验有差异,可做趋势性预测。CAE分析在轻量化设计方面具有很大优势。在汽车产品的研发过程中,通过CAE分析进行结构性能验证已成为设计链中的重要一环。

1.3.2 本书章节安排

本书首先介绍结构基础理论、有限元理论及建模的基础知识;其次以商用车的系统构成为主线,分系统阐述各系统的功能要求,由此衍生出性能要求,并对结构性能的主要理论基础、分析流程和方法进行详细描述,最后对载荷谱采集、虚拟迭代、结构设计轻量化理论、流程和方法进行讲述。

第1章 概论:简要介绍商用车构造及性能指标体系、商用车性能验证的方法及虚拟验证的重要性,并对本书讲述的结构分析内容和章节安排进行阐述,让读者了解编写本书的目的,为读者进行后续章节的学习作出方向性的指导。

第2章 结构分析基础理论:介绍了有限元、材料失效和强度、疲劳相关理论,并对其影响因素、使用条件等进行了阐述,是后续各系统有限元结构分析的基础。

第3章 有限元建模:讲述了结构有限元分析的全流程,包括输入模型要求、模型管理原则、几何清理及网格划分、材料设置、属性设置、模型连接、边界设置,后续所有系统的分析都是基于此流程,是各系统分析的流程基础。

第4章 车身结构分析:本章涵盖商用车车身结构分析的主要内容。本章从车身功能及性能出发,提出结构性能分析项,并对主要结构分析项的原理、分析流程及评价准则进行详细阐述,分析内容包括弯曲刚度、扭转刚度、模态、强度与疲劳、吊装、翻转、表面抗凹等。

第5章 碰撞安全分析:首先对国内外商用车安全性法规进行解读,其次阐述汽车碰撞仿真分析的基本理论,最后对商用车驾驶室安全防护、安全带安全性能及车辆前、后防护的仿真分析流程和评价准则进行介绍。对商用车碰撞安全分析前处理的特殊要求、模型检查和建模技巧等不同于第3章的内容进行附加说明。

第6章 车门分析:本章首先介绍车门构造和性能分析工况,然后详细阐述车门仿真分析流程、方法和性能评价准则,从车门刚度、安装点刚度、车门模态、过开、下沉、抗凹、铰链强度、车门跌落和耐久等9个方面对车门所涉及的分析项目进行全面阐述。

第7章 车架系统分析:系统介绍商用车车架的类型、失效形式和车辆运行工况,对模型前处理不同于第3章的内容做了补充说明,最后对商用车车架的强度、刚度、疲劳、模态、安装点刚度的分析流程、方法和评价原则进行全面介绍。

第8章 转向系统分析:本章首先介绍车辆对转向系统的功能及性能要求,然后对影响性能的模态和强度内容进行了详细阐述,包括转向系统的模态分析、转向操纵机构强度、转向传动机构强度分析的流程、方法和评价准则。

第9章 悬架系统分析:本章首先介绍悬架的结构和类型、性能要求和常见的失效模式,然后对悬架系统和悬架附件分析介绍,包括板簧的刚度、强度、疲劳分析以及横向稳定杆、推力杆、减振器支架的分析流程、方法及评价准则。

第10章 动力总成悬置系统分析:介绍动力总成悬置系统的功能和布置形式,然后对动力总成悬置的模态分析理论及评价原则进行详细阐述,并体现电动车和传统车在动力悬置刚体模态指标设定方面的差异,主要分析内容包括刚体模态、解耦率、隔振、支架强度等。

第11章 传动轴系统分析:对传动轴的设计计算、传动轴分析工况要求以及疲劳和强度计算流程、方法和评价准则等进行详细介绍。

第12章 车架接附件分析:对车架接附件的模态指标设定原则和强度分析的基本约束载荷条件、分析流程方法和评价指标等进行介绍,同时结合油箱分析对流固耦合理论进行了阐述。

第13章 商用车动力电池系统分析:首先系统介绍电池包的碰撞性安全法规,然后讲述基于法规的仿真分析流程、方法和评价指标,分析内容包括电池包的挤压、球击、碰撞和机械冲击等。

第 14 章 载荷谱分析:对载荷谱的试验信号采集、道路模拟试验载荷迭代、虚拟样机迭代和多体动力学仿真提取等方面分别进行介绍,使读者从载荷谱的试验场采集、编辑到应用整个过程有个全面的认识。

第 15 章 轻量化分析:主要讲述汽车轻量化三大途径之一的结构优化技术,包含拓扑优化、形貌优化、尺寸优化等,并结合汽车产品开发,归纳不同种类零部件轻量化分析及设计的思路,同时对在优化中配合使用的超单元法进行介绍,超单元法可大幅提高优化计算速度。

参 考 文 献

[1] 陈家瑞.汽车构造[M].3 版.北京:机械工业出版社,2009.
[2] 刘惟信.汽车设计[M].北京:清华大学出版社,2001.
[3] 《汽车工程手册》委员会.汽车工程手册:设计篇[M].北京:人民交通出版社,2001.
[4] 赵平.世界汽车工业发展的历程、模式及其启示[J].当代经济,2018(6):13-16.
[5] 怀玉."一带一路"给国内汽车工业发展带来的影响浅析[J].上海汽车,2017(7):1-2.
[6] 陈吉清,兰凤崇.汽车结构轻量化设计与分析方法[M].北京:北京理工大学出版社,2017.
[7] 王登峰.中国汽车轻量化发展:战略与路径[M].北京:北京理工大学出版社,2015.

第 2 章 结构分析基础理论

结构仿真分析是建立在有限元、材料力学、疲劳强度、断裂力学等基础理论上的一门综合分析技术。随着计算机技术的快速发展,有限元仿真分析技术在工业领域得到广泛的应用,如在汽车底盘和车身等主要零部件的结构强度、刚度、疲劳、结构轻量化设计等方面的应用,仿真分析技术的应用进一步提高了设计效率和设计质量。本章主要介绍有限元、结构失效与强度、疲劳等商用车结构分析相关的基础理论,便于读者更好地理解后续章节的相关内容。

2.1 有限元理论

有限元法(Finite Element Method,FEM)是一种数值计算方法。有限元法从诞生到现在,已经在计算力学领域取得了突飞猛进的发展,其应用领域已经覆盖如力学、传热学、电磁学、声学等多个学科。目前,有限元分析程序的开发也已经成为一门独立的学科和产业,计算机技术的快速发展,使得工程技术人员利用有限元法来仿真复杂的工程实际问题成为可能。

2.1.1 有限元发展历史与现状

1. 有限元发展历史

在有限元发展过程中,许多数学家为该理论的发展奠定了坚实的基础。300多年前,牛顿和莱布尼茨发明了微分法,其化整为零的思想为有限元技术的实现提供了思路。200多年前,德国数学家高斯提出了加权余量法及线性代数方程组的解法,为有限元法计算过程中代数方程组的求解扫清了道路。18世纪,著名数学家拉格朗日提出的泛函分析可以将偏微分方程改写为积分表达式进行求解。19世纪末到20世纪初,数学家瑞利和里兹首先提出可对全定义域运用展开函数来对泛函求驻值,从而求得近似解。1915年,苏联数学家伽辽金提出伽辽金法,该方法通过选取有限多项式函数,将其叠加,要求结果在求解域内及边界上的加权积分满足原方程,可以得到一组易于求解的线性代数方程,且自然边界能够自动满足,该方法在有限元法建立的过程中被广泛应用。有限元法最早可以追溯到1943年,数学家库朗德第一次应用定义在三角区域上的分片连续函数和最小位能原理来求解圣维南扭转问题。20世纪50年代,大型电子计算机的研制成功提高了大型代数方程组的计算效率,为有限元法真正进入工程应用奠定了物质基础。1956年,现代有限元法第一次被成功应用,Turner、Clough等人在分析飞机结构的过程中,将钢架位移法推广应用到弹性力学平面问题中,给出了应用三角形单元求平面应力问题的正确解。1960年,Clough对平面弹性问题进行了进一步的研究,并在其论文"*The Finite Element Method in Plane Stress Analysis*"中第一次提出了"有限元法"。

20世纪50年代末60年代初,中国的计算数学刚刚起步,在几乎对外隔绝的情况下,冯康带领科技人员走出了从实践到理论再到实践的中国计算数学的成功之路。冯康在大量工程应用的基础上总结得出了系统的理论成果,1965年,他在《应用数学与计算数学》上发表的论文"基于变分原理的差分格式"是中国独立于西方学术系统创始有限元法的标志。

2. 有限元发展现状

20世纪70年代国内外有限元分析软件迅速发展,有限元法成功应用于各个工程领域。我国的有限元分析研究工作开始于20世纪60年代,在70年中期才开始推广。有限元分析技术在国外汽车行业的应用比较早,随着技术的进一步发展,以有限元法、边界元法为核心的分析软件迅速发展,特别是20世纪90年代后期有限元分析技术开始加速发展,目前已经进入飞速发展期。当前,有限元分析在汽车行业已经介入整车性能的多个方面,有代表性的有结构强度耐久分析、整车碰撞安全性分析、整车振动噪声分析等。

当前各大车企都建立了自己的CAE分析团队,开发了以数字化为核心的研发流程体系。近年来,国家也出台了相关标准和政策,如2017年国家颁布的《机械产品结构有限元力学分析通用规则》(GB/T33582—2017),是CAE分析的第一版国家标准,《新能源汽车生产企业及产品准入管理规定》(工信部令〔2017〕第39号令)中提高了新能源企业准入门槛,在对企业准入审查要求中明确指出整车设计能力需包含动力性、安全性、NVH、通信系统、热力学、操稳性、平顺性等仿真分析的能力;同时还应有相应的软件平台,如关键零部件结构设计、刚度、强度、疲劳寿命分析软件以及动力学分析软件;对热管理有特殊要求的关键零部件或系统还要有计算流体力学(CFD)特性分析和热力学特性分析软件;整车控制系统应具备相应的开发软件和电子电路仿真软件及硬件开发工具等。以汽车性能框架为基础,选择合适的CAE软件平台,并将CAE技术渗透到汽车产品开发流程,只有这样,CAE技术的介入和发展才具备了完整性、针对性和有效性,才能共生于汽车产品开发的各个环节。

2.1.2 有限元法的基本原理及特点

有限元法的基本思想是将复杂的连续体划分为有限多个简单的单元体,将连续的求解域离散为有限个单元的组合,用每一个单元内假设的近似函数来分区域表示求解域上待求的未知场函数,假设的近似函数通常由未知场函数及其导数在单元各节点的数值插值函数来表达,从而使一个连续的无限自由度问题转变成离散的有限自由度问题。

有限元法有三个显著特点:一是概念清楚,容易理解。既可以通过直观的物理意义理解,也可以基于严格的力学概念和数学概念进行推导。二是适应性强,应用范围广。有限元法可以用来求解工程中的许多复杂问题,如复杂结构形状问题,复杂边界条件问题,非线性材料问题,热力学、动力学及多物理场的耦合,结构优化等问题。三是有限元法采用矩阵形式表达,便于编制计算机程序,可以充分利用高速数字计算机的优势。

2.1.3 有限元求解步骤

有限元分析的基本思路可以归结为结构离散化、单元分析和整体分析。结构离散化就是将连续系统分割成有限个分区或单元,单元分析是用标准方法对每个单元提出一个近似解,整体分析是将所有单元组合成一个与原有结构近似的系统。

1. 结构离散化

结构离散化指对整个结构进行离散化,将其分割成若干个单元,单元间彼此通过节点相连。通常把三维实体划分成四面体(Tetrahedron)或六面体(Hexahedron)单元,如图2-1和图2-2所示;平面问题通常将结构离散为三角形(Triangular)或四边形(Quadrilateral)单元,如图2-3和图2-4所示。

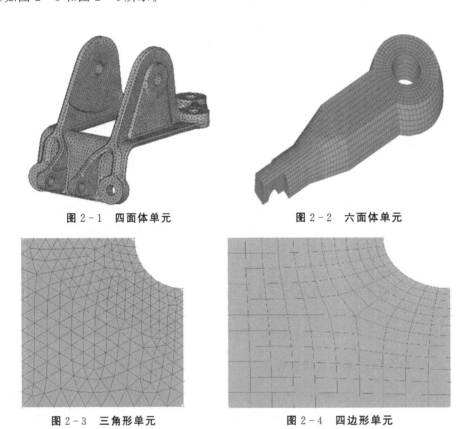

图2-1 四面体单元　　　　　图2-2 六面体单元

图2-3 三角形单元　　　　　图2-4 四边形单元

2. 单元分析

单元分析就是对离散单元的平衡、变形、应力、应变进行分析,主要从微分单元体入手,采用弹性力学相关理论进行分析。一般首先将单元的节点位移作为基本变量,确定单元内部位移的近似表达式,然后计算单元的应变、应力。下面以三节点三角形单元为例来说明单元分析的原理。

如图2-5所示,线性三角形单元有三个节点m、i、j,每个节点在x和y两个方向的位

移 u、v（表示节点水平和垂直位移分量）和节点力 U、V（表示水平和垂直节点力分量）。单元的所有节点位移、节点力，可以表示为节点位移和节点力向量（Vector），即

单元节点位移
$$\boldsymbol{\delta}^e = \begin{bmatrix} u_i \\ v_i \\ u_j \\ v_j \\ u_m \\ v_m \end{bmatrix} \quad (2-1)$$

单元节点力
$$\boldsymbol{F}^e = \begin{bmatrix} U_i \\ V_i \\ U_j \\ V_j \\ U_m \\ V_m \end{bmatrix} \quad (2-2)$$

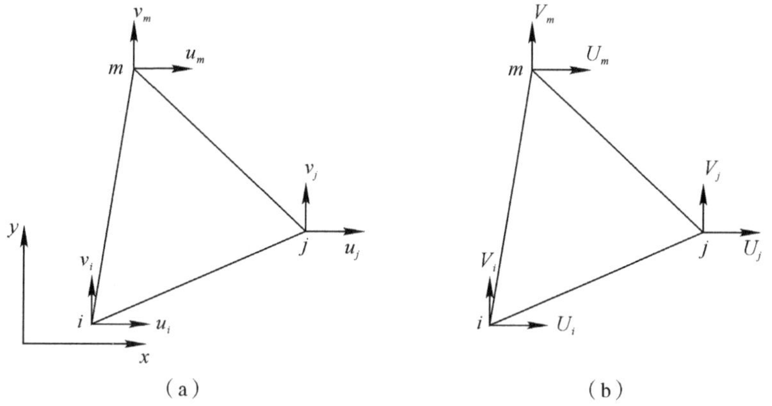

图 2-5　三角形三节点单元

单元的节点力向量 $\boldsymbol{F}^e$ 与单元刚度矩阵 $\boldsymbol{K}^e$ 和节点位移向量 $\boldsymbol{\delta}^e$ 之间的关系可以用张量公式表示为

$$\boldsymbol{F}^e = \boldsymbol{K}^e \boldsymbol{\delta}^e \quad (2-3)$$

式中：$\boldsymbol{\delta}^e$ 为单元节点位移；$\boldsymbol{F}^e$ 为单元节点力；$\boldsymbol{K}^e$ 为单元刚度矩阵，是与应变、弹性模量和泊松比有关的常数矩阵。

3. 整体分析

整体分析对各个单元组成的整体进行分析，建立节点外载荷与节点位移的关系，求解节点位移。

如图 2-6 所示，在边界节点 i 上受到集中力 P 作用，节点 i 是三个单元的结合点，因此要综合考虑这三个单元在同一节点上的节点力，建立平衡方程。

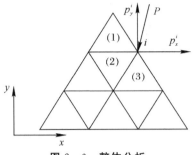

图 2-6 整体分析

i 节点的节点力为

$$U_i^{(1)}+U_i^{(2)}+U_i^{(3)}=\sum_{e=1}^{3}U_i^{(e)} \qquad (2-4)$$

$$V_i^{(1)}+V_i^{(2)}+V_i^{(3)}=\sum_{e=1}^{3}V_i^{(e)} \qquad (2-5)$$

i 节点的平衡方程为

$$\left.\begin{array}{l}\sum_{e=1}^{3}U_i^{(e)}=P_x^i \\ \sum_{e=1}^{3}V_i^{(e)}=P_y^i\end{array}\right\} \qquad (2-6)$$

式中：P_x^i、P_y^i 分别为集中力 P 在节点 i 处水平方向和垂直方向的分力。将 P 代入式(2-3)即可解得位移。

根据位移结果计算单元应力。下面用自重作用下等截面直杆的实例来描述求解单元应力的基本思路。

图 2-7 所示为一受自重作用的等截面直杆，杆的长度为 L，截面积为 A，弹性模量为 E，单位长度的重力为 q，杆的内力为 N。

距离 x 处的杆的内力 $N(x)$ 为

$$N(x)=q(L-x) \qquad (2-7)$$

杆的轴向长度变化量 $\mathrm{d}L(x)$ 为

$$\mathrm{d}L(x)=\frac{N(x)\mathrm{d}x}{EA}=\frac{q(L-x)\mathrm{d}x}{EA} \qquad (2-8)$$

当杆的内力沿着杆的长度连续变化时，截面 x 处的位移 $u(x)$ 为

$$u(x)=\int_0^x \frac{N(x)\mathrm{d}x}{EA}=\frac{q}{EA}\left(Lx-\frac{x^2}{2}\right) \qquad (2-9)$$

杆在 x 处的应变为

$$\varepsilon_x=\frac{\mathrm{d}u}{\mathrm{d}x}=\frac{q}{EA}(L-x) \qquad (2-10)$$

杆在 x 处的应力为

$$\sigma_x=E\varepsilon_x=\frac{q}{A}(L-x) \qquad (2-11)$$

对等截面直杆进行离散化，如图 2-8 所示，将直杆划分成 n 个有限段，有限段之间通过

一个铰接点连接,称两段之间的连接点为节点,称每个有限段为单元。第 i 个单元的长度为 L_i,单元对应节点分别为 i 和 $i+1$,每个单元质量为 $\dfrac{q(L_i+L_{i+1})}{2}$,如图 2-9 所示。单元节点对应位移 u_i 和 u_{i+1},第 i 个单元内部任意一点的位移 $u(x)$ 采用线性差值进行计算,如图 2-10 所示,其计算公式为

$$\frac{u(x)-u_i}{x-x_i}=\frac{u_{i+1}-u_i}{L_i} \tag{2-12}$$

$$u(x)=u_i+\frac{u_{i+1}-u_i}{L_i}(x-x_i) \tag{2-13}$$

式中:u_i,u_{i+1} 为第 i、$i+1$ 节点的位移;L_i 为 i 单元的长度;x_i 为第 i 节点的 X 向坐标。

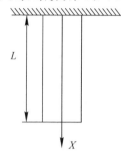

图 2-7 受自重作用的等截面直杆

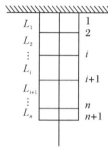

图 2-8 离散后的直杆

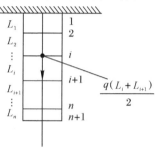

图 2-9 集中单元质量

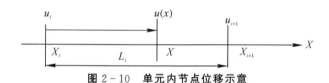

图 2-10 单元内节点位移示意

第 i 个单元的应变 ε_i、应力 σ_i 分别为

$$\varepsilon_i=\frac{\mathrm{d}u}{\mathrm{d}x}=\frac{u_{i+1}-u_i}{L_i} \tag{2-14}$$

$$\sigma_i=E\varepsilon_i=\frac{E(u_{i+1}-u_i)}{L_i} \tag{2-15}$$

受到的内力 N_i 为

$$N_i=A\sigma_i=\frac{EA(u_{i+1}-u_i)}{L_i} \tag{2-16}$$

把第 i 个单元和第 $i+1$ 个单元质量的一半 $\dfrac{q(L_i+L_{i+1})}{2}$ 归集到第 $i+1$ 节点上,如图 2-9 所示。

对于第 $i+1$ 个节点,由力的平衡方程可得

$$N_i-N_{i+1}=\frac{q(L_i+L_{i+1})}{2} \tag{2-17}$$

将式(2-16)代入式(2-17)得到

$$\frac{EA(u_{i+1}-u_i)}{L_i}-\frac{EA(u_{i+2}-u_{i+1})}{L_{i+1}}=\frac{q}{2}(L_i+L_{i+1}) \tag{2-18}$$

令 $\lambda_i = \dfrac{L_i}{L_{i+1}}$，则

$$-u_i + (1+\lambda_i)u_{i+1} - \lambda_i u_{i+2} = \frac{q}{2EA}\left(1+\frac{1}{\lambda_i}\right)L_i^2 \qquad (2-19)$$

根据约束条件，$u_1 = 0$。对于第 $n+1$ 个节点，第 n 个单元的内力与第 $n+1$ 个节点上的外载荷平衡，得

$$N_n = \frac{qL_n}{2} \qquad (2-20)$$

$$-u_n + u_{n+1} = \frac{qL_n^2}{2EA} \qquad (2-21)$$

建立所有节点的力平衡方程，得到由 $n+1$ 个方程构成的方程组，可解出 $n+1$ 个节点的位移，由节点位移和式(2-14)、式(2-15)得到单元应力与单元应变。

2.1.4　有限元分析类型

按照域内的控制方程和边界条件是线性或非线性，将有限元分析分为线性分析和非线性分析两类。线性分析原理简单，易于理解，对简单问题能准确求解，在实际工程中有广泛的应用。

线性分析以理想弹性体为研究对象，所考虑的变形为小变形。线性分析问题可归结为求解线性方程问题，在这类问题中，材料的应力与应变呈线性关系，满足广义胡克定律；求解只需要较少的计算时间，采用高效代数方程组求解方法可以进一步减少有限元分析的时间。线性分析一般包括线性静力学分析与线性动力学分析两方面。由于大多数读者对线性分析都有较深入的了解，因此此处不做赘述。

非线性问题一般分为三类：材料非线性、几何非线性和边界条件（接触）非线性。

材料非线性指材料应力和应变之间的关系是非线性的。所有的工程材料本质上都是非线性的，因为无法找到单一的本构关系满足不同条件下（不同的加载历程、不同的温度以及不同的应变率等）材料的应力应变关系，所以需要对材料参数进行简化，考虑对分析影响较大的相关因素。材料非线性主要分为非线性弹性、超弹性（如大位移下的橡胶）、理想弹-塑性，弹性-时间无关塑性，时间相关塑性（蠕变），应变率相关弹-塑性，温度相关弹-塑性等。理想弹-塑性分析是最常见的材料非线性分析。线弹性材料（满足胡克定律）假设是最简单的一种，如果变形可恢复，则材料为线弹性，如果变形不可恢复，则为塑性。如果温度效应对材料属性影响较大，则应该通过热-弹性或热-塑性关系考虑结构和热之间的耦合效应。如果应变率对材料有明显影响，则应使用黏-弹性或黏-塑性理论。

几何非线性问题是指由于结构变形后的状态与变形之前相差较大，因此必须在变形后的状态下重新建立物体的平衡方程，来保证问题求解的准确性的一类非线性问题。

边界条件（接触）非线性问题指在分析中有限元模型的边界条件改变所产生的一类非线性问题。在分析过程中边界条件可以增加或删除，这种非线性通常涉及接触分析。

实际的非线性可能同时出现上述两种或三种非线性问题，下面对非线性分析求解方法

进行简要介绍。在非线性力学中，有多种类型的非线性问题，无论是哪一类非线性问题，经过有限元离散后，都归结为求解非线性代数方程组：

$$\left.\begin{array}{l}\psi_1(\delta_1\ \delta_2\ \cdots\delta_n)=0\\ \psi_2(\delta_1\ \delta_2\ \cdots\delta_n)=0\\ \cdots\\ \psi_n(\delta_1\ \delta_2\ \cdots\delta_n)=0\end{array}\right\} \qquad (2-22)$$

式中：$\delta_1,\delta_2,\cdots,\delta_n$ 是未知量；$\psi_1,\psi_2,\cdots,\psi_n$ 是 $\delta_1,\delta_2,\cdots,\delta_n$ 的非线性函数，现引入矢量 $\boldsymbol{\delta}$ 和 $\boldsymbol{\psi}$。

$$\boldsymbol{\delta}=[\delta_1\ \delta_2\ \cdots\delta_n]^{\mathrm{T}} \qquad (2-23)$$

$$\boldsymbol{\psi}=[\psi_1\ \psi_2\ \cdots\psi_n]^{\mathrm{T}} \qquad (2-24)$$

上述方程组可表示为

$$\boldsymbol{\psi}(\boldsymbol{\delta})=\boldsymbol{0} \qquad (2-25)$$

$$\boldsymbol{\psi}(\boldsymbol{\delta})\equiv\boldsymbol{F}(\boldsymbol{\delta})-\boldsymbol{R}=\boldsymbol{K}(\boldsymbol{\delta})\boldsymbol{\delta}-\boldsymbol{R}=\boldsymbol{0} \qquad (2-26)$$

$\boldsymbol{K}(\boldsymbol{\delta})$ 是一个 $N\times N$ 阶的矩阵，其元素 K_{ij} 是矢量 $\boldsymbol{\delta}$ 的函数，$\boldsymbol{R}$ 为已知矢量。$\boldsymbol{\delta}$ 在位移法有限元求解中代表未知的节点位移，$\boldsymbol{F}(\boldsymbol{\delta})$ 是等效节点力，$\boldsymbol{R}$ 为等效节点荷载，$\boldsymbol{\psi}(\boldsymbol{\delta})$ 表示节点的平衡方程。

在线弹性有限元中，线性代数方程为

$$\boldsymbol{K}\boldsymbol{\delta}-\boldsymbol{R}=\boldsymbol{0} \qquad (2-27)$$

线性代数方程很容易求解，但对非线性代数方程组 $\boldsymbol{\psi}(\boldsymbol{\delta})=\boldsymbol{0}$ 无法直接求解。对于非线性代数方程组，通常采用数值解法，把非线性问题转化为一系列线性问题。为了使这一系列线性解收敛于非线性解，衍生出了很多解法，但这些解法都有一定的局限性，某一解法对某一类非线性问题有效，但对另一类非线性问题不一定适应。因此，根据问题性质正确选用求解方法成为非线性有限元分析的一个重要问题。本节将介绍有限元分析中常见的各种求解非线性方程组的数值方法。

(1) 直接迭代法。对非线性方程组：

$$\boldsymbol{K}(\boldsymbol{\delta})\boldsymbol{\delta}-\boldsymbol{R}=\boldsymbol{0} \qquad (2-28)$$

设其初始的近似解为 $\boldsymbol{\delta}=\boldsymbol{\delta}^0$，由此确定近似的 $\boldsymbol{K}^0$ 矩阵：

$$\boldsymbol{K}^0=\boldsymbol{K}(\boldsymbol{\delta}^0) \qquad (2-29)$$

将 $\boldsymbol{K}^0$ 代入式(2-28)得到第 1 次改进近似解 $\boldsymbol{\delta}^1$：

$$\boldsymbol{\delta}^1=(\boldsymbol{K}^0)^{-1}\boldsymbol{R} \qquad (2-30)$$

重复这一过程，以第 i 次近似解求出第 $i+1$ 次近似解的迭代公式为

$$\boldsymbol{K}^i=\boldsymbol{K}(\boldsymbol{\delta}^i) \qquad (2-31)$$

$$\boldsymbol{\delta}^{i+1}=(\boldsymbol{K}^i)^{-1}\boldsymbol{R} \qquad (2-32)$$

$$\Delta\boldsymbol{\delta}^i=\boldsymbol{\delta}^{i+1}-\boldsymbol{\delta}^i \qquad (2-33)$$

当 $\Delta\boldsymbol{\delta}^i$ 变得充分小，即近似解收敛时，终止迭代，就得到方程组式(2-28)的收敛解。公式中上标 i 为第 i 次近似，而非幂次，以后迭代式均用相同方法表示。

在迭代过程中，得到的近似解一般不会满足式(2-28)，即

$$\psi(\pmb{\delta}^i) \equiv \pmb{K}(\pmb{\delta}^i)\pmb{\delta}^i - \pmb{R} \neq 0 \qquad (2-34)$$

$\psi(\pmb{\delta})$ 是迭代结果对平衡偏离的一种度量,称为失衡力。

直接迭代的过程实际就是调整平衡路径上给定载荷点的割线刚度的过程,如图 2-11 所示。图中 $\pmb{F}(\pmb{\delta})$ 与 $\pmb{\delta}$ 的关系曲线为 $\pmb{F}(\pmb{\delta})=\pmb{K}(\pmb{\delta})\pmb{\delta}$,可以看出 $\pmb{K}(\pmb{\delta})$ 就是过曲线上点 $(\pmb{\delta},\pmb{F}(\pmb{\delta}))$ 与原点的割线斜率。假设一个初始位移 $\pmb{\delta}^0$,求解出各单元的割线刚度 K_{ij},结构总的割线刚度矩阵为 $\pmb{K}(\pmb{\delta})$,通过求解平衡方程求出第一次近似解 $\pmb{\delta}^1$,将 $\pmb{\delta}^1$ 代回原方程解出第二次近似解 $\pmb{\delta}^2$,通过反复迭代,逐次修正割线刚度矩阵,直至满足方程式(2-28)。直接迭代法求解方法简单,但是迭代效率低,一般适用于非线性弹性材料的结构分析,对几何非线性分析不适合,因此实际求解非线性问题时很少采用这种方法。

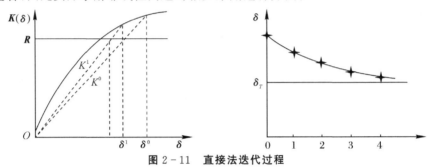

图 2-11 直接法迭代过程

(2)Newton-Raphson 法。Newton-Raphson 方法是求解非线性方程组的一个著名方法,简称 Newton 法。

$$\psi(\delta) \equiv F(\delta) - R = 0 \qquad (2-35)$$

设 $\psi(\delta)$ 为具有一阶导数的连续函数, $\delta = \delta^i$ 是方程[见式(2-35)]的第 i 次近似解。

$$\psi^i = \psi(\delta^i) \equiv F(\delta^i) - R \neq 0 \qquad (2-36)$$

希望能找到方程[见式(2-35)]更好的近似解为

$$\delta = \delta^{i+1} = \delta^i + \Delta\delta^i \qquad (2-37)$$

将式(2-37)代入式(2-36),并在 $\delta = \delta^i$ 附近按一阶 Taylor 级数展开,则 $\psi(\delta)$ 在 δ^i 处的线性近似公式为

$$\psi^{i+1} = \psi^i + \left(\frac{\partial \psi}{\partial \delta}\right)^i \Delta \delta^i \qquad (2-38)$$

其中:

$$\left(\frac{\partial \psi}{\partial \delta}\right)^i = \left(\frac{\partial \psi}{\partial \delta}\right)^i_{\delta=\delta^i} \qquad (2-39)$$

$$\left(\frac{\partial \psi}{\partial \delta}\right) \equiv \begin{bmatrix} \frac{\partial}{\partial \delta_1} \\ \frac{\partial}{\partial \delta_2} \\ \vdots \\ \frac{\partial}{\partial \delta_n} \end{bmatrix} [\psi_1 \ \psi_1 \ \cdots \psi_n] \qquad (2-40)$$

引入记号

$$K_T^i = K_T(\delta^i) \equiv \left(\frac{\partial \psi}{\partial \delta}\right)^i \tag{2-41}$$

假定 δ^{i+1} 为真实解,则由

$$\psi(\delta^{i+1}) = \psi(\delta^i + \Delta\delta^i) = \psi^i + K_T^i \Delta\delta^i = 0 \tag{2-42}$$

解出修正量 $\Delta\delta^i$

$$\Delta\delta^i = -(K_T^i)^{-1}\psi^i = (K_T^i)^{-1}(R-F^i) \tag{2-43}$$

由于这样确定的 $\Delta\delta^i$ 仅考虑了 Taylor 级数的线性项,因而按式(2-37)和式(2-43)求出的新解仍然是近似解。这样,Newton 法的迭代公式可归纳为

$$\left. \begin{array}{l} \Delta\delta^i = -(K_T^i)^{-1}\psi^i = (K_T^i)^{-1}(R-F^i) \\ K_T^i = \left(\dfrac{\partial \psi}{\partial \delta}\right)^i = \left(\dfrac{\partial F}{\partial \delta}\right)^i \\ \delta^{i+1} = \delta^i + \Delta\delta^i \end{array} \right\} \tag{2-44}$$

对于单变量的非线性问题,其迭代过程如图 2-12 所示,可以看出 $K_T(\delta)$ 是 F-δ 曲线上通过点 $(\delta, F(\delta))$ 的切线的斜率。

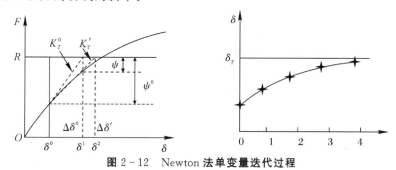

图 2-12 Newton 法单变量迭代过程

Newton 法的收敛性好,但对某些非线性问题,如理想塑性和塑性软化问题,在迭代过程中 K_T 可能是奇异或病态的,为此,可引入一个阻尼因子 η,使 $\boldsymbol{K}_T^i + \eta^i \boldsymbol{I}$ 成为非奇异的,或者使它的病态减弱,这里 $\boldsymbol{I}$ 为 $N \times N$ 阶的单位矩阵,η^i 的作用是改变矩阵 $\boldsymbol{K}_T^i$ 主对角线元素不占优的情况。引入 η^i 后,$\Delta\delta^i$ 用式(2-45)代替。

$$\Delta\delta^i = -(\boldsymbol{K}_T^i + \eta^i \boldsymbol{I})^{-1}\psi^i \tag{2-45}$$

(3)增量法。在用线性方法求解非线性方程组时,若对载荷增量进行线性化处理,则称增量法。增量法方程根据求解方法分为欧拉法和 N-R 法两种,它的基本思想是将荷载分成许多小的荷载部分(增量),每次施加一个荷载增量,同时假定方程是线性的,劲度矩阵 $\boldsymbol{K}$ 为常矩阵。对不同级别的荷载增量,$\boldsymbol{K}$ 是变化的,对每级增量求出位移增量 $\Delta\boldsymbol{\delta}$,对它累加,就可得到总位移。实际上就是以一系列的线性问题代替了非线性问题。增量法对于研究结构位移和应力等随载荷变化的情况是非常方便的。

设 $\overline{R}$ 为总荷载,引入参数荷载因子 λ,令 $R = \lambda\overline{R}$,则非线性方程组成为

$$\psi(\delta, \lambda) = F(\delta) - R = F(\delta) - \lambda\overline{R} = 0 \tag{2-46}$$

问题成为对一个任意给定的 $\lambda(\lambda \geqslant 0)$,求 $\delta = \delta(\lambda)$。设 δ 是对应于 λ 的解,而 $\delta + \Delta\delta$ 是对应于 $\lambda + \Delta\lambda$ 的解,则有

$$\psi(\delta,\lambda)=\psi(\delta+\Delta\delta,\lambda+\Delta\lambda)=0 \qquad (2-47)$$

对式(2-47)按 Taylor 级数展开

$$\psi(\delta+\Delta\delta,\lambda+\Delta\lambda)=\psi(\delta,\lambda)+\frac{\partial\psi}{\partial\delta}\Delta\delta+\frac{\partial\psi}{\partial\lambda}\Delta\lambda+\cdots \qquad (2-48)$$

令 $K_T(\delta,\lambda)=\frac{\partial\psi}{\partial\delta}$,而 $\overline{R}=-\frac{\partial\psi}{\partial\lambda}$,由式(2-48)可得

$$\Delta\delta=K_T^{-1}\overline{R}\Delta\lambda \qquad (2-49)$$

这就是增量法的基本公式,现设 $0=\lambda_0<\lambda_1<\lambda_2<\cdots<\lambda_m=1$,将 λ 分成 M 个增量,下标 m 表示 λ 第 m 次增量,则增量变化 $\Delta\lambda_m$ 为

$$\left.\begin{array}{l}\Delta\lambda_m=\lambda_m-\lambda_{m-1}\\ \sum_{m=1}^{M}\Delta\lambda_m=1\end{array}\right\} \qquad (2-50)$$

此时,第 m 级荷载增量 ΔR_m 为

$$\Delta R_m=R_m-R_{m-1}=\Delta\lambda_m\overline{R} \qquad (2-51)$$

位移增量 $\Delta\delta_m$ 为

$$\Delta\delta_m=K_T^{-1}(\delta_{m-1},\lambda_{m-1})\overline{R}\Delta\lambda_m=K_T^{-1}(\delta_{m-1},\lambda_{m-1})\Delta R_m \qquad (2-52)$$

$$\delta_m=\delta_{m-1}+\Delta\lambda_m \qquad (2-53)$$

初始值可取 $\lambda_0=0$, $R_0=0$, $\delta_0=0$。$\Delta\lambda_m$ 一般可取等分值。根据位移增量 $\Delta\delta_m$,可求出应变增量 $\Delta\varepsilon_m$ 和应力增量 $\Delta\sigma_m$,则

$$\left.\begin{array}{l}\varepsilon_m=\varepsilon_{m-1}+\Delta\varepsilon_m\\ \sigma_m=\sigma_{m-1}+\Delta\sigma_m\end{array}\right\} \qquad (2-54)$$

每步计算都会引起偏差,使折线偏离曲线,解产生漂移,随着求解步数的增加,由于偏差的积累使最后的解离开真解较远,从而降低了计算精度,为此须对这一方法做些改进。

将由欧拉法第 m 级荷载增量 δ_m 求得的解作为中间结果,记为 δ_m',它与前一级结果加权平均为

$$\delta_{m-\theta}=\theta\delta_{m-1}+(1-\theta)\delta_m' \qquad (2-55)$$

式中:θ 为加权系数,由 $\delta_{m-\theta}$ 确定 $K_{T,m-\theta}$,并代替式(2-52)中的 $(K_T)_{m-1}$,则

$$\Delta\delta_m=(K_T)_{m-\theta}^{-1}\Delta R_m \qquad (2-56)$$

$$\delta_m=\delta_{m-1}+\Delta\delta_m \qquad (2-57)$$

式(2-56)和式(2-57)就是修正欧拉法的基本公式,欧拉法的单变量迭代过程如图2-13所示。

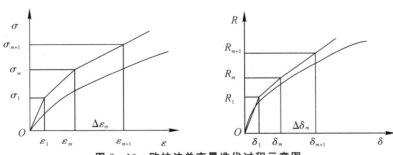

图 2-13 欧拉法单变量迭代过程示意图

2.1.5 结构动力学求解方法简介

上述有限元求解方法主要针对静力学分析，而对于结构动力学分析，求解方法主要有显式方法与隐式方法。

显式算法分为动态显式算法和静态显式算法，显式算法的最大优点是稳定性好。动态显式算法采用动力学方程的一些差分格式，不用直接求解切线刚度，无需进行平衡迭代，计算速度快，时间步长只要足够小，一般不存在收敛性问题，需要的内存也比隐式算法要少。但显式算法要求质量矩阵为对角矩阵，而且只有在单元积分点计算尽可能少时速度优势才能发挥，因而往往采用减缩积分方法，容易激发沙漏模式，影响应力和应变的计算精度。静态显式算法基于微分形式的平衡方程组与欧拉向前差分法，不需要迭代求解。由于平衡方程式在微分形式上得到满足，所以得出的结果会慢慢偏离正确值。为了减少相关误差，每步必须使用很小的增量。除了欧拉向前差分法，其他差分格式都是隐式方法，需要求解线性方程组。显式中心差分法非常适合研究波的传播问题，如碰撞、高速冲击、爆炸等带有应力波传递的分析工况。

隐式求解与时间无关，隐式算法每一增量步都需要对静态平衡方程进行迭代求解，并且每次迭代都需要求解大型的线性方程组，这一过程需要占用相当数量的计算资源、磁盘空间和内存。隐式算法多用于静力分析和低频率动力学分析等。

2.1.6 常用有限元软件

国际与国内市场上有限元软件种类繁多，根据分析类型的特点合理选择一款有限元软件对提高求解效率和求解精度具有重要意义。目前市场上的主流有限元软件主要来源于欧美国家，如美国的 MSC.Nastran、法国的 ABAQUS，希腊的 BETA CAE Systems，行业内将这些软件分为线性、一般非线性和显式高度非线性分析软件。可根据需要（分析类型、性价比等）选择合适的软件进行相关分析。本节对常用的有限元软件进行简要介绍。

美国澳太尔公司的 HyperWorks 是一个创新开发的企业级 CAE 平台，具有高度的开放性、灵活性和友好的用户界面，覆盖 CAE 建模、可视化分析、优化分析、多体仿真和制造仿真等领域。旗下的 Hypermesh 是目前应用最为广泛的有限元前处理软件之一，可以快速自动生成高质量的网格，大大简化复杂几何的有限元建模。Optistruct 是一款世界领先的优化模块，Hyperform 集成 Hypermesh 强大的功能和金属成型单步求解器；Motion View 具备强大的动画交互界面和绘图功能，当前该平台在工业领域应用广泛。

ABAQUS 是一套功能强大的工程模拟有限元软件，包括丰富的单元库，可以模拟典型工程材料（包括金属、橡胶、金属材料、复合材料等）的性能，特别在非线性分析方面具有明显优势。而且该软件具有良好的人机交互能力，是国际公认的最优秀的非线性分析软件。

MSC.PATRAN 是工业领域最著名的有限元前后处理器，是一个开放、多功能 CAE 分析软件包，具有集工程设计、工程分析、结果评估功能于一体的集成环境。在航空领域占据绝对主导地位，同时对大结构复杂模型的处理有自己的特色。MSC.NASTRAN，即 NASA Structual Analysis System，最早在 1969 年通过 COSMIC 对外发行，MSC.NASTRAN 支持多个关键学科和相应的高性能分析，包括线性/非线性静力分析、线性/非线性结构动力学分析、稳态和瞬态热分析、转子动力学特性分析、气动弹性及颤振分析、复合材料分析、流固耦合和声场分析、多级超单元分析等,结构动力学分析是 MSC.NASTRAN 的主要强项之一。MSC.MARC 是一款高级的非线性分析有限元软件,具有极强的非线性分析能力,主要应用于密封圈等橡胶类部件的结构有限元分析。

ANSYS 软件是一款大型通用有限元分析软件,是世界范围内用户量增长最快的 CAE 软件,在结构力学、流体力学、电磁学、声学等多个领域广泛应用,其中 ANSYS APDL 是其经典版,其新版本 ANSYS Workbench 操作简单,具有模块化、流程化的特点。

美国 LSTC 公司的 LS-DYNA 最初由 J.O.Hallquist 博士于 1976 年在美国劳伦斯利弗莫尔实验室开发完成,1988 年,Hallquist 创立了 LSTC 公司,将 LS-DYNA 带上了商业化的历程,是世界公认的显式有限元程序的鼻祖和理论先导,在碰撞安全分析领域具有绝对主导地位。

ADINA 软件出现于 20 世纪 70 年代,1986 年 K.J.Bathe 博士在美国马萨诸塞州成立 ADINA R&D 公司,开启了其商业化发展的历程,近年来发展很快。它独创了许多特殊解法,如劲度稳定法、自动步进法、外力-变位同步控制法等,对复杂非线性问题具有快速且几乎绝对收敛的能力。

NX I-DEAS 原是由美国 SDRC 公司开发的软件,I-DEAS 软件在 CAD/CAE 一体化方面一直雄踞世界榜首,曾经是 NASA 御用的 CAE 主导分析软件之一,2007 年成为西门子 PLM 旗下软件。

希腊 BATA CAE Systems S.A 公司的 BATA CAE Systems 是功能强大的有限元前后处理器,尤其是前处理器 ANSA 是目前公认的最快捷的 CAE 前处理软件之一,ANSA 与主流的三维设计软件和通用求解器具有非常方便的数据接口,是一个真正意义上的统一的 CAE 仿真平台。

2.2 结构失效与强度理论

结构失效是指由于某种原因,结构尺寸、形状或材料的组织与性能发生了变化,而不能完成其指定的功能。结构失效形式可概括为"破坏"(断裂)和"功能失效"两个方面。由于受不同载荷和环境的影响,以及不同的失效机理,结构呈现出各种失效模式。通常可归纳为静强度失效、疲劳断裂失效、动强度失效、环境强度失效和热强度失效等。

车辆结构失效的外在表现主要有断裂、表面损伤及变形。断裂失效包括塑性断裂失效、低应力脆断失效、疲劳断裂失效、蠕变断裂失效、应力腐蚀断裂失效等,图 2-14 为某车型横向稳定杆和轮毂断裂失效照片。表面损伤失效包括磨损失效、腐蚀失效、表面疲劳失效。变形失效包括塑性变形失效和弹性变形失效。

人们经过长期大量观察和研究各类结构在不同受力条件下的破坏现象,发现无论表面现象如何复制,结构的破坏形式主要有脆性断裂和屈服失效两种。人们针对脆性断裂和屈服失效两种强度破坏形式,提出了两类关于材料在复杂应力状态下的强度破坏假说,这些假说通常称为强度理论。强度理论分为两类:一类是解释脆性断裂失效的,包括最大拉应力理论和最大伸长线应变理论;另一类是解释塑性屈服失效的,包括最大剪应力理论和形状改变比能理论。

图 2-14 断裂失效

无论采用哪种强度理论,在分析前必须对结构的应力状态进行分析,了解构件受力后在哪一点沿着哪个方向截面上的应力最大,为进一步建立强度条件提供依据。为了研究一点处的应力状态,通常是从受力构件中取出一个无限小的单元体,认为在任何应力状态下,在这个单元体上总可以找到三对相互垂直的面,在这些面上只有正应力,切应力等于零,如图 2-15 所示,这样的面称为应力主面。应力主面上的正应力称为主应力,一般用 σ_1、σ_2、σ_3 表示(按代数值 $\sigma_1 \geqslant \sigma_2 \geqslant \sigma_3$),如果三个主应力都不为零,则称为三向应力状态;如果只有一个主应力等于零,则称为二向应力状态;如果两个主应力等于零,则称为单向应力状态。单向应力状态称为简单应力状态,其他应力状态称为复杂应力状态。

在单向受力情况下,材料出现塑性变形时的屈服极限 σ_s 和发生断裂时的强度极限 σ_b 可由试验测定,σ_s 和 σ_b 统称为失效应力,以安全系数除失效应力得到许用应力 $[\sigma]$。实际结构件危险点的应力状态往往不是单向的(见图 2-16),不为零的应力分量有不同比例的无穷多个组合,不能通过试验逐个确定。由于工程上的需要,人们对材料破坏的原因提出了各种不同的假说。但这些假说都只能被某些破坏试验所证实,而不能解释所有材料的破坏现象。这些假说统称为强度理论。

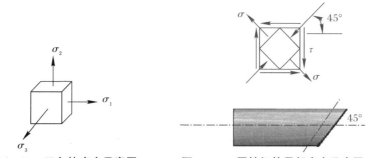

图 2-15 三向拉应力示意图　　图 2-16 圆轴扭转局部应力示意图

最大拉应力理论又称第一强度理论,这一理论认为最大拉应力是引起材料断裂的主要因素。认为无论是什么应力状态,只要最大拉应力 σ_1 达到单向拉伸的极限应力,材料就发生断裂,材料的破坏条件为 $\sigma_1 = \sigma_b$。一般在工程应用中,考虑安全系数 n 以后的强度条件为

$$\sigma_1 \leqslant [\sigma] = \frac{\sigma_b}{n} \tag{2-58}$$

该理论适用于铸铁、大理石、混凝土等脆性材料的断裂破坏及三向等应力拉伸状态的延

性材料的破坏。第一强度理论没有考虑 σ_2、σ_3 对破坏的影响,如果不受拉应力,就无法应用此理论检验其强度。低碳钢和普通低合金钢等塑性材料,在单向拉应力状态下其破坏形式为塑性屈服,单向拉伸试验测不到脆断破坏极限,因此也不适用。

最大伸长线应变理论又称第二强度理论,这一理论认为最大伸长线应变 ε_1 是引起断裂的主要因素,认为无论是什么应力状态,只要当最大伸长线应变达到拉断时的最大伸长线应变 ε^0 时,材料就发生断裂,$\varepsilon_0 = \dfrac{\sigma_b}{E}$,拉断时极限应变为

$$\varepsilon_1 = \varepsilon_0 = \frac{1}{E}\sigma_b \tag{2-59}$$

由广义胡克定律可得

$$\varepsilon_1 = \frac{1}{E}[\sigma_1 - \mu(\sigma_2 + \sigma_3)] \tag{2-60}$$

σ_b 除以安全系数 n 后得到 $[\sigma]$,按第二强度理论建立的强度条件为

$$\sigma_1 - \mu(\sigma_2 + \sigma_3) \leqslant [\sigma] \tag{2-61}$$

该理论只与石料、混凝土、玻璃、铸铁等少数脆性材料的试验结果较符合,偏安全,但在二向拉伸时与试验结果并不相符,目前已经很少使用。

最大剪应力理论又称第三强度理论,这一理论认为,最大剪切应力是引起材料塑性屈服的主要因素,无论处于什么应力状态,只要危险点处最大剪切应力达到与材料性质有关的某一极限值,材料就发生屈服。

复杂应力状态下:

$$\tau_{\max} = \frac{\sigma_1 - \sigma_3}{2} \tag{2-62}$$

第三强度理论建立的强度条件为

$$\sigma_1 - \sigma_3 \leqslant [\sigma] \tag{2-63}$$

第三强度理论较好地解释了塑性材料的屈服现象,并能解释材料在三向均压下不发生塑性变形或者断裂的事实,适用于延性材料,如低碳钢、铜、软铝、退火球墨铸铁等,也适用于拉伸时无颈缩现象而剪断的材料。该理论偏安全。

形状改变比能理论又称第四强度理论,这一理论认为,无论是什么应力状态,只要形状改变比能 u_f 达到与材料性质有关的某一极限值,材料就发生屈服,单向拉伸下,屈服应力为 σ_s,形状比能的屈服准则为

$$u_f = \frac{1+\mu}{3E}\sigma_s^2 \tag{2-64}$$

在任意应力状态下为

$$u_f = \frac{1+\mu}{6E}[(\sigma_1 - \sigma_2)^2 - (\sigma_2 - \sigma_3)^2 - (\sigma_3 - \sigma_1)^2] \tag{2-65}$$

按第四强度理论建立的强度条件为

$$\sqrt{\frac{(\sigma_1 - \sigma_2)^2 - (\sigma_2 - \sigma_3)^2 - (\sigma_3 - \sigma_1)^2}{2}} \leqslant [\sigma] \tag{2-66}$$

该强度准则也称为 Mises 屈服准则,对于塑性较好的材料,这一理论与试验结果吻合程

度比第三强度理论更好。

前述的四种强度理论都是假设应力状态中的某种因素是导致材料进入极限状态的决定因素,不可避免地存在片面性,而且第三、第四强度理论只适用于抗拉和抗压强度相同或者相近的材料,对于岩石、混凝土、土壤等抗拉和抗压强度不相等的材料是不适用的,为了校核这类材料在上述情形下的强度,1900 年,德国人 D. Mohr 提出了莫尔强度理论。莫尔强度理论认为材料的破坏不但取决于最大主应力 σ_1 和最小主应力 σ_3,而且与材料的拉压性质以及抗拉、抗压强度极限的比例有关。

代表一点应力状态的最大正应力和最大剪切应力的点位于由 σ_1、σ_3 所决定的最大应力圆上,如图 2-17(a)所示。从三向应力圆可以看出,位于同一竖直线 MN[见图 2-17(a)]上的各点,正应力相同,切应力 M 点最大,由此可以看出,单元体中最容易滑动的面是最大外圆上某点所代表的平面。因此莫尔认为通过最大应力圆就可以确定极限应力状态,不必考虑中间主应力 σ_2 的影响。改变各主应力的比值,进行材料破坏试验,可得到这种材料的一系列极限应力圆,于是可以作出它们的包络线,如图 2-17(b)所示。若已知某单元体主应力 σ_1、σ_2、σ_3,以 σ_1、σ_3 作应力圆,如果该应力圆位于该材料的包络线之内,此单元体就不会破坏,若与包络线相切,则此单元会发生破坏。相应切点所代表的单元体平面就是破坏面。莫尔强度的理论强度条件为

$$\sigma_1 - \frac{[\sigma_t]}{[\sigma_c]}\sigma_3 \leqslant [\sigma_t] \tag{2-67}$$

式中:$[\sigma_t]$、$[\sigma_c]$ 为脆性材料的许用拉应力和许用压应力。对抗拉和抗压强度相等的材料,$\sigma_t = \sigma_c$,莫尔理论强度条件就转化为最大剪应力理论的强度条件,因此往往把莫尔理论看作是最大剪应力理论的推广。

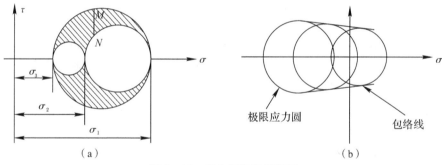

图 2-17 应力圆和包络线图
(a)应力圆;(b)包络线

2.3 疲 劳 理 论

国际标准化组织在 1964 年发表的报告《金属疲劳试验的一般原理》中对疲劳给出的定义是:"疲劳就是指金属材料在载荷的反复作用下,它的性能的改变。"尽管上述定义只针对金属材料,但实际上同样适用于非金属材料。

结构最主要的失效形式就是疲劳破坏。从以上材料疲劳破坏现象的几个特点可以看出,导致材料疲劳破坏最主要的就是循环作用的交变载荷。行驶中的汽车由于路面激励、车

轮动平衡激励、发动机和动力传动系的振动等影响,汽车上各个零部件将会受到持续的交变载荷的影响。在这些交变载荷的循环作用下,汽车零部件将会产生疲劳破坏现象。

疲劳破坏一般分为机械疲劳、热疲劳、腐蚀疲劳三类。本书所指的疲劳主要是机械疲劳。机械疲劳主要是指零部件在交变机械应力的作用下引起的破坏。从疲劳循环应力水平的角度可以将机械疲劳分为高周疲劳和低周疲劳:当循环应力水平较高时,塑性应变起主导作用,此时零部件的寿命较短,称为应变疲劳或者低周疲劳;当循环应力水平较低时,弹性应变起主导作用,此时零部件疲劳寿命较长,称为应力疲劳或者高周疲劳。根据载荷类型不同,机械疲劳分为振动疲劳、轴向拉压疲劳、扭转疲劳、弯曲疲劳、滑动接触疲劳、滚动接触疲劳、复合应力疲劳以及微动疲劳等,机械部件的失效大多数是由上述疲劳造成的;从载荷的幅度和频率的角度来分,机械疲劳分为随机疲劳、变幅疲劳、和常幅疲劳。

图 2-18 为典型疲劳裂纹断口形貌。一个典型的疲劳断口常常出现三个形貌不同的区域,即疲劳源区、裂纹扩展区和瞬时断裂区。疲劳源区在断口上呈现半圆形或半椭圆形,表面较为平坦,源区面积最小。裂纹扩展区在断口上位于疲劳源区和瞬时断裂区之间,不如源区平坦,呈现海滩(或贝壳)花样,有时呈现间距不等的"弧线"。瞬时断裂区是一种静载断裂,靠近零件表面的往往是斜断口,断口表面比较粗糙。断口的形貌是识别和判断零件疲劳失效极为重要的因素之一。

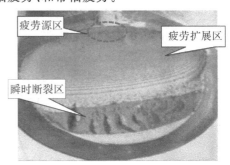

图 2-18 典型疲劳裂纹断口形貌

2.3.1 基本概念

"疲劳强度"是建立在试验基础上的一门科学。只有在模拟真实载荷及环境下,对被研究的结构或者零部件进行疲劳试验,才能正确评价它们的疲劳性能。根据获取的试验数据进一步了解结构的应力状态,以及建立材料的疲劳寿命数据库,获取材料的 S-N 曲线,这对工程人员进行结构件的疲劳可靠性设计至关重要。由于常见的疲劳性能数据是由标准试件测试获取的,所以将材料的疲劳试验数据应用到零部件中,必须考虑一些具体因素并加以修正后才能更加接近构件的真实使用环境。本小节对疲劳应力、疲劳极限、疲劳极限图等概念进行简要介绍。

1. 疲劳应力

汽车在行驶过程中各种零部件所承受的载荷往往是变化的,习惯上把这些变化的载荷称为疲劳载荷,把相应的应力称为疲劳应力,把载荷和应力随时间的变化历程称为载荷谱和应力谱。疲劳的载荷谱有常幅谱、随机谱、块谱三种类型,如图 2-19 所示。作用于零部件的疲劳载荷谱中,以常幅谱最为简单。变幅谱需要经过处理后才能作为疲劳寿命分析的输入,变幅载荷在分析时被分为不同的应力水平等级,每一个应力水平等级其实都是一个常幅载荷。

描述一个常幅疲劳载荷的参数主要有最大应力 S_{max}(或者σ_{max})、最小应力 S_{min}(或者

σ_{min}),应力幅值 S_a(或者σ_a)、平均应力 S_m(或者σ_m),如图 2-20 所示。应力比 R 为最大应力与最小应力比值,$R=-1$ 称为对称循环疲劳载荷,$R=0$ 称为脉动循环疲劳载荷,周期应力的变化特征由该循环的平均应力 S_m 确定,疲劳破坏起源于高应力或高应变的局部。

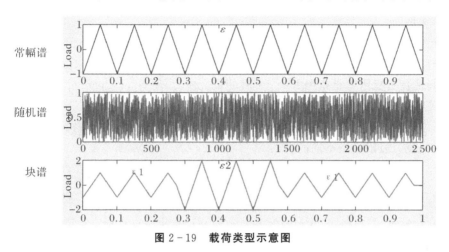

图 2-19 载荷类型示意图

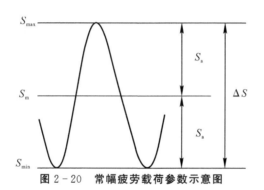

图 2-20 常幅疲劳载荷参数示意图

平均应力 S_m:

$$S_m = \frac{S_{max} + S_{min}}{2} \tag{2-68}$$

应力幅 S_a:

$$S_a = \frac{S_{max} - S_{min}}{2} \tag{2-69}$$

应力范围:

$$\Delta S = 2 S_a \tag{2-70}$$

应力比:

$$R = \frac{S_{max}}{S_{min}} \tag{2-71}$$

应力幅比:

$$A = \frac{1-R}{1+R} \tag{2-72}$$

一般用 S 表示的应力称为名义应力,名义应力是在不考虑样件几何不连续性的情况下,通过等效截面计算得到的应力,是一种整体等效应力。考虑缺口等几何不连续性得到的应力为真实应力,真实的拉压应力和剪切应力用符号 σ 和 τ 表示。

2. 疲劳极限

疲劳极限是指经过无穷多次应力循环而不发生破坏时的最大应力值,又称为耐久极限。在一定循环特征下的疲劳极限用 S_R 表示,通常当 $R=-1$ 时,疲劳极限数值最小,如果不加说明,材料的疲劳极限都是指当 $R=-1$ 时的最大应力,用 $S_{-1}(\sigma_{-1}$ 或 $\tau_{-1})$ 表示,拉压疲劳极限、扭转疲劳极限应力分别用 σ_{-1} 和 τ_{-1} 表示。

金属件的疲劳极限可以在疲劳试验机上进行试验测得,针对同一材料,应用不同的加载方式得到的疲劳极限也是不同的。

没有试验数据时,可根据经验公式用强度极限 σ_b 和屈服极限 σ_s 进行疲劳极限的估算。对于抗拉强度 $\sigma_b<1\,800\,\text{MPa}$ 钢,疲劳极限 $\sigma_{-1}=0.5\,\sigma_b$;对于铝合金,疲劳极限 $\sigma_{-1}=\dfrac{\sigma_b}{6}+73.5\,\text{MPa}$。表 2-1 与表 2-2 列出了常见材料的疲劳极限试验值。

表 2-1 碳钢弯曲疲劳极限

材料牌号	热处理状态	疲劳极限 δ_{-1}/MPa	强度极限 δ_b/MPa	试样直径 d/mm
20	正火	176.4	411.6	
35	正火	230.3	529.2	
45	正火	245.0	627.2	
45	840 ℃淬火,580 ℃回火	426.3	833.0	6
45	840 ℃淬火,420 ℃回火	529.2	1 215.2	6
45	840 ℃淬火,360 ℃回火	617.4	1 411.2	6
45	840 ℃淬火,200 ℃回火	578.2	1 960.0	6

表 2-2 合金钢弯曲疲劳极限

材料牌号	热处理状态	疲劳极限 δ_{-1}/MPa	强度极限 δ_b/MPa	试样直径 d/mm
16Mn	轧制态	230.3	573.3	6×34
15 MnYB	调质	411.6	882	
18CrNiWA	900 ℃空冷,220 ℃回火	509.6	1215.2	6
20Cr	调质	411.6	931	
20SiMnMtVA	900 ℃淬火,250 ℃回火	529.2	1 479.8	6
30CrMnSiA	880~900 ℃,淬油 610 ℃回火	421.4	980	6
30CrMnSiA	880~900 ℃,淬油 550 ℃回火	490	1 048.6	6
30CrMnSiA	880~900 ℃,淬油 490 ℃回火	539	1 342.6	6
30CrMnSiA	880~900 ℃,淬油 420 ℃回火	568.4	1 568	6

续表

材料牌号	热处理状态	疲劳极限 δ_{-1}/MPa	强度极限 δ_b/MPa	试样直径 d/mm
30CrMnSiA	880~900 ℃,淬油 200 ℃ 回火	661.5	1871.8	6
40 Cr	840~860 ℃,淬油 500 ℃ 回火	524.3	1107.4	6
40 Cr	840~860 ℃,淬油 390 ℃ 回火	612.5	1 470	6
40 Cr	840~860 ℃淬油,200 ℃ 回火	632.1	1 911	6
40MnB	840 ℃淬油,480 ℃ 回火	509.6	1 068.2	6
40MnB	840 ℃淬油,360 ℃ 回火	676.2	1 480.2	6
40MnB	840 ℃淬油,200 ℃ 回火	617.4	1 940.4	6

3. 疲劳极限图

将不同应力比 R 对应的疲劳极限画在应力幅 σ_a、平均应力 σ_m 图上,即为疲劳极限图,σ_m、σ_a 分别为横、纵坐标,从疲劳极限图中可以看出应力幅 σ_a 随平均应力 σ_m 变化的情况。由试验测定各种应力比条件下的疲劳极限十分困难,因此提出一些经验模型来估算疲劳极限,常用的有 Gerber 抛物线模型、Goodman 直线模型、Soderberg 直线模型以及折线模型,如图 2-21 所示,其经验公式如下。

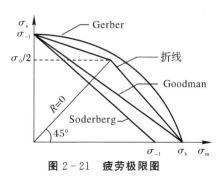

图 2-21 疲劳极限图

Gerber 抛物线模型:

$$\sigma_a = \sigma_{-1}\left[1-\left(\frac{\sigma_m}{\sigma_b}\right)^2\right] \tag{2-73}$$

Goodman 直线模型:

$$\sigma_a = \sigma_{-1}\left(1-\frac{\sigma_m}{\sigma_b}\right) \tag{2-74}$$

Soderberg 直线模型:

$$\sigma_a = \sigma_{-1}\left(1-\frac{\sigma_m}{\sigma_s}\right) \tag{2-75}$$

折线模型:

$$\sigma_a = \sigma_{-1} - \frac{2\sigma_{-1}-\sigma_0}{\sigma_0}\sigma_m, \quad R \leqslant 0 \tag{2-76}$$

$$\sigma_a = \sigma_0 - \left(\frac{\sigma_m - \sigma_b}{\sigma_0 - 2\sigma_b}\right), \quad R > 0 \tag{2-77}$$

如图 2-21 所示,曲线与坐标轴围绕区域为安全区,如果任何应力点处于安全区之外,表示在指定循环次数疲劳之后,材料都将发生断裂,只有位于安全区内的点才是安全的。可以看出,Soderberg 直线模型偏保守;Goodman 模型适用于脆性金属,而用于塑性金属则偏保守;Gerber 模型适用于塑性材料,该理论模型偏危险,由于它是非线性的,使用起来没有直线方便,所以设计中不常使用。实际中使用较多的是折线和 Goodman 模型,折线模型比 Goodman 直线模型更精确,但必须有脉动循环下的疲劳极限 σ_0 的测试数据。

2.3.2 疲劳损伤理论

疲劳损伤是指零部件在外部载荷作用一定循环次数后,发生疲劳失效的过程,包括疲劳初期材料内部结构的变化过程、裂纹产生过程、裂纹扩展过程三个阶段。疲劳破坏的本质就是在载荷的不断作用下,零部件不断发生疲劳损伤,与塑性变形不同的是,外力作用导致的零部件发生的疲劳损伤是会累积的。当疲劳损伤累积到一个临界值的时候,部件就发生疲劳破坏。疲劳损伤的累积方式可以归纳为线性疲劳损伤理论、非线性疲劳损伤理论、双线性累积损伤理论和其他累积损伤理论四大类。本节主要介绍应用较多的线性和非线性疲劳损伤理论。

1. 线性疲劳损伤理论

线性疲劳累积损伤理论是指在循环载荷作用下,疲劳损伤线性累加,各个应力之间相互独立、互不相关,当累积损伤达到某一数值时,试件或构件就发生疲劳破坏,线性累积损伤理论最典型的是 Miner 理论。

应力水平为 S 的一个循环造成的损伤为

$$D = \frac{1}{N} \tag{2-78}$$

式中:N 为对应应力水平 S 的疲劳寿命。

若构件在某应力水平 S 作用下,循环至破坏的寿命为 N,则 n 个循环造成的损伤为

$$D = \frac{n}{N} \tag{2-79}$$

若构件在应力水平 S_i 载荷作用下,经受 n_i 个循环造成的损伤 $D_i = n_i/N_i$,若在 n 个应力水平 S_i 作用下,各经受 n_i 次循环,则可定义总损伤为

$$D = \sum_{i=1}^{n} \frac{n_i}{N_i} \tag{2-80}$$

式中:N_i 为对应应力水平 S_i 的疲劳寿命。

线性累积损伤如图 2-22 所示。常用的线性疲劳累积损伤理论见表 2-3。

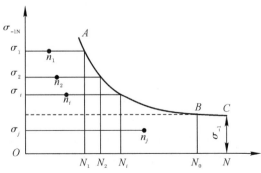

图 2-22 线性累积损伤示意图

表 2-3 线性疲劳损伤模型

作 者	累计损伤模型		参 数
Palmgren miner	损伤定义	$D_i = \dfrac{1}{N_i}$	N_i
	破坏准则	$\sum D_i = 1$	
Shanleg	损伤定义	$D_i = \exp\left[CK\left[\left(\dfrac{n_2}{N_i}-1\right)\right]\right], K = S_{ai}^n$	N_i
	破坏准则	$\sum D_i = 1$	n
Grover	损伤定义	$D_i = \dfrac{n_i}{\alpha_i N_i}$	N_i
	破坏准则	$\sum D_i = 1$	α_i

2. 非线性疲劳损伤理论

线性疲劳累积损伤理论认为载荷顺序对累积损伤没有影响,损伤可以线性累加,没有考虑应力之间的相互作用,使预测结果与试验值相差较大,相关学者进一步提出非线性疲劳累积损伤理论。非线性疲劳累积损伤理论认为载荷顺序对累积损伤有严重影响,其中典型的是 Carten-Dolan 理论。

Carten-Dolan 疲劳损伤累积理论认为:产生永久性疲劳损伤需要一个成核期;应力增加时,遍布于试件各处的裂纹核数目增加;在一定压力下,损伤量随应力增大而增大;每个循环的损伤增长率随应力增大而增大;对所有载荷历程来讲,构成试件疲劳失效的总损伤量是一常量;在应力水平低于引起初始损伤的应力水平时损伤仍将继续增长。

一个循环造成的损伤为

$$D = m^c r^d \tag{2-81}$$

式中:m 为材料损伤核的数目,应力越大,m 越大;r 为损伤发展的速率,r 正比于应力水平 S;c、d 为材料常数。

在等幅载荷下,n 个循环造成的损伤为

$$D = nm^c r^d \tag{2-82}$$

在变幅载荷下,若构件在应力水平 S_i 载荷作用下,经受 n_i 个循环造成的损伤为 $n_i m_i^c r_i^d$;若在 n 个应力水平 S_i 作用下,各经受 n_i 次循环,则可定义总损伤为

$$D = \sum_{i=1}^{n} n_i m_i^c r_i^d \tag{2-83}$$

2.3.3 S-N 曲线

一般把应力 S 和疲劳寿命 N 之间的曲线叫作 S-N 曲线,如图 2-23 所示。S-N 曲线反映了材料的基本疲劳强度特性,是疲劳寿命预测和疲劳设计的基本依据。S-N 曲线是在疲劳试验机上进行测定的,根据疲劳周次的不同将疲劳区域分为低周疲劳区(LCF)、高周疲劳区(HCF)、亚疲劳区(SF)。$N = 1/4$,即静拉伸对应的疲劳强度为 S_b;$N = 10^6 \sim 10^7$,

对应的疲劳强度为疲劳极限;在 HCF 区,S-N 曲线在对数曲线上近似为一条直线。描述 S-N 曲线在 HCF 区的经验方程有幂函数模型和指数函数模型。

(1)幂函数公式为

$$NS^m = A \qquad (2-84)$$

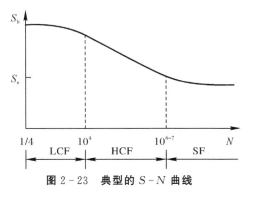

图 2-23 典型的 S-N 曲线

式中:m 和 A 为材料常数,与材料、应力比、加载方式有关,一般通过试验获取。式(2-84)两边取对数,并整理后得

$$\lg N = a + b\lg S \qquad (2-85)$$

式中:a 和 b 为材料参数。可以看出,幂函数的 S-N 经验公式在双对数坐标图上为一直线。

(2)指数函数公式为

$$Ne^{aS} = C \qquad (2-86)$$

式中:a 和 C 均为材料常数,通过试验获取。对式(2-86)两边取对数得

$$\lg N = a + bS \qquad (2-87)$$

式中:a 和 b 为材料常数。可以看出指数函数的 S-N 经验公式在半对数坐标图上为一直线。

材料的 S-N 曲线一般是在疲劳试验机上通过材料试验获取的,而疲劳试验机上的试验材料往往是标准光滑的试件,实际的零部件与标准试件有很大差别,因此将试验测得的 S-N 曲线应用于实际零部件的寿命预测,还必须考虑其他因素的影响。影响机械零部件的疲劳强度的因素主要有形状(应力集中)、平均应力、表面状况、腐蚀等。本节主要从应力集中、尺寸效应、表面处理、载荷等几个方面讨论其对结构疲劳强度的影响。

1. 应力集中对疲劳寿命的影响

缺口或者零件截面积变化使某些部位的应力应变增大,称为应力集中,如图 2-24 所示。任何结构或者零部件几乎都存在应力集中,缺口对应力集中影响程度用理论应力集中系数进行表示。应力集中系数 K_t 为构件几何不连续部位最大应力 σ 与名义应力 s 的比值。

$$K_t = \frac{\sigma}{s} \qquad (2-88)$$

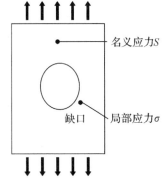

图 2-24 应力集中现象

应力集中对疲劳强度有显著影响,但是理论应力集中系数不足以描述其影响,研究者们提出一个缺口对疲劳强度影响的系数——疲劳缺口系数 K_f,也称为疲劳应力集中系数或者疲劳强度下降系数,其值为光滑试件的疲劳强度 S_f 和缺口试件的疲劳强度 S_f' 的比值,无缺口的 S-N 曲线的对比示意如图 2-25 所示。

$$K_f = \frac{\text{光滑试件的疲劳强度 } S_f}{\text{缺口试件的疲劳强度 } S_f'} \qquad (2-89)$$

为了表征疲劳对缺口的敏感度,引入缺口敏感系数 q:

$$q=\frac{K_f-1}{K_t-1} \quad (2-90)$$

q 介于 0~1 之间,$q=0$,表示材料无缺口效应,此时 $K_f=1$;$q=1$,表示材料对缺口非常敏感,此时 $K_f=K_t$。利用 K_f 或 K_t 对 $S-N$ 曲线进行修正,如图 2-26 所示。

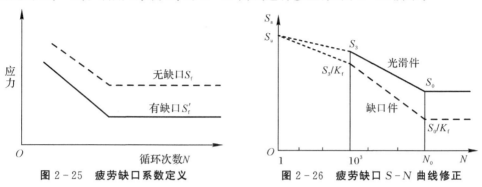

图 2-25 疲劳缺口系数定义　　图 2-26 疲劳缺口 $S-N$ 曲线修正

2. 尺寸效应对疲劳寿命的影响

人们在疲劳强度试验中早就注意到了试件尺寸越大疲劳强度越低这一现象。标准试验样件的直径通常为 6~10 mm,比实际零部件的尺寸小,因此在疲劳分析中必须通过尺寸系数来进行修正。尺寸系数定义为在相同加载条件及试件几何相似条件下,大尺寸试件的疲劳强度 S_L 与小尺寸试件的疲劳强度 S_S 的比值。

尺寸系数 ε:

$$\varepsilon=\frac{S_L}{S_S} \quad (2-91)$$

尺寸系数可以通过试验或者微观统计力学获得,图 2-27 所示为旋转弯曲疲劳试验得到的碳素钢与合金钢的尺寸系数随试样直径变化曲线图。导致大小试件疲劳强度有差别的主要原因有两方面:一是处于均匀应力场的试件大尺寸比小尺寸含有更多的疲劳损伤源;二是对非均匀应力场中的试验样件,大尺寸试件的疲劳损伤区应力比小尺寸试件的疲劳损伤区更加显著。

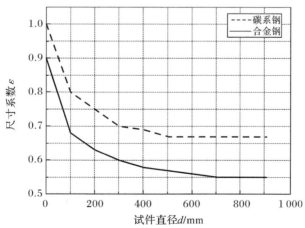

图 2-27 光滑圆棒试件的尺寸系数

3. 表面处理对疲劳寿命的影响

一般来说，疲劳裂纹总是最初发生在试件表面，因为外表面的应力水平往往最高，外表的缺陷也往往最多，表面层的约束小，滑移带最易开裂，所以一般采用表面处理的方法将压缩残余应力引入高应力表面，以提高疲劳性能，达到增强疲劳强度的目的。零部件表面状态对疲劳强度的影响程度用表面敏感系数 β 来描述。

$$\beta = \frac{某种表面状态试件疲劳强度}{标准光滑试件的疲劳强度} \tag{2-92}$$

表面状态主要包括表面加工粗糙度 β_1、表层组织结构 β_2 和表面应力状态 β_3。材料的强度越高，延展性往往越差，对缺陷也就越敏感，图2-28给出了国产钢材由旋转弯曲疲劳试验得到的表面加工粗糙度 β_1。表层组织结构 β_2 对零部件的疲劳强度有重要影响，一般通过表面处理工艺（如渗碳、渗氮、淬火、表面激光处理等）来提高表面层的疲劳强度，通常通过处理后表层材料的组织结构与原材料的组织结构相比，疲劳强度得到提高，β_2 通常大于1，β_2 的确定主要依赖试验。表面应力状态 β_3 是提高疲劳强度的有效途径之一，滚压、喷丸、挤压等冷变形改变了表层的应力状态，同时表层的组织发生了一些物理变化。

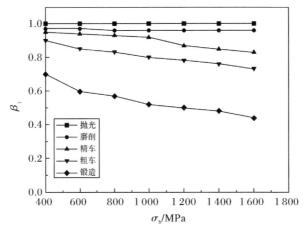

图2-28 国产钢表面加工粗糙度

综合考虑表面状态参数的影响，表面敏感系数计算公式为

$$\beta = \beta_1 \beta_2 \beta_3 \tag{2-93}$$

4. 载荷的影响

实际零件的受力是十分复杂的，疲劳寿命主要受到包括载荷类型、加载频率、平均应力、载荷波形、载荷中间停歇和持续时间等因素的影响。零件受到的外力主要有拉、压、弯、扭四种类型，对于几何形状和边界条件复杂的零件，危险部位多处于多轴应力状态，而且多轴应力是不成比例的。载荷类型对疲劳寿命的影响用载荷类型因子来描述，其定义为其他加载方式下的疲劳强度与旋转弯曲疲劳强度的比值。

对于高周疲劳，当在腐蚀环境或者高温环境下进行试验时，试验的频率对疲劳强度影响很大。当前对疲劳寿命的影响因素虽然有一些认识，但是还不够成熟，有待深化，在一些情况下还需进行全尺寸的疲劳试验，同时要求材料、工艺、装配、载荷尽量符合真实的生产情况,保证所得到的试验结果具有代表性。

2.3.4 其他常用疲劳寿命曲线

其他常用的疲劳寿命曲线主要有 $P-S-N$ 曲线和应变寿命曲线($\varepsilon-N$ 曲线)。

$S-N$ 曲线是 $P=50\%$ 成活率下的 $S-N$ 曲线,实际上由于加工工艺、几何尺寸、载荷等因素的影响,疲劳寿命分散性较大,试验得到的疲劳寿命和应力水平之间的关系,并不是一一对应的单值关系,因此必须进行统计分析,考虑成活率。材料的 $S-N$ 曲线的存活率具有正态分布的趋势,这就是所谓的 $P-S-N$ 曲线。$P-S-N$ 曲线是一组不同成活率 P 下的 $S-N$ 曲线集,如图 2-29 所示。具有成活率 P 的疲劳寿命 N_P 的含义为:母体实验有概率 P 的样件的疲劳寿命大于 N_P,如 $P=0.95$,表示采用此条 $S-N$ 曲线,100 个试件至少 95 个试件是安全的。

$\varepsilon-N$ 曲线类似于 $S-N$ 曲线,在高应变的低周疲劳范围内比 $S-N$ 曲线更有效。应变寿命曲线描述的是应变与寿命之间的关系,如图 2-30 所示。根据控制参数不同,可将应变寿命曲线分为 $\Delta\varepsilon-N$ 曲线和 $\Delta\varepsilon_{eq}-N$ 曲线。$\Delta\varepsilon-N$ 曲线中,Manson-Coffin 公式应用最广,适用于中短寿命区。由于试验工作量大,曲线拟合复杂,因此目前对于 $\Delta\varepsilon_{eq}-N$ 曲线的研究较少。Manson-Coffin 表达式为

$$\varepsilon_a = \varepsilon_{ea} + \varepsilon_{pa} = \frac{\sigma_f''}{E}(2N_f)^b + \varepsilon'(2N_f)^c \tag{2-94}$$

式中:ε_{ea} 为弹性应变分量;ε_{pa} 为塑性应变分量;σ_f'' 为疲劳强度系数;ε' 为疲劳延续系数;b 为疲劳强度指数;c 为疲劳延续指数。

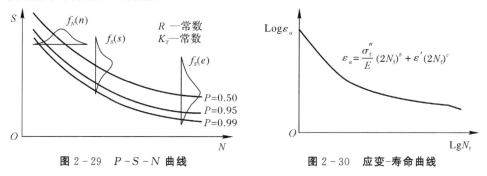

图 2-29 $P-S-N$ 曲线　　　　图 2-30 应变-寿命曲线

疲劳寿命 N 与弹性应变 ε_{ea}、塑性应变 ε_{pa} 和总应变的关系如图 2-31 所示。

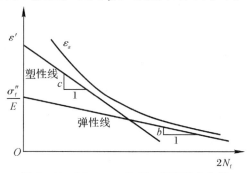

图 2-31 Manson-Coffin 应变寿命曲线

2.3.5 疲劳分析

在多数情况下,作用在机械部件上的载荷和幅值是随着时间变化的。由于产生疲劳损伤的主要因素是"循环次数"和"应力幅值",所以需要采用相应的计数方法对不同应力循环的次数进行统计,根据对循环次数和应力幅值统计方式的不同,疲劳分析可分为时域疲劳分析和频域疲劳分析(见图 2-32)。时域疲劳分析一般根据时域载荷信号求得疲劳损伤,这种时域信号通常是应力或应变,用时域信号表达周期信号很方便,但用它准确描述随机加载过程需要很长的信号记录,对于有限元分析来说,处理数据的量比较大,计算效率低。频域疲劳分析主要指随机振动疲劳分析,通常采用将时域载荷信号转化成功率谱密度后进行振动疲劳分析,这种方法相比时域疲劳分析更加方便,计算效率也大幅提高。

1. 时域疲劳分析

时域疲劳分析常见的有准静态和瞬态法疲劳分析。准静态法不考虑模态对应力的影响,先在结构件上施加单位载荷计算得出结构应力,然后用实际时域载荷与应力结果相乘和线性叠加得到结构的应力结果。瞬态法考虑模态对应力的影响,根据模态贡献度对载荷进行分解,分解后采用线性叠加的方式进行计算。

无论是静态法还是瞬态法,对载荷-时间历程的统计处理一般采用雨流法(又称塔顶法)。常用的雨流计数规则为:雨流的起点依次在每个峰的内侧;雨流在下一个峰(或谷)处落下,直到一个比其更大的峰(或更小的谷)为止;当雨流遇到来自上面屋顶流下的雨流时就停止;取出所有的全循环,并记录各自的幅值和均值。

雨滴从 A 开始,沿 AB 流动,至 B 点后落到 CD 上继续流至 D 处,因为无屋顶阻挡,所以雨滴反向沿 DE 流动到 E 处,下落至屋面 JA',至 A' 处流动结束,记下雨流路径为 $ABDEA'$,记下雨滴流过的最大的峰、谷值,作为一个循环,即为 ADA'。同样的,第二次雨流得到 BCB' 和 EHE'。第三次雨流得到 FGF' 和 IJI',如图 2-32 所示。

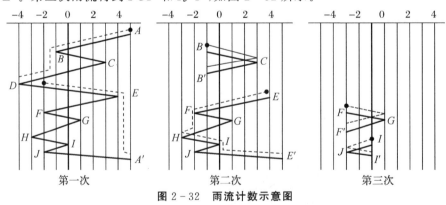

图 2-32 雨流计数示意图

目前对雨流计数这一过程可以借助软件实现,软件会通过雨流计数对相应应力幅下的载荷循环次数、平均应力进行统计,如图 2-33 所示。然后根据雨流技术结果和线性疲劳损伤 Miner 法则对结构件的疲劳损伤寿命进行计算。

对图 2-34 所示载荷谱进行雨流统计,结果见表 2-4。假设在材料的 $S-N$ 曲线中,应力幅 450 MPa、50 MPa 和 100 MPa 对应的循环次数分别为 50 万次、50 万次和 300 万次,根据 Miner 法则累积的总损伤为

$$\sum D_i = \frac{1}{N_{450}} + \frac{1}{N_{50}} + \frac{2}{N_{100}} = \frac{1}{50\mathrm{e}^4} + \frac{1}{500\mathrm{e}^4} + \frac{2}{300\mathrm{e}^4} = 2.86\mathrm{e}^{-6} \quad (2-95)$$

总的寿命为

$$T = \frac{1}{\sum D_i} = 348\ 837 \ (\mathrm{s}) \quad (2-96)$$

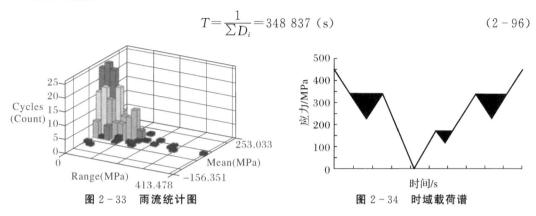

图 2-33 雨流统计图　　图 2-34 时域载荷谱

表 2-4　载荷谱雨流计数结果

序号	应力幅/MPa	均值/MPa	出现次数
1	450	225	1
2	50	150	1
3	100	300	2

2. 频域疲劳分析

车辆在实际运行中,车上所有结构件都受到随机载荷的影响,随机载荷要素包括激励幅值、激励频率和激励时间,尤其是固有频率落在激励频率范围的结构件,如导流罩、大灯、保险杠等,必须考虑频率的影响。

对于随机振动疲劳分析来说,频域疲劳预测方法比时域疲劳预测方法更有优势。首先,时域所得损伤是对一段随机变化信号计数的结果,通过时域方法获得的损伤本身就是一个随机变量,无法避免对所得的损伤结果进行统计推断;其次,用雨流计数法得到的零部件应力幅值服从威布尔分布,均值服从正态分布,进行循环计数的数据处理量非常大。而基于(功率谱密度函数 PSD)的频域分析方法计算简单,不需要循环计数,PSD 的形式一般是加速度、位移、速度等,数据处理量较小。

因此,为了解决随机载荷工况的疲劳计算,一般通过 PSD 在频域内进行计数,计算疲劳损伤,实现快速的疲劳分析。

当系统受到的载荷信号随机不确定时,如图 2-35 所示,假设所受载荷 $X(t)$ 在 x 和 $x + \mathrm{d}x$ 范围内,在一个总时长 T 的时间段内,载荷出现的概率为

$$P[x \leqslant x(t) \leqslant x + \mathrm{d}x] = \frac{\mathrm{d}t_1 + \mathrm{d}t_2 + \mathrm{d}t_3 + \mathrm{d}t_4}{T} \quad (2-97)$$

如果 T 足够长,可以通过下式表达:

$$P[x \leqslant x(t) \leqslant x+\mathrm{d}x] = \frac{\sum_{i=1}^{k}\mathrm{d}t_i}{T} \qquad (2-98)$$

如图 2-36 所示,载荷在 x 和 $x+\mathrm{d}x$ 段出现的概率为

$$f_x(x) = P[x \leqslant x(t) \leqslant x+\mathrm{d}x] = \frac{\#\text{sample}_{\text{band}}}{\#\text{sample}_T} = \frac{6}{69} \qquad (2-99)$$

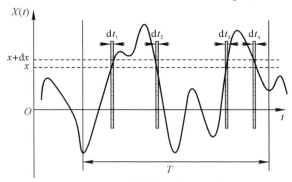

图 2-35 载荷幅值出现概率

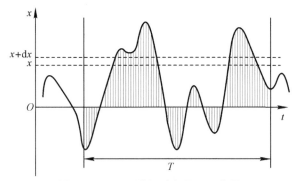

图 2-36 $x(t)$ 随机过程处理示意图

随机信号 $X(t)$ 的均值和均方根值可以表示为

$$u(x) = \int_{-\infty}^{\infty} x f_X(x)\mathrm{d}x \cong \frac{1}{T}\int_0^T X(t)\mathrm{d}t \qquad (2-100)$$

$$\sigma_x^2 = \int_{-\infty}^{\infty} [x-\mu_x]^2 f_x(x)\mathrm{d}x \cong \frac{1}{T}\int_0^T [x(t)-\mu_x]^2 \mathrm{d}t \qquad (2-101)$$

这里 T 是总时长,当 $\mu_X=0$ 时,σ_x 就是随机信号 $X(t)$ 的均方根。

$f_x(x)$ 服从高斯正态分布:

$$f_x(x) = \frac{1}{\sigma_x\sqrt{2\pi}}\exp\left[-\frac{1}{2}\left(\frac{x-\mu_x}{\sigma_x}\right)^2\right], \quad -\infty < x < \infty \qquad (2-102)$$

汽车在行驶过程中所受到的激励一般假设服从高斯正态分布,高于 3σ 激励发生的概率很低,置信区间可达 99.743%,如图 2-37 所示。基于这个特点,在实际计算中一般取 3σ 为计算上限。

正态分布具有一个很重要的属性:如果服从正态分布的激励作用在线性系统上,则输出的激励仍然服从另外一个高斯正态分布,因此随机振动计算出来的应力、位移、速度、加速度

都是统计值。

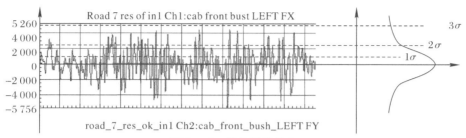

图 2-37 随机载荷分布

如前所述,随机信号的均值、方差值是描述随机振动幅值的统计参量,为应力计算的上下限给出了理论解释。振动疲劳分析的另外一个重要步骤就是将时域信号转换到频域,通过对 PSD 功率谱密度进行惯性矩求解,对应力循环进行计数统计,下面对这一过程进行详细描述。

功率谱密度分为自功率谱密度(PSD)和互功率谱密度(CSD)。针对平稳随机过程 $x(t)$ 来讲,自功率谱密度函数 $S_{xx}(\omega)$ 通过对相关函数为 $R_{xx}(\tau)$ 进行傅里叶变换进行计算,计算过程为

$$R_{xx}(\tau) = \lim_{\tau \to \infty} \left[\int_{-\tau/2}^{\tau/2} x(t) x(t+\tau) \mathrm{d}t \right] \tag{2-103}$$

$$S_{xx}(\omega) = \int_{-\infty}^{\infty} R_{xx}(\tau) \mathrm{e}^{-j\omega\tau} \mathrm{d}\tau \tag{2-104}$$

$S_{xx}(\omega)$ 称为 $x(t)$ 的自功率谱密度函数,是 ω 的偶函数,ω 为圆频率,$S_{xx}(\omega)$ 与 $R_{xx}(\tau)$ 形成傅里叶变换对,则

$$R_{xx}(\tau) = \int_{-\infty}^{\infty} S_{xx}(\omega) \mathrm{e}^{j\omega\tau} \mathrm{d}\omega \tag{2-105}$$

互功率谱密度函数 $S_{xy}(\omega)$ 用于描述两个平稳随机振动信号 $x(t)$、$y(t)$ 在不同频率点的相关性,通过对互相关函数 $R_{xy}(\tau)$ 进行傅里叶变换求得,计算过程为

$$R_{xy}(\tau) = \lim_{\tau \to \infty} \left[\int_{-\tau/2}^{\tau/2} x(t) y(t+\tau) \mathrm{d}t \right] \tag{2-106}$$

$$S_{xy}(\omega) = \int_{-\infty}^{\infty} R_{xy}(\tau) \mathrm{e}^{-j\omega\tau} \mathrm{d}\tau \tag{2-107}$$

获取信号的功率谱密度函数后,下一步就是对其损伤进行计算。进行时域疲劳分析时,往往通过雨流计算来实现应力幅的统计。在时域中,常用一些统计参数来描述一个随机应力应变时间历程中 1 s 的样本,如图 2-38 所示,$E[0^+]$ 为样本中自下而上穿越均值的次数,$E[P]$ 为样本中出现峰值的次数,不规则因子 γ 为

$$\gamma = \frac{E[0^+]}{E[P]} \tag{2-108}$$

$E[0^+]$、$E[P]$ 和 γ 三个统计参量可以通过功率谱密度函数的 j 阶惯性矩 m 换算得到。惯性矩为功率谱密度函数曲线下包括的面积,如图 2-39 所示,则功率谱密度函数的 j 阶惯性矩为

$$M_j = \int_0^\infty f^j W_{S_a}(f) \mathrm{d}f \qquad (2-109)$$

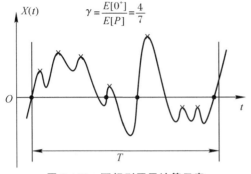

图 2-38 不规则因子计算示意

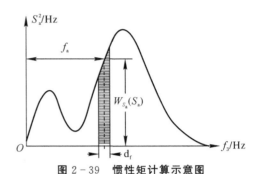

图 2-39 惯性矩计算示意图

则 $E[0^+]$、$E[P]$、不规则因子 γ 分别为

$$E[0^+] = \sqrt{\frac{M_2}{M_0}} \qquad (2-110)$$

$$E[P] = \sqrt{\frac{M_4}{M_2}} \qquad (2-111)$$

$$\gamma = \sqrt{\frac{M_2^2}{M_0 M_4}} \qquad (2-112)$$

通过功率谱密度函数计算出 $E[0^+]$、$E[P]$、不规则因子 γ 后,可根据基于窄带或宽带随机载荷寿命估算模型对寿命进行求解。工程上根据频率分布区域特点将平稳随机信号分为窄带和宽带随机信号,信号的频率成分分布在较窄的频率区间内称为窄带随机信号,反之称为宽带随机信号,如图 2-40 所示。

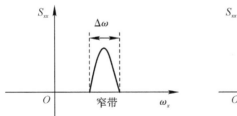
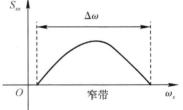

图 2-40 窄带和宽带示意

基于窄带随机载荷寿命估算已有很多理论和模型,最实用的是 1964 年 Bandat 提出的基于 PSD 信号求疲劳寿命的方法。一个窄带信号随着带宽的降低,波峰的概率密度函数趋向于一个瑞利(Rayleigh)分布(用于描述平坦衰落信号接收包络或独立多径分量接收包络统计时变特性的一种分布类型),应力分布也会趋向于一个瑞利分布。Bandat 推导了一系列的方程,用 PSD 曲线下的惯性矩估计预期的波峰数来预测寿命。Bandat 的数学模型为

$$D_{\mathrm{NB}} = \frac{\sum_{i=1}^{k} n_i}{A} E(S_a^m) \frac{E[0^+] \times T}{4} (\sqrt{2M_0})^m \Gamma\left(\frac{m}{2}+1\right) \qquad (2-113)$$

式中:D_{NB} 为发生在 T 时间内应力幅值为 S 的损伤。

基于宽带的随机载荷模型,宽带随机振动的峰值概率密度函数是正态分布和瑞利分布的组合。宽带随机振动的寿命估计方法有许多,但应用最多和最准确的是 Dirlik 方法。Dirlik 方法是通过运用蒙特卡洛(Monte Carlo)技术做大量的计算机模拟,得出频域信号疲劳分析法的经验闭合解。Dirlik 法较为复杂,但仍为功率谱密度函数 4 个惯性矩 M_0、M_1、M_2 和 M_4 的函数。人们已经发现 Dirlik 方法具有广泛的应用范围,结果较为理想。由 Dirlik 经验公式可以求得损伤值 $D_{wB,Dirlik}$ 和应力幅值的概率密度函数 $f_{S_a}(S_a)$,为方便起见写成如下形式:

$$D_{wB,Dirlik} = \frac{E[P]\tau}{A} \int_0^\infty S_a^m f_{S_a}(S_a) dS_a \tag{2-114}$$

$$f_{S_a}(S_a) = \frac{D_1}{2Q\sqrt{M_0}} e^{\frac{-z}{Q}s_a} + \frac{D_2 Z}{2R^2\sqrt{M_0}} e^{\frac{-z^2}{2R^2}s_a^2} + \frac{D_3 Z}{2\sqrt{M_0}} e^{\frac{-z^2}{2}s_a^2} \tag{2-115}$$

式中: $Z = \frac{1}{2\sqrt{M_0}}$, $\gamma = \frac{M_2}{2\sqrt{M_0 M_4}}$, $x_m = \frac{M_1}{M_0}\sqrt{\frac{M_2}{M_4}}$;

$D_1 = \frac{2(X_m - \gamma^2)}{1+\gamma^2}$, $R = \frac{\gamma - X_m - D_1^2}{1+\gamma^2}$, $D_2 = \frac{1-\gamma-D_1+D_1^2}{1-R}$, $D_3 = 1-D_1-D_2$;

$Q = \frac{1.25(\gamma - D_3 - D_2 \times R)}{D_1}$;

以一个钢制阶梯轴的随机振动疲劳计算为例,对上述理论进行应用。该例中构件的抗拉强度 $S_f' = 1\,297$ MPa,疲劳强度指数 $b = -0.18$,随机载荷的 PSD 如图 2-41 所示。

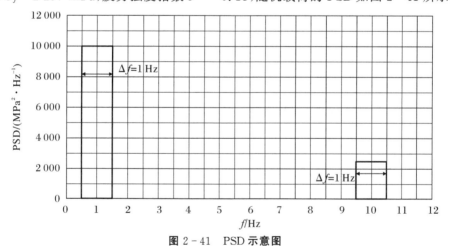

图 2-41 PSD 示意图

由图 2-40 所示,PSD 曲线在 1 Hz 和 10 Hz 的幅值分别为 10 000 MPa²/Hz 和 2 500 MPa²/Hz,则 1 Hz 对应的应力幅 $S_{a,1}$ 为

$$S_{a,1} = \sqrt{10\,000 \times 1} \times 1.414 \,(\text{MPa}) = 141.4 \,(\text{MPa}) \tag{2-116}$$

在 10 Hz 对应的应力幅 $S_{a,2}$ 为

$$S_{a,2} = \sqrt{2\,500 \times 1} \times 1.414 \,(\text{MPa}) = 70.7 \,(\text{MPa}) \tag{2-117}$$

材料 S-N 曲线由幂函数模型估计，PSD 谱图中第 i 个频率处应力幅 $S_{a,i}$ 对应的循环次数 $N_{f,i}$ 为

$$N_{f,i}=A\times S_{a,i}^{-m} \tag{2-118}$$

当 $m=-1/b$ 时，$A=0.5\times(S'_f)^m$

$$m=-\frac{1}{b}=-\frac{1}{-0.18}=5.56 \tag{2-119}$$

$$A=0.5\times(S'_f)^m=0.5\times 1\,297^{5.56}(\text{MPa})=1.02\times 10^{17}(\text{MPa}) \tag{2-120}$$

$$N_{f,1}=1.02\times 10^{17}\times 141.4^{-5.56}(\text{次})=1.13\times 10^5(\text{次}) \tag{2-121}$$

$$N_{f,2}=1.02\times 10^{17}\times 70.7^{-5.56}(\text{次})=5.32\times 10^6(\text{次}) \tag{2-122}$$

在 1 s 内正弦信号在 1 Hz 和 10 Hz 代表一个 1 循环和 10 个循环，疲劳损伤为

$$D_{\text{time}}=\frac{n_1}{N_{f,1}}+\frac{n_2}{N_{f,2}}=\frac{1}{1.13\times 10^5}+\frac{10}{5.32\times 10^6}=1.08\times 10^{-5} \tag{2-123}$$

疲劳寿命为

$$T_{\text{time}}=\frac{1}{D_{\text{time}}}=\frac{1}{1.08\times 10^{-5}}\ (\text{s})=93\,000(\text{s}) \tag{2-124}$$

各阶惯性矩为

$$M_j=\int_0^\infty f^j W_{S_a}(f)\mathrm{d}f=1^j\times 10\,000\times 1+10^j\times 2\,500\times 1 \tag{2-125}$$

$$M_0=1^0\times 10\,000\times 1+10^0\times 2\,500\times 1=12\,500 \tag{2-126}$$

$$M_2=1^2\times 10\,000\times 1+10^2\times 2\,500\times 1=260\,000 \tag{2-127}$$

$$M_4=1^4\times 10\,000\times 1+10^4\times 2\,500\times 1=25\,010\,000 \tag{2-128}$$

因此

$$E[0^+]=\sqrt{\frac{M_2}{M_0}}=4.56 \tag{2-129}$$

$$E[P]=\sqrt{\frac{M_4}{M_2}}=9.81 \tag{2-130}$$

$$\gamma=\frac{E[0^+]}{E[P]}=0.465 \tag{2-131}$$

$$\lambda=\sqrt{1-\gamma^2}=0.885 \tag{2-132}$$

读者可以参照公式(2-114)和式(2-115)进行疲劳寿命计算，此处不赘述。Dirlik 方法在工程实际运用中较为广泛。

目前的商用疲劳分析软件，都能处理 PSD 形式的载荷激励。首先利用有限元软件计算出应力频响函数，然后将应力频响函数和载荷的 PSD 曲线导入疲劳分析软件，疲劳软件将计算出结构应力响应的 PSD，完成应力循环计数并计算损伤值。在用有限元软件计算应力频响函数时应注意：①计算应力的频率范围应覆盖 PSD 曲线的频率范围；②频响计算应用的激励单位要与 PSD 曲线单位统一，PSD 曲线的单位是 $\text{m}^2/(\text{s}^4\cdot\text{Hz}^{-1})$，在计算频响函数

时应施加幅值为 1.0 m/s² 的加速度激励。PSD 曲线单位是 g^2/Hz,在计算频响函数时应施加幅值为 $1g$ 的加速度激励。

随着计算机和有限元技术的发展,结构疲劳分析方法在各个行业得到了广泛应用,随之也出现了多种疲劳分析软件,常见的疲劳分析软件有 Ncode Designlife、FE-fatigue、Fe-safe、Femfat 等,疲劳仿真的基本流程如图 2-42 所示。

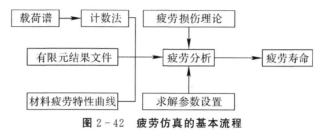

图 2-42 疲劳仿真的基本流程

参 考 文 献

[1] 李人宪.有限元法基础[M].北京:国防工业出版社,2004.

[2] 王瑁成.有限单元法[M].北京:清华大学出版社,2003.

[3] 田利思.MSC Nastran 动力分析指南[M].北京:中国水利水电出版社,2012.

[4] 曹金凤,石亦平.ABAQUS 有限元分析常见问题解答[M].北京:机械工业出版社,2009.

[5] 郭乙木,陶伟明,庄茁.线性与非线性有限元及其应用[M].北京:机械工业出版社,2004.

[6] 王学颜,宋广惠.结构疲劳强度设计与失效分析[M].北京:兵器工业出版社,1992.

[7] 黄超,余茜,肖明葵.材料力学[M].重庆:重庆大学出版社,2016.

[8] 姚卫星.结构疲劳寿命分析[M].北京:国防工业出版社,2003.

[9] LEE Y L,PAN J,HATHAWAY R, et al. Fatigue testing and analysis:Theory And Practice[J]. Mechanical Engineering,2004,126(11):59.

第3章 有限元建模

有限元分析是基于有限元法实现的。在求解之前必须将分析结构的几何模型进行离散化,生成有限元网格,用有限个单元的组合来近似要分析的集合模型,同时结构的受力状态、边界条件等也要进行离散化。这个过程就是有限元建模。有限元模型是将产品或工程对象的几何与物理特征及所处状态的离散化的数学描述,而且满足数值计算,该模型反映了分析对象的几何特征、材料属性、连接关系、载荷、约束、分析工况等信息,其一般流程如图3-1所示。

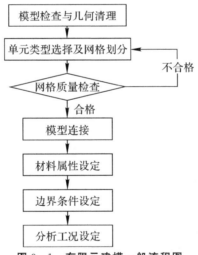

图3-1 有限元建模一般流程图

本章针对商用车有限元建模,从模型检查与几何清理、单元类型及网格划分、模型连接、材料属性设置、边界条件、分析工况等6个方面进行阐述。本章与操作软件相关内容除特殊说明外,均基于 HyperMesh 前处理和 Optistruct 求解器。

3.1 模型检查与几何清理

有限元建模初期,由于几何模型特征复杂、保存格式不同及与分析软件兼容性等原因,直接导入前处理软件中的模型易出现拓扑关系错误、缺面、连接孔错位、焊缝预留间隙过大以及部件之间干涉等问题。因此进行有限元建模前需要先对几何模型进行检查和几何清理,以获得高质量网格,同时提高网格划分的工作效率。检查出的模型错误通常在三维设计软件中进行修正,模型的几何缺陷及细小特征问题可以在有限元前处理软件中进行处理。一般三维模型以 STEP 文件格式输入,并保留设计特征。

3.1.1 模型检查

模型检查包括坐标系、装配关系和模型质量等检查。

(1)坐标系检查。首先对几何模型的坐标系进行检查,确保几何模型坐标系与规定的整车坐标系保持一致,规范坐标系有利于后期添加边界条件的方便性,同时保证准确性。

对于典型的直纵梁车架,坐标系原点定义在前轴中心线所在竖直平面、汽车中心面和车架纵梁上翼面的交点位置;对于变高度纵梁车架,坐标系原点定义在前轴中心线所在竖直平面、汽车中心面和车架纵梁平直的上或下翼面(上翼面平直选择上翼面,下翼面平直选择下翼面)的交点。坐标系 X 轴正向从原点位置指向车辆后方,Y 轴正向从原点位置指向汽车右方,Z 轴正向竖直向上。整车坐标系定义如图 3-2 所示。

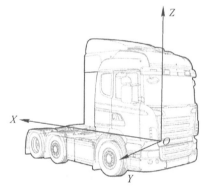

图 3-2 商用车整车坐标系定义

(2)装配关系检查。装配关系检查主要关注部件之间的间隙、错位、偏斜、干涉等情况,一般要求间隙均匀,无错位、无偏斜、无干涉。

(3)模型质量检查。模型质量检查的目的是确保输入零部件的三维模型与实际相符,以提高有限元建模的准确性。检查内容主要包括模型拓扑关系的正确性,模型几何特征的完整性,模型是否存在缺面、重叠等情况,例如,模型缺失必要的安装孔、倒角,是否将空壳体现为实体,多个独立部件设计为一个实体等,都属于模型质量不合格。

3.1.2 几何清理

几何清理包括几何修复与编辑和细微特征简化。几何修复与编辑用于处理导入曲面数据的缝隙、重叠、错位等缺陷,保证几何数据与设计意图一致;实体模型微小特征的简化和处理有利于简化模型几何特征,控制网格规模,提升网格质量并缩短求解时间。例如非关键位置的小尺寸倒圆角以及小尺寸凸台等特征,这些小特征不在结构受力路径上,对计算结果影响很小,可以进行简化处理。

(1)几何修复与编辑。几何修复与编辑主要包括以下 5 种情况。

1)模型中存在两条距离小于网格平均尺寸 1/2 的线条,可将其中一条特征线压缩;

2)模型中存在缺失面,进行补面;

3)模型中距离很近的两个硬点,可适当合并或删除,合并或删除后不影响几何特征;

4)对复杂形状的几何模型,可用特征线或面对其进行分割编辑,使分割后的每一部分形状规则,以得到质量较好的网格;

5)对于薄板类零件一般用面单元网格进行划分,在这之前需要先对几何进行中面抽取,如车身地板、车架等。

(2)细微特征简化。细微特征主要包括尺寸较小的圆角、凸台及圆孔。这些细微特征对结构的整体应力分布影响很小,但会增加网格数量,降低网格质量,因此一般进行删除或简化。

1)圆角简化:圆角较小且对结构的应力分布影响很小,可将其忽略,使用直角替代,按图 3-3 表示法进行处理。商用车结构分析中,圆角 R 小于 3 mm 时,通常予以简化。

2)凸台简化:几何模型中的凸台倒角边长度 a 小于 5 mm 时,可将倒角删除,当凸台高度 h 低于 2 mm 时,可将凸台删除。当凸台高度 h 大于 2 mm 而小于网格最小尺寸时,可调整凸台下边缘的节点位置,增大网格尺寸,以满足最小网格尺寸的要求,如图 3-4 所示。

3)小孔删除:对于模型中直径小于网格平均尺寸一半的非安装孔,对结构应力的影响可忽略,建议删除。

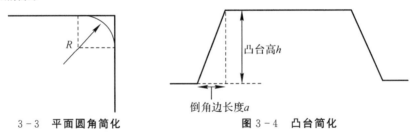

图 3-3 平面圆角简化 图 3-4 凸台简化

3.2 单元类型及网格划分

3.2.1 单元类型

为满足不同类型部件的仿真需求,有限元软件提供了不同类型的单元。按单元模型空间维度划分为零维、一维、二维和三维单元。在 Optistruct 求解器中还有一种特殊单元,为约束单元。

零维单元主要用于模拟只关注结构质量而不关注结构应力的部件,以及弹簧、阻尼等功能件;一维单元主要用于模拟细长杆类部件[一个方向(长度)的尺寸远大于其他两个方向尺寸的部件];二维单元主要用于模拟薄板类部件[两个方向的尺寸远大于第三个方向(厚度)尺寸的部件];三维单元用于模拟实体部件;约束单元主要用于处理节点(或标量点)各自由度间的固定约束关系。二维和三维单元按照插值阶数又分为一阶单元(线性单元)和二阶单元(二次单元),二阶单元与一阶单元相比有更高的计算精度,但是节点数的增加会占用更多计算资源。

图 3-5 所示为某车架强度分析有限元模型,零维、一维、二维和三维单元都有应用。位置 1 为驾驶室质量加载点,由于驾驶室与车架之间为柔性连接,驾驶室对车架的刚度贡献不大,而且车架分析时不关注驾驶室应力分布,只需将驾驶室质量通过悬置支架作用在车架上,因此驾驶室采用集中质量单元(零维单元)进行简化模拟;位置 2 为前板簧,板簧刚度、作用行程高度及状态都会对车架受力产生影响,但是车架分析时并不关注板簧本身应力分布,因此前板簧用梁单元(一维单元)模拟,以体现板簧实际刚度和工作状态,并保证力的正确传递;位置 3 为车架纵梁,纵梁属于薄板类结构,采用二维单元模拟;位置 4 为平衡轴支座,属于铸件类实体结构,不能用一维或二维单元简化,采用三维单元模拟。单元选择合理与否不仅直接影响计算结果的精度,而且对计算资源也有较大影响。

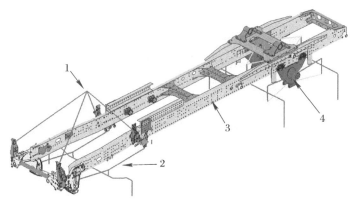

图 3-5 车架静强度分析有限元模型

1. 零维单元

零维单元又称标量单元,在空间显示上通常以一个点的形式呈现。在仿真分析时,为了减少计算量,常常把不关注应力分布的复杂零件简化为一个质量点,如车架静强度分析时将驾驶室、动力总成、油箱、电瓶等简化成质量点,用集中质量单元进行模拟,分析时只考虑被简化零部件的质量载荷及其分布对分析结构应力和位移的影响。此外,弹簧、减振器等功能部件也用零维单元进行模拟。

分析中常用的零维单元主要有弹簧单元 CELAS1 和集中质量单元 CONM2。弹簧单元需要设置弹簧单元属性,属性类型为 PELAS,需设置弹簧刚度和阻尼系数。CONM2 单元不用设置单元属性,在建立集中质量单元时只需定义质量。其他零维单元的介绍及具体应用参见 Hyperworks 软件相关资料或帮助文档。

2. 一维单元

一维单元又称线单元,在有限元分析中以线的形式呈现。在仿真分析中,细长杆或者梁结构以及衬套均可使用一维单元模拟,如车架分析中螺栓、铆钉、连接轴、钢板弹簧、前后轴、横向稳定杆、推力杆以及铰接单元等。一维单元的主要作用是满足整车结构载荷的正确传递,同时减少模型自由度数量以提高计算效率,不关注一维单元截面方向上的应力情况。

(1)CROD——杆单元。CROD单元可承受轴向拉伸、压缩和扭转,不能承受弯矩。"Ⅰ型"推力杆主要承受轴向力,可用CROD单元模拟,属性为PROD,属性参数包括杆单元横截面积、截面极惯性矩、扭转应力系数、单位长度上的非结构质量和材料。

(2)CBAR——简单梁单元。CBAR单元可承受轴向拉伸或压缩、扭转,两相互垂直平面内的弯曲和剪切,用于具有规则、简单横截面梁单元场合。CBAR单元特征:模拟的梁必须为直的,截面性质沿长度方向不变;截面的剪心与形心吻合(即不能用于翘曲梁);惯性主轴不需要与单元轴吻合;中性轴可偏离节点(用于模拟加筋板);当CBAR单元连接的两端点为铰接点时,允许任意端节点力或弯矩的释放。螺栓、"Ⅰ型"推力杆等部件可以用CBAR单元进行模拟,属性为PBAR,属性参数包括横截面积、截面惯性矩、截面惯性积、截面极惯性矩、单位长度上的非结构质量和材料。

(3)CBEAM——复杂梁单元。CBEAM单元与CBAR单元相比,可以用于任何形状的横截面,而且还具有如下特征:允许截面形状和尺寸沿长度方向变化;剪切中心、中性轴和非结构质量重心可以不重合;考虑横截面翘曲效应;考虑梁沿长度方向的锥度对横向剪切刚度的影响。钢板弹簧、前后轴、横向稳定杆等属于长杆单元,而且截面沿着长度方向会有变化,常用CBEAM单元模拟,属性为PBEAM,属性参数包括截面形状、尺寸和材料。

(4)CBUSH——通用衬套单元。橡胶悬置常用CBUSH单元模拟,属性为PBUSH,需设置单元六个方向的刚度和阻尼(在静力学分析中只需设置各方向刚度)等。在OptiStruct中应用CBUSH单元时,若单元两节点位置重合或单元有一节点悬空时(即单元此节点接地),必须指定单元参照坐标系,否则计算报错。

(5)CBUSH1D——杆类型的衬套单元。CBUSH1D是CBUSH的简化,只有单方向的刚度特性,属性为PBUSH1D。螺旋弹簧、减振器等部件具有单向刚度和阻尼特性,可以使用CBUSH1D单元模拟。

(6)CGAP——间隙单元。CGAP单元可以传递正压力和切向摩擦力,可以实现点对点的连接。副车架与车架之间的正压力和摩擦力特性会随着相互之间的间隙发生变化,可以应用CGAP单元,属性为PGAP,参数包括接触初始间隙、预紧力、接触前连接刚度、接触后连接刚度、静摩擦因数和动摩擦因数等。

(7)CGAP(G)——间隙单元。CGAP(G)单元同CGAP单元传力特性一致,而且可用于连接曲面片(不局限于点对点连接),应用范围更广。CGAP(G)单元属性也是PGAP。

(8)CWELD——简单轴向梁单元。CWELD单元支持力、弯矩和扭矩的传递,不仅用于点对点连接,而且可用于曲面片之间的连接。CWELD单元常用于模拟焊接单元,属性为PWELD,需要设置单元截面形状及尺寸,并赋予材料。

3. 二维单元

二维单元也称面单元或壳单元,用于模拟薄板,包括面内变形(膜行为)、平面应变和弯曲(包括横向剪切和膜弯曲的耦合),忽略结构应力在部件厚度上的变化。弯曲应用瑞斯纳-明德林板理论。白车身前后围、地板、侧围、顶盖、车门等钣金冲压件,车架横纵梁等薄板折弯件以及一些薄板类支架均使用壳单元。

壳单元通用属性为 PSHELL,需要设置单元的厚度和材料,在进行几何非线性分析时,在 PSHELL 属性的基础上扩展 PSHELLX 属性,需设置单元沙漏等控制参数。通过修改 PSHELL 的选项壳单元也可以模拟厚板。薄板和厚板的区分在于厚度方向与其他两个方向尺寸的比例,一般认为其他两个方向尺寸大于等于厚度方向尺寸的 10 倍属于薄板。

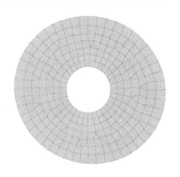

图 3-6 壳单元模拟示意图

壳单元包括三角形单元 TRIA3、二阶三角形单元 TRIA6、四边形单元 QUAD4、二阶四边形单元 QUAD 8,单元类型中数字代表单元节点数。壳单元模拟示意图如图 3-6 所示。

4. 三维单元

三维单元又称体单元,用于模拟厚板和实体结构。通常无法用一维和二维单元简化的模型都可以使用三维实体单元模拟。商用车常用体单元模拟的部件主要为形状较复杂的铸件及注塑件等(铸件如驾驶室支座、动力总成悬置支架、板簧支座、平衡轴支座、前伸梁等,注塑件如内饰面板等)。

图 3-7 体单元模拟示意图

体单元通用属性为 PSOLID,只需设置材料。体单元包括四面体单元 TETRA4、二阶四面体单元 TETRA10、六面体单元 HEX8、二阶六面体单元 HEX20、三棱柱单元 PENTA6、二阶三棱柱单元 PENTA15、四棱锥单元 PYRAMID5、二阶四棱锥单元 PYRAMID13,单元类型中数字代表单元节点数。四面体及六面体单元模拟示意图如图 3-7 所示。

5. 约束单元

约束单元又称刚性单元,一个约束单元等价于一个或多个多点约束方程。在 Optistruct 求解器中应用较多的刚性单元是 RBE2 单元和 RBE3 单元。

RBE2 单元又称刚性体单元,主节点(independent node)为单点,从节点(dependent nodes)为多点。自由度在主节点处指定,从节点自由度跟主节点保持一致,自由度通过卡片里的六位布尔数表示,0 表示自由,1 表示跟随。比如:101001,表示的是 X、Z 向平动和 Z 向转动自由度跟随主节点,其他方向自由;111111,表示所有方向锁定。RBE2 单元主要用于模型中局部刚度较大结构的简化,如进行动力悬置支架强度分析时,由于动力总成刚度相对悬置刚度很大,所以可以把动力总成视为一个刚体,用 RBE2 单元与 CONM2 单元联合模拟动力总成,可以减小模型规模,提高计算效率。RBE2 是刚性单元,会急剧增加结构的局部刚度,使用不当会造成分析结果失真。

RBE3 单元又称均方加权约束单元,从节点为单点,主节点为有限数量的点,一个从节点跟随多个主节点运动,运动自由度同样由 6 位布尔数确定。RBE3 单元主要用于将力和力矩由从节点分配至各个主节点,分配比例根据自由度定义和权重系数(weight)确定,某节点的权重系数越大,其占比也就越大。通常 RBE3 单元与 CONM2 单元联合用于模拟集中质量对结构的影响,从节点位置为简化结构的质心位置,CONM2 单元建立在 RBE3 从节点上,RBE3 单元的主节点连接到质量的作用点,实现 CONM2 单元质量力到各主节点的分配。

6. 一阶、二阶单元

壳单元和体单元根据插值阶数不同可以分为一阶单元及二阶单元。一阶单元又称线性单元,线性单元只在单元角点处布置节点,在各方向采用线性插值,线性单元内位移场是线性的,应变是位移的一阶导数,应变和应力在线性单元内为常数。一阶单元的边为直线,面为平面,单元加载变形后,单元边或面依然保持直线或平面,由线性单元模拟真实复杂的位移和应力场,有严重的局限性。二阶单元又称二次单元,二阶单元在单元的每条边的中间增加一个节点,采用二次插值,单元模拟了二阶位移场和一阶应力场(即单元内应力是线性变化的),当单元因加载变形时,二阶单元的线或面可以变形为曲线(面)型。一阶壳单元与二阶壳单元如图 3-8 和图 3-9 所示。

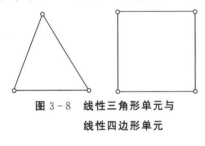

图 3-8 线性三角形单元与线性四边形单元

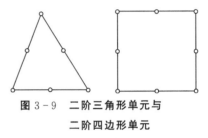

图 3-9 二阶三角形单元与二阶四边形单元

7. 单元适用性

在对结构进行有限元分析时,根据结构受力状态以及是否存在接触等选择不同的单元类型。在进行结构分析时,为提高计算精度,壳单元优先选用四边形单元,三角形单元应尽量少,尤其不能出现在关键位置;体单元优先选用六面体单元,当实体部件过于复杂无法使用六面体单元网格划分时,可以使用四面体单元。

使用三角形单元及四面体单元时需要注意以下几点。

(1)线性的三角形单元和四面体单元精度较差,不要在模型应力关注部位及其附近区域使用。

(2)二阶三角形单元和二阶四面体单元精度较高,而且能模拟任意的几何形状,但计算代价比四边形单元或者六面体单元大,在计算资源欠缺的情况下,可能会大幅度延长项目分析周期。

(3)在进行模态分析时,四面体单元优先使用二阶单元。因为线性四面体单元刚度较大会导致模态分析结果误差较大,不满足工程精度要求。

每种单元都有其优、缺点,有特定的适用场合,不存在一种完美的单元类型,可以不受限制地应用于各种分析,要根据使用的有限元软件特点、计算资源及实际分析需求,选择合适的单元类型。

3.2.2 网格划分及质量检查

1. 网格尺寸要求

进行有限元分析时,一般网格划分越密,计算结果越准确。但网格划分越密,会直接导致计算规模和储存空间的增加,以及计算时间的延长,尤其对于车辆碰撞、电池包冲击等显式动力学分析影响更为明显。因此网格的疏密程度需要根据计算资源、结构的载荷特点、所选择的单元类型和所进行的分析类型来综合确定。通常情况下,将所关心的区域及应力梯度较大的位置进行网格加密,静强度分析比静刚度分析需要更细的网格,求解高阶模态比求解低阶模态需要更细的网格,屈曲分析中的薄弱部分需要更细的网格等。

进行商用车系统部件结构分析时网格尺寸的一般标准。

(1)通常分析类型壳单元网格尺寸标准

强度分析:5~10 mm;

模态、NVH 分析:10~15 mm;

非考察部位或特征少的部件:15~20 mm。

(2)碰撞分析壳单元网格尺寸标准及穿透要求。碰撞变形区的网格平均尺寸为10 mm,网格最小尺寸不小于 5 mm(零件结构中有加强筋和槽的位置网格最小尺寸不小于 4 mm),最大尺寸不大于 12 mm;非碰撞变形区域单元平均尺寸为 15 mm,网格最小尺寸不小于 5 mm;整个有限元模型进行穿透检测,不允许有穿透发生。穿透检查时一般设置零件厚度系数为 0.65。

2. 网格划分技术

常见的网格划分技术有结构化网格划分、扫掠网格划分及自由网格划分3种。

(1)结构化网格划分技术是将一些标准的网格模式应用于形状简单的几何区域,也称为网格映射划分方法。用映射划分方法处理形状复杂的几何模型时需要首先将复杂几何体剖分成简单子域,子域形状尽可能接近标准四边形或标准六面体;然后通过映射函数建立剖分子域与网格模板的对应关系。结构化网格划分技术一般用于形状比较规则的部件或者可以剖分成多个形状规则的子域部件的网格划分。图 3-10 所示为将复杂部件剖分成多个子域,实现六面体网格划分。

图 3-10 结构化网格划分方法示例

(2)扫掠网格划分技术是通过扫掠面上的网格为一个已有的体划分网格的过程,要求体在扫掠方向的拓扑结构必须一致。首先在面上生成网格,然后沿扫掠路径拉伸,得到三维网格。扫掠网格划分方法一般用于结构沿某一路径截面一致或截面尺寸均匀变化的部件。图

3-11所示为扫掠方法实现的六面体网格。

（3）自由网格划分是有限元软件根据结构的形状自动进行网格划分，可以适应任意形状的部件。

三种网格划分技术中，自由网格划分主要用于四面体单元，应选择二次单元来保证计算精度。结构化网格和扫掠网格一般使用四边形网格（二维区域）和六面体网格（三维区域），分析精度相对较高，因此在划分网格时应尽可能优先选用这两种网格划分技术。

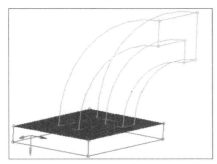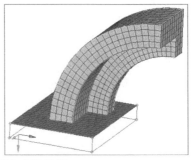

图3-11　扫掠网格划分方法示例

无论应用哪种网格划分技术，要求划分的网格连续、均匀、美观，过渡平缓。面网格不应出现大面积网格分布与几何外形不一致的情况，且不应出现三角形簇。需要对批量自动生成的网格进行调整，尽量提高网格质量以提高计算精度。对于几何特征较小的关键位置，需要进行网格局部细化以满足分析需求。

3. 网格质量检查

网格质量是指网格形状的合理性，其将影响计算精度，网格质量太差甚至会造成计算终止。因此在网格划分完成后，首先要保证每个零件有限元模型中无自由节点、重复单元和自由边，且壳单元的法向要一致，然后进行网格质量检查。

划分后的网格形状会与标准的正方形、正三角形、正四面体、正六面体等有一定的偏差，一般用网格与标准形状的偏差程度作为单元质量检查的标准。直观上看，网格各边或各个内角相差不大、网格面不过分扭曲、边节点位于边界等分点附近的网格质量好。

单元质量的检查可以用很多方法测量，不仅取决于单元类型，还取决于求解器的计算方法，不同求解器检查单元质量的计算方法稍有差别。本章单元质量计算方法基于Optistruct求解器进行介绍。

表3-1检查项适用于壳单元和体单元的检查，当用于体单元时，通常是对体单元的每个表面进行检查。

壳单元质量标准见表3-2，Warpage、Aspect和Skew三项超过给定限值视为不合格，需对单元进行调整；单元Jacobian应大于给定数据，否则视为不合格，需对单元进行调整。其他检查项可根据计算需求进行处理。

体单元质量检查项及计算方法见表3-3，其质量标准见表3-4。对体单元进行网格质量检查时，四面体单元一般只检查Tetra Collapse项，小于给定数据视为不合格；六面体单元一般只检查Jacobian项，小于给定数据视为不合格。

表 3-1 HyperMesh 单元质量检查项及计算方法

项目名称	描述及计算方法
Aspect Ratio 纵横比	最长边与最短边或者顶点到对边最短距离(最小标准化高度)的比值。 体单元的长宽比是每个面的长宽比的最大值。 长宽比通常要求小于 5:1
Chordal Deviation 弦差	近似直线段与实际曲线的最短垂向距离
Interior Angles 内角	三角形和四边形的内角
Jacobian 雅可比	雅可比反映了单元偏离其理想形状的程度。雅可比的取值范围为 0.0~1.0,雅可比矩阵的行列式关系到单元从参数空间到全局坐标空间的转换。 HyperMesh 在单元的每个积分点(高斯积分点)或者单元的顶点计算雅可比矩阵,并报告每个单元最小值和最大值之比。雅可比在 0.7 以上时单元质量较好。 可以在 Check Element Settings 中设定使用哪种计算方法(高斯积分点或顶点)
Length(min.). 最小边长	最小边长有两种计算方法。 (1)单元最短边长:适用于四面体单元之外的所有单元,因为四面体单元有可能出现每条边尺寸都不是很小但是四面体单元却很扁平的情况。 (2)顶点到对边(对于四面体单元而言是对面)的最短距离。 可以在 Check Element Setting 中设定使用哪种计算方法。 注意:该设置会同时影响纵横比的计算方法
Minimum Length/Size 最小长度/尺寸	HyperMesh 使用 3 种方法计算最小单元尺寸:最短边、最小标准化高度、高度,其中最小标准化高度(MNH)的计算方法如下。 对于三角形单元: HyperMesh 计算每一个顶点(i)到对边的垂向距离的最小值 h_i,MNH = $\min(h_i) \times 2/\text{sqrt}(3.0)$,比例系数 $2/\text{sqrt}(3.0)$ 刚好使等边三角形的 MNH 等于边长。 对于四边形单元: HyperMesh 计算每个顶点到两个相应对边的垂向距离,MNH 就是 8 条高和 4 个边长中最短的一个
Skew 扭曲度	扭曲度 = $90° - \min(a,b)$ 其中,a,b 为中线与底边平行线的夹角

续 表

项目名称	描述及计算方法
Taper 锥形度	$taper = 1 - \left\{\dfrac{A_m}{0.5 \times A_{quad}}\right\}_{min}$，$A_m$ 代表 a、b、c、d 区域的面积。 三角形单元的 taper 值定义为 0
Warpage 翘曲角	该项只对四边形进行检查，将四边形沿着对角线分为两个三角形，这两个三角形的法向夹角 a 就是翘曲角。 注意：将四边形沿着对角线分为两个三角形有两种分法，取两种方法的大值作为单元翘曲角

表 3-2 壳单元质量检查标准

序号	检查项	单元类型	界限与范围
1	长宽比(Aspect ratio)	四边形单元	≤5
2	内角(Interior angle)	四边形单元	45°～135°
		三角形单元	30°～120°
3	雅可比(Jacobian)	四边形单元	≥0.65
4	翘曲(Warpage)	四边形单元	≤15°
5	扭曲度(Skew)	四边形单元	≤40°
6	锥形度(Taper)	四边形单元	≥45°
7	三角形单元总数占比	三角形单元	≤5%
8	单个部件三角形数量占比	三角形单元	≤10%

表 3-3 Hypermesh 体单元质量检查项及计算方法

项目名称	描述及计算方法
Minimum Length/Size(3-D) 最小长度/尺寸	HyperMesh 使用两种方法计算最小长度/尺寸： 最短边长和最小标准化高度； 最小标准化高度方法中 HyperMesh 计算； 顶点到对面平面的最短距离
Tetra Collapse 四面体坍塌比	计算方法： 坍塌比＝min(hi/Sqrt(A)/1.24) 其中，A 为顶点对面三角形的面积。 四面体坍塌比的取值范围为 0.0～1.00。 0 为完全坍塌，1 为正四面体，非四面体均取 1

续表

项目名称	描述及计算方法
Vol. Aspect Ratio 体长宽比	四面体的最长边的长度除以最短高(四面体的高,定义为从一个顶点到其相对面的距离)的长度,其他实体单元为最长边与最短边之比
Volume Skew 体扭曲度	只对四面体单元有效,其他单元类型该项均为0,理想四面体取值为0。计算方法:单元体积与相同大小外接圆条件下的理想四面体体积之比,即 体扭曲度＝实际体积/理想体积

表 3-4 体网格质量检查标准

序号	检查项	单元分类	界限与范围
1	雅可比(Jacobian)	六面体或 Penta 单元	≥0.6
2	四面体坍塌比(Tetra Collapse)	四面体	≥0.15
3	体扭曲度(Volume Skew)	四面体	≤40°
4	翘曲(Warpage)	四面体	≤15°
5	锥形度(Taper)	四面体	≥45°

3.3 模型连接

前两节讲了车辆结构模型的几何清理和网格划分,要想满足分析需要,需将各零部件的网格进行连接,使有限元模型与实车保持一致,体现装配连接关系。商用车零部件间的连接形式主要包括焊接、胶黏连接、螺栓铆钉连接、铰接和接触等。

焊接包括点焊及缝焊,车身钣金件间的连接主要为点焊连接,缝焊主要应用于货箱各部件之间的连接;为实现车身轻量化,车身局部结构应用非金属件代替金属件,通常金属件与非金属件之间采用胶黏,此外,玻璃等功能件也采用胶黏的方式与车身连接;车架横梁和纵梁之间应用螺栓或铆钉连接,车架附件与车架间使用螺栓连接;有限元软件不能自动根据部件间距离判断两部件间是否有力传递,需要建立接触实现传力;车辆各部件之间的相对运动通过铰接实现,主要应用于悬架系统各部件间连接的模拟,包括转动副和球铰等。本节主要阐述各种连接的概念、应用位置及有限元实现方法。

3.3.1 焊接

焊接也称作熔接、镕接,是一种以加热、高温或者高压的方式接合金属或其他热塑性材料(如塑料)的制造工艺。金属焊接根据不同接合途径主要分为熔焊、压焊以及钎焊。车身连接使用的电阻焊属于压焊,自卸车车厢等结构使用的电弧焊属于熔焊。本节主要介绍电阻焊、电弧焊及其有限元实现方式。

1. 电阻焊

电阻焊是指将电流通过焊件及接触处产生的电阻热作为热源将焊件局部加热,同时加压进行焊接的方法。电阻焊方法主要有四种,即点焊、缝焊、凸焊和对焊。点焊是将焊件装配成搭接接头,并压紧在两柱状电极之间,利用电阻热熔化母材金属形成焊点的电阻焊方法,是商用车车身制造过程中常用的焊接方法。点焊主要应用于焊接不要求气密,厚度小于 3 mm 的冲压或轧制的薄板搭接构件的连接。点焊通常使用 ACM 焊点模型,ACM 是国际汽车工业广泛采用的标准焊点模型,由 Hex 单元(六面体)和 RBE3 单元组成,Hex 单元节点通过 RBE3 单元与附近车身壳单元连接并分配载荷,如图 3-12 所示。

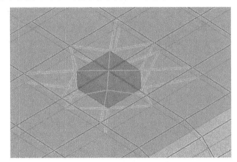

图 3-12　点焊有限元模拟

2. 电弧焊

电弧焊是指以电弧为热源,利用空气放电的物理现象,将电能转换为焊接所需的热能和机械能,从而达到连接金属的目的。电弧焊方法主要有焊条电弧焊、埋弧焊、气体保护焊等,气体保护焊是商用车常用的电弧焊方法。

气体保护焊的基本原理是在以电弧为热源进行焊接时,从喷枪的喷嘴中连续喷出保护气体,将空气与焊接区域中的熔化金属隔离开来,以保护电弧和焊接熔池中的液态金属不受大气中的氧、氮、氢等污染,以达到提高焊接质量的目的。自卸车车厢及部分总成支架多采用气体保护焊进行连接,气体保护焊中角焊的有限元建模方法通常使用 Penta 单元和 RBE3 单元组成,Penta 单元节点通过 RBE3 单元与焊缝附近部件壳单元或体单元连接实现力的传递,如图 3-13 所示。

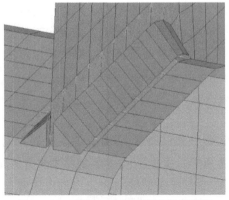

图 3-13　气体保护焊缝焊有限元模拟

3.3.2　胶黏连接

胶黏连接是利用胶黏剂在连接面上产生的机械结合力、物理吸附力和化学键合力而使两个胶接件连接起来的工艺方法。胶黏连接不仅适用于同种材料,也适用于异种材料,胶黏连接因为其适用材料广、连接质量轻、制造成本低、密封性好、抗腐蚀等性能在工程中应用广泛。在车身连接中非金属顶盖与白车身的连接、非金属件间的连接及玻璃与车身之间的连接等均使用胶黏。胶黏连接通常使用 Hex 单元通过共节点的方式分别与两个部件耦合,从而实现两个部件之间的连接。胶黏连接有限元模拟如图 3-14 所示。

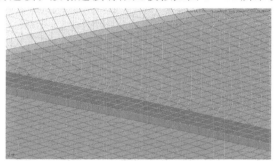

图 3-14　胶黏连接有限元模拟

3.3.3　螺栓及铆钉连接

螺栓是工程中常用的紧固机械零件,常与螺母配合使用,利用物体的斜面圆形旋转和摩擦力的几何及物理学原理达到紧固的目的,主要承载轴向力,也可以承载要求不高的径向力。铆钉用于连接带通孔的部件,且部件组装后不经常拆卸,主要通过其自身变形或过盈连接被铆接的部件。螺栓以及铆钉在商用车车架连接上应用广泛,横梁与横梁连接板之间、横梁与纵梁之间多用铆钉连接、纵梁与纵梁内衬板之间以及连接在纵梁上的各类支架与纵梁之间通常用螺栓连接。

有限元分析中简化模拟螺栓及铆钉的方法一致,通常使用 CBAR 单元与 RBE2 单元联合建立,RBE2 单元用来模拟螺栓头和螺母,RBE2 单元从节点连接范围为两倍的公称直径,近似为垫片的压紧范围,CBAR 单元用来模拟螺杆,根据螺栓型号对 CBAR 单元进行属性设置,如图 3-15 所示。

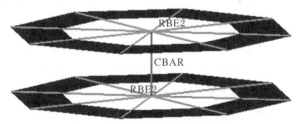

图 3-15　螺栓连接有限元模拟

根据螺栓连接部件的特点,将连接分为实体与实体的连接、壳与壳的连接、壳与实体的连接、多层壳的连接等;根据实体壁厚不同,实体上的孔可分为通孔和盲孔,因此螺栓又分为通孔连接和盲孔连接。根据连接部件特点及是否通孔,螺栓建立方式有所区别,螺杆直径及

RBE2 单元的连接范围分别如图 3-16～图 3-20 所示，d 代表螺栓公称直径。

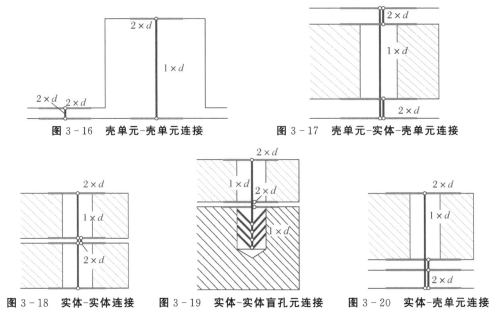

图 3-16　壳单元-壳单元连接　　图 3-17　壳单元-实体-壳单元连接

图 3-18　实体-实体连接　　图 3-19　实体-实体盲孔元连接　　图 3-20　实体-壳单元连接

3.3.4　接触

HyperWorks 中包含的接触处理数值方法包括拉氏乘子法、罚函数法和数值 Hertz 公式法。由于 Hertz 公式的理论假设是基于接触面之间的几何关系来判断接触是否发生的，所以对于接触点不在构成接触面的节点上的常见情况，很难进行精确判断，而二阶单元中节点的存在和二阶插值公式在一定程度可以弥补这一问题。但是对于更常见的显式求解问题，不能或不方便使用二阶单元，因此拉氏乘子法和罚函数法被广泛使用。拉氏乘子法要求严格满足接触界面无穿透的约束条件，是精确算法，而且引入了新的未知量，增加了方程组的未知量数量，在系数矩阵出现了非零元素，使有限元方程组不再解耦，导致求解更加困难。罚函数法不增加系统未知量，直接引入罚刚度与界面穿透量的乘积作为接触力，使得界面无穿透的约束条件近似满足（依赖于罚刚度的选择）。由于罚函数法不破坏有限元方程组的解耦特性，与显式算法的直接时间积分兼容，所以被显式有限元求解器广泛应用。

基于罚函数的接触类型都是基于主表面与从节点的处理方法，接触仅在一系列从节点和一系列主片（segment）之间发生。当某个从节点穿透到主片，就认为该主片和从节点发生了接触，一旦发生接触，罚函数接触算法就在发生接触的从节点和主片上的投影点上向该从节点施加一个使从节点向外离开主片的力，因此罚函数的作用机制就像是在从节点和其投影点之间施加了一个弹簧，弹簧刚度被称作接触刚度。

接触刚度一般由接触类型决定，接触类型包括线性或非线性分析。对于线性分析，接触刚度在整个计算过程中是定值，刚度值由初始间隙确定。也就是说，如果初始时不接触，那么整个迭代过程都不接触；如果初始时是接触的，那么整个迭代过程都接触。当初始间隙 $U_0 \leq 0$ 时，接触刚度为 $K_A = \text{STIFF}$，接触刚度 K_A 可以设定具体数值，也可以由软件根据主从面刚度自动计算；当设置的初始间隙 U_0 大于 0 时，接触刚度 $K_B = 10^{-14} \times \text{STIFF}$。在整个计算过程中软件对接触刚度根据初始间隙只进行一次判断,是个定值,接触刚度曲线如图3-21所示。

对于非线性分析,接触状态在计算过程中是发生变化的,在每次迭代步进行接触状态计算,根据接触状态确定下一次迭代步的接触刚度值,刚度值可以根据接触状态在 K_A 和 K_B 之间变化。接触时(间隙 $U_0 \leqslant 0$)接触刚度为 K_A,不接触时(间隙 $U_0 > 0$)接触刚度为 K_B,与线性分析类似。非线性分析接触刚度曲线如图3-22所示。

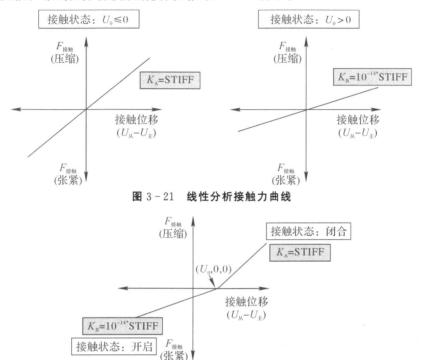

图3-21 线性分析接触力曲线

图3-22 非线性分析接触刚度曲线

上面介绍的都是线性罚函数,接触刚度为定值,由于刚度突变和不连续会在少数情况下引起收敛困难,所以为了使刚度平滑过渡提出了非线性罚函数。非线性罚函数一般包括指数型和二次型,在线性分析中不可用,且只适用于面面接触,此处不做赘述。

在实际的接触情况下,大部分接触都伴随着摩擦力,当两个面接触且存在切向相对运动趋势时就会产生摩擦力。摩擦力由接触面属性(静、动摩擦因数)和法向力决定。Optistruct应用库伦摩擦定律求解摩擦问题,摩擦力随着相对运动趋势的增加逐渐增大,产生相对滑移后,由静摩擦转化为动摩擦。

接触建立过程中,接触对主从面的定义应注意以下几点。

(1)选择刚度较大的面作为主面。此处"刚度"不但要考虑结构刚度,还要考虑材料刚度(弹性模量)。如果两个接触面的刚度相似,那么选择网格尺寸较大的面作为主面。

(2)两接触面节点位置一一对应可以得到更精确的计算结果。

(3)主面不能由节点集定义,且必须是连续的。

(4)如果是有限滑移(slide),主面在发生接触的部位必须是光滑的(即不存在尖角)。

(5) 如果发生接触的部位有很大的凹角或尖角,应将角点两边的面定义为两个接触面。

(6) 如果是有限滑移(slide),在整个分析过程中,尽量不要让从面节点落到主面之外,否则容易出现收敛问题。

(7) 接触对主从面的法向应该相对。

车架与副车架之间的接触有限元模拟如图 3-23 所示。

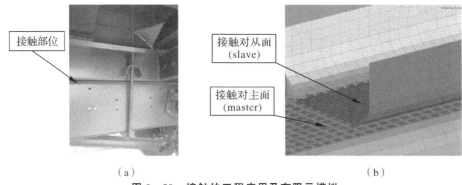

图 3-23 接触的工程应用及有限元模拟

3.3.5 铰接及球铰

铰接通常指转动副,具有单方向的转动自由度;球铰相比于铰接多两个转动自由度。铰接和球铰主要用于两相对运动部件间的连接,如板簧与板簧支座的连接,横向稳定杆与前轴及车架的连接均为铰接。转向垂臂与转向直拉杆间,转向直拉杆与转向摇臂间,推力杆与车架及后桥间均为球铰。图 3-24 分别为板簧与支架的铰接,推力杆与支座和桥之间的球铰。

铰接和球铰通过在连接位置建立微小长度(可以为 0)的衬套单元或 RBE2 单元进行模拟,衬套单元通过设置不同方向的刚度来模拟连接副,当模拟球铰时,通常将衬套单元的三个平移方向的刚度设置为刚性,三个转动方向的刚度设置为一个尽量小的数值,如 0.001。若用 RBE2 单元模拟铰接或球铰,可以直接释放 RBE2 单元相关自由度。底盘悬架建模中多用到铰接及球铰,建模过程中的自由度释放参见第 9 章相关内容。

图 3-24 商用车产品上的铰接及球铰连接

3.4 材料属性设置

汽车要满足安全、舒适、自重轻、污染排放低、能耗小、价格低等要求,材料的选用是首要因素。据统计,汽车上的零部件采用了 4 000 余种不同的材料加工制造。汽车零部件材料主要包括金属材料、非金属材料和复合材料。非金属材料在商用车制造过程中主要应用于电器件及内饰件等非承载部件,有限元分析工作中涉及较少,本章主要介绍金属材料相关内容,并对复合材料进行简要介绍。车辆设计时,需综合考虑零部件的具体功能、强度、刚度、质量、污染及成本要求等,进而进行材料的选择。

当进行有限元分析时,材料属性体现在质量矩阵和刚度矩阵中,包括材料的本构关系和密度等参数。因此在有限元建模过程中,需要给结构赋予材料属性。

3.4.1 金属材料

汽车上大部分零件由金属材料制成,因此,汽车的结构性能很大程度上取决于金属材料的性能。金属材料包括黑色金属(钢、铸铁)、有色金属(铝、镁、钛和铜等)及其合金。在汽车上应用最广泛的黑色金属是碳钢、铸铁和合金钢等,它们在汽车用金属材料中占主要部分,如车架常用 510L、600L,车身常用 DC01 等。应用较多的有色金属有铝及其合金、镁及其合金等,比如,轻量化轮辋使用铝合金材料。

1. 钢铁

由于钢铁具有成本低廉、机械性能优良、可重复利用性好等优点,目前仍是汽车用材的主体,约占汽车用材的 80%,主要包括钢板、钢带、钢管、弹簧钢和结构钢等。普通钢材生产技术成熟,材料性能稳定,所以其成本也较低,特别是用在专用车上,整体要求不高,易于加工成型,因此普通钢材目前还是汽车选钢的主要材料。常用钢材的牌号、主要特性及应用范围见表 3-5。

表 3-5 常用钢材牌号、特性及应用范围

类别牌号举例		主要特性	应用范围
碳素结构钢 (GB/T 700)	Q235 Q275	具有一定的强度,良好的塑性、韧性,焊接性能好,冷加工性能好	受力较小的零件如支架、拉杆、销轴等
优质碳素 结构钢 (GB/T 699)	低碳钢: 08 15 20	强度和硬度不高,但塑性、韧性及焊接性能较好,冷加工性能较好,通过渗碳/碳氮共渗,可提高其表面耐磨性	各种冲压件,以及受力不大、韧性要求高的零件
	中碳钢: 35 25 50	具有较高的强度和硬度,切削性能良好,经过热处理后具有良好的综合机械性能	受力较大的零件,如曲轴正时齿轮、飞轮齿圈、万向节叉、离合器从动盘、连杆等
	高碳钢: 50 65Mn	具有高的强度、硬度和韧性	弹性件和耐磨件,如气门弹簧、离合器压盘弹簧、活塞销卡簧、弹簧垫圈等

续表

类别牌号举例		主要特性	应用范围
低合金高强度结构钢（GB/T 1591）	Q345 Q420 Q460 Q500 Q620 Q690	具有较高的强度，良好的综合机械性能和焊接性能，较好的耐腐蚀性，以及更低的冷脆转变温度	具有高强度、高韧性、有一定抗冲击性要求的零件，如横梁、支撑板、支架、具有加强功能的结构件等
合金结构钢（GB/T 3077）	合金渗碳钢： 20Cr 20CrMnTi 15MnVB	具有较高的强度，良好的塑性和韧性，采用不同的合金成分和热处理工艺，可获得综合力学性能	用于表面要求具有高硬度、高耐磨性或用于芯部要求具有高强度和高韧性的零部件，如十字轴、连杆、销轴、轴套等
	合金调质钢： 40Cr 40CrMnMo 42CrMo 40MnB 50CrVA		用于承受较大的冲击载荷的零件，不仅要求有高强度，还要求有好的塑性和韧性的零件，如半轴、连杆、转向节等
弹簧钢（GB/T 1222）	65Mn	经适当热处理后，强度与韧性很好，但切削加工性能差	弹簧、弹簧垫圈、垫片、制动弹簧等
	60Si2Mn		板簧、安全弹簧、减振器等
不锈钢（GB/T 20878）	奥氏体型： 06Cr19Ni10	耐高温、耐腐蚀性好	卡箍、进气管、排气管等
	铁素体型： 022Cr12 10Cr17Mo	焊接性能、加工性能、耐高温氧化性能好，耐点蚀性、耐间隙腐蚀性好，强度高	汽车排气处理装置；汽车轮毂、紧固件及外装饰材料等
	马氏体型： 30Cr13	具有较高的强度、硬度和更好的淬透性、耐高温性	高强度部件以及承受高应力负荷，在一定温度、一定腐蚀介质条件下工作的磨损件，如弹簧、螺栓、轴承、阀门、轴等

高强度钢对提高商用车结构强度和实现整车轻量化具有重要意义，在提高整车被动安全性方面也有积极作用。国际钢铁协会（HIS）将高强度钢分类如下：将屈服强度为210～550 MPa的钢定义为传统意义的高强度钢，典型的如碳锰钢（CMn）、无间隙碳原子钢（IF）、烘烤硬化钢（BH）等；屈服强度为550 MPa以上的钢定义为超高强度钢，典型的如孪晶诱导塑性钢（TWIP）、热成型钢（HF）等。此外，还有以相变强化为主的钢，如DP、TRIP、HF、Mart等统称为先进高强度钢板，其屈服强度范围为500～1 500 MPa。

这类钢由于高的碰撞吸收能和高的疲劳强度、高的成形性和低的平面各异性等优点，广泛应用于汽车结构件、安全件及加强件等。超高强钢在商用车上应用较少。但随着商用车轻量化的要求，高强钢及超高强度钢在商用车结构件制造过程中应用会越来越广泛。

2. 铸铁

与钢相比，铸铁的强度较低，特别是韧性、塑性较差，但是铸铁铸造性能优良，耐磨、切削加工性能良好。铸铁可根据碳的存在形式分为白口铸铁、灰铸铁、可锻铸铁和球墨铸铁。灰铸铁是应用最广泛的一种铸铁，其产量约占各类铸铁的80%以上。对于机械性能要求不高而形状复杂的零件,如汽车的气缸体、气缸盖、变速器箱体等均采用灰铸铁。球墨铸铁在商用车制造过程中应用较广泛,如板簧支座、动力总成悬置支座、驾驶室悬置支座等。汽车常用铸铁的牌号、特性及应用范围见表3-6。

表3-6 汽车常用铸铁牌号、特性及应用范围介绍

	常用牌号	主要特性	应用范围
灰铸铁	HT200 HT250 HT250Q	强度高,耐磨性、耐热性较好,减振性较好	承受较大应力的零件,要求一定的气密性或耐弱腐蚀性介质的零件,如汽缸体/盖、制动毂、活塞环等
	HT300 HT350 (孕育铸铁)	强度高、耐磨性好,铸造性能较差	承受较高弯曲应力及抗拉应力,保持高气密性的零件
球墨铸铁	QT400-15 QT400-18	具有良好的焊接性和机械加工性能,常温时冲击韧度高,低温韧性较好	轮毂、壳体、支架、离合器拨叉、底盘悬挂件等
	QT450-10	具有良好的焊接性和机械加工性能,塑性略低于QT400,而强度与小能量冲击韧度优于QT400	
	QT500-7	具有中等强度与塑性,机械加工性能适中	减振器及横向稳定杆支座、板簧支座及平衡轴支座等
	QT600-3	中高强度、低塑性,耐磨性较好	曲轴、凸轮轴、缸体、缸套、连杆、支座等零件
	QT700-2 QT800-2	强度高,耐磨性好,塑性和韧性较差	
	QT900-2	高强度、高耐磨性,较高的弯曲疲劳强度、接触疲劳强度和一定的韧性	齿轮、转向节、传动轴、曲轴、凸轮轴等零件
蠕墨铸铁	RuT300	良好的强度和硬度,一定的塑性及韧性,较高的导热率和良好的致密性	汽缸盖、变速箱体、发动机排气管等
	RuT2600	强度、硬度不高,有较高的塑性、韧性和导电率	受冲击及热疲劳的零件
可锻铸铁	铁素体可锻铸铁: KTH350-10 KTH370-12	有较高的韧性和强度	在较高冲击、振动及扭转负荷下工作的零件
	珠光体可锻铸铁: KTZ450-06 KTZ550-04 KTZ650-02 KTZ700-02	韧性低,强度和硬度高,耐磨性好。	可代替中碳钢、低合金钢及有色合金,承受较高的动、静载荷,在磨损条件下工作,并具有一定韧性要求的零部件,如曲轴、连杆、齿轮、摇臂、轴套等

3. 铝合金

使用铝代替传统的钢铁制造汽车零部件,可使质量减轻 30%～40%,铝制的发动机可减重 30%,铝质散热器比相同的铜制品轻 20%～40%。铝合金分为铸造铝合金和形变铝合金,铸造铝合金用于发动机系统、底盘传动、行驶、控制系统;形变铝合金用于车身系统部件以及热交换器系统部件。铝合金在乘用车上的应用比商用车更早,应用也更广泛。目前商用车行业由于轻量化要求的迫切性,铝合金的应用范围也越来越广,如铝合金轮辋、下防护、传动轴、油箱、尿素箱支架及车架尾梁等部件,应用牌号多为 6082、7075、YL113 等。

3.4.2 复合材料

复合材料是运用先进的材料制备技术将不同性质的材料组分优化组合而成的新材料。复合材料通常具有质量轻,强度和比强度高,抗疲劳性能好,减振能力强,耐高温性能好,断裂安全性好,化学稳定性好,能耐酸碱腐蚀,具备隔热性、特殊的电磁性能等优点。但复合材料存在断裂伸长率较小、抗冲击性低、横向拉伸和层间抗剪强度较低及制造成本高等缺点。

目前,汽车工业是复合材料最大的应用领域,今后发展潜力仍巨大,有许多新技术正在开发中。如为降低发动机噪声,增加轿车的舒适性,正着力开发两层冷轧板间黏附热塑性树脂的减振钢板;为满足发动机向高速、增压、高负荷方向发展的要求,发动机活塞、连杆、轴瓦已开始应用金属基复合材料。商用车领域目前应用成熟的复合材料为热塑性树脂基复合材料,树脂基体主要有 PP、PE、PVC、ABS 及 PA 等热塑性工程塑料,如机舱盖、车顶外延板及风挡窗框等车身外饰板件使用的纤维热固性塑料 SMC,保险杠使用的 RTM,电瓶箱、座椅骨架板等使用的长纤维增强复合材料 LFT 等。

3.4.3 材料属性定义

根据材料物理性质(本构关系)将材料分为各向同性及各向异性材料。物理性质可以在不同方向进行测量:如果各个方向的测量结果是相同的,说明其物理性质与方向无关,称为各向同性;如果物理性质和方向密切相关,则称为各向异性。

在 Optistruct 求解器中,常用材料类型为 MAT1、MAT2、MAT4 和 MAT9。MAT1、MAT4 用于定义各向同性材料,MAT1 是线性本构关系,且材料性质与温度无关的各向同性材料,用于线性静力分析及动力学分析,MAT4 是恒定热相关材料,应用于热传导分析;MAT2、MAT9 用于定义线性本构关系,且材料性质与温度无关的各向异性材料,MAT2 用于面单元,MAT9 用于体单元。

此外,Optistruct 求解器还提供了几种特殊用途材料,如模拟橡胶的超弹性材料 MATHE,用于轴对称单元的对称材料(材料性质对称)MAT3、MAT5、MAT8、MAT9ORT,用于衬垫的材料 MGASK 等。

商用车结构材料本构关系以各向同性材料为主,包括常用的钢材、铸铁以及部分结构内部材料均匀分布的非金属材料等,分析过程使用 MAT1 卡片定义材料属性。商用车常用的各向异性材料是由玻璃纤维、碳纤维等铺层构成的复合材料,分析过程中使用 MAT2 及 MAT9 卡片定义材料属性。

3.5 边界条件

有限元计算本质上是求解偏微分方程组,而方程组如果要求定解,就必须引入附加条件,这些附加条件称为定解条件。定解条件的形式很多,在这里只讨论最常见的两种,即初始条件和边界条件。

在商用车结构分析中,初始条件和边界条件由车辆实际运行工况确定,此外还可以参照试验的边界条件进行施加,采用试验边界加载不仅可以近似模拟结构的实际受力情况,还可将分析与试验结果进行对标,提高分析精度。部分总成或零件的边界条件需要通过多体动力学提载获得,具体内容参见第 14 章。

初始条件包括位移、速度和加速度等,初始条件主要用于结构动力学以及碰撞等分析工况,例如驾驶室碰撞、车门跌落、车门过开等。边界条件分为载荷和约束。本节主要介绍边界条件设定的相关问题。

3.5.1 载荷

商用车在工作过程中会受到各种各样的载荷,如自重、路面激励和动力传动系统激励等。在有限元分析中,根据载荷特点将载荷分为体载荷、分布载荷和集中载荷。

(1)体载荷指在整个空间范围内均匀分布的载荷,包括惯性力和场力,如结构自重,车辆转向及制动过程中产生的惯性力,磁场力,等等。在商用车有限元分析中,涉及最多的载荷是体载荷(惯性力载荷),主要用在车身、车架、车架附件等结构的静强度分析工况,以考虑不同加速度场对结构的影响。

(2)分布载荷是指载荷分布在线、面、体上,对应的分别为线性分布载荷、面载荷和体载荷。如作用在液灌运输车罐体内部的静态液体压力就属于面载荷,液灌运输车结构分析时应用静态液体压强实现面载荷的加载。

(3)集中载荷的作用点一般是一个点,也称点载荷。如转向直拉杆作用在转向摇臂上的力,挂车对牵引车鞍座的作用力,牵引钩所受的牵引力等都属于集中载荷。在有限元分析中直接将集中载荷作用在构件上,会造成局部应力集中,容易产生虚高的应力梯度,而且工程实际中很少有纯粹单点载荷的工况,一般都属于局部的分布载荷。因此在分析中通常将集中载荷与 RBE3 单元联合使用,用 RBE3 将受力区域的单元节点连接在一起作为主节点,在 RBE3 从节点位置施加集中载荷,将集中载荷转化为局部的分布载荷。

3.5.2 约束

有限元分析软件中可以提供的约束多种多样,如对称约束、反对称约束、固支约束、位移/转角约束、速度/角速度约束、加速度/角加速度约束、温度约束、声音压力约束、孔隙压力约束等。在商用车结构分析中一般不涉及温度、声压以及孔隙压力等方面的约束,本章不做具体说明。

(1) 对称约束指结构在分析中不能发生对称面外移动和对称面内旋转的约束形式,即指向边界的位移和绕边界的转动被固定。如果结构的对称面法向是 X,那么对称约束就是限制对称面节点在 X 方向的平动、绕 Y 轴和绕 Z 轴的旋转自由度。通常情况下,若结构本身关于一个平对称,而且约束和载荷也关于这个面对称,则可以设置对称约束,只需要一半模型进行分析;若结构、载荷和约束同时关于两个面对称,则可以用四分之一模型进行分析。对称约束可以减小模型规模,从而提高计算效率。

(2) 反对称约束指结构在分析中不能发生对称面内移动和对称面外旋转的约束形式,即平行边界的位移和绕垂直边界的转动被固定。如果结构的对称面法向是 X,那么反对称约束就是限制对称面节点在 Y、Z 方向的平动和绕 X 轴的旋转。如果结构和约束关于某一平面对称,而且对称面两侧载荷方向相反,可应用反对称约束,只需要一半模型进行分析。商用车分析中这种约束情况很少。

(3) 固支约束是结构有限元分析中常用的固定约束形式,根据工程实际情况对部件需要约束的位置对平动自由度和转动自由度进行约束。在商用车各总成分析中,部分总成参照试验过程的约束条件施加约束,如车身的静强度分析以及刚度分析等;部分总成分析通过车辆实际使用情况判断约束方式,如进行车架总成静强度分析时,根据车辆在路面上行驶时路面给予车辆的约束状态进行约束。固支约束在商用车有限元分析中应用最广。

固支约束中自由度 1、2、3(DOF1、2、3)分别代表 X、Y、Z 三个方向的平动自由度,4、5、6(DOF4、5、6)分别代表 X、Y、Z 三个方向的转动自由度。在有限元中,梁单元的节点有 6 个自由度,壳单元节点有 5 个自由度,体单元有 3 个自由度,RBE2 单元主节点有 6 个自由度,应根据单元实际情况进行自由度的正确约束。

(4) 位移/转角约束指在分析过程中对某一区域或某一点施加强制位移/转角,来模拟工程实际。商用车分析中这类约束主要用于车身和车架扭转强度、扭转刚度和扭转疲劳分析等工况。

(5) 速度(加速度)/角速度(角加速度)约束于类似位移/转角约束,指在约束点施加速度(加速度)或角速度(角加速度)的强制激励,主要用于结构动力学分析,如车身结构的频率响应分析、NTF、VTF 等。

3.6 分析工况

分析工况是车辆实际运行状态在有限元中的体现和简化,要获得不同运行状态下车辆的位移、应力、应变、振动特性等数据,需要设置不同的分析工况。如要计算车架在静载状态下的应力和位移,工况设置为线性静力(linear static)分析工况,考虑车架板材间摩擦的影响,需要设置非线性准静态(non-linear quasi-static)分析工况。要获得车架的振动属性,工况设置为模态(normal modes)分析工况。工况定义包括选择分析类型、载荷、约束、过程控制、输出参数等。商用车有限元分析中常用分析工况类型有静力分析、模态分析、线性屈曲分析、惯性释放分析、频率响应分析、瞬态响应分析和疲劳分析等。

3.6.1 静力分析

静力分析是工程中最基本最常用的分析工况之一,用来计算在恒定载荷作用下结构的响应。同样也适用于结构在恒定的惯性载荷(如离心力和重力),或者可以近似为静力作用的载荷(如等价静力风载和地震载荷)作用的情况。

静力分析分为线性和非线性静力分析。线性静力分析是对真实物理现象的近似,在很多情况下能够达到工程精度要求,而且还能以一种非常简单的数学形式将结构的物理本质表达出来。当分析对象出现大变形或大转动,材料发生塑性变形或者在分析中接触状态发生变化等情况时,使用线性分析就无法得到精确结果,甚至失真,这时需要应用非线性静力分析。

通过静力分析可以得到结构在静态载荷作用下的强度和刚度性能,同时静力分析的结果可以作为结构准静态疲劳分析的基础数据。线性静力分析在商用车结构有限元分析中应用最多,所有承载部件(如车身、车架、各类支架等)均需要进行静力分析。

线性静力分析工况设置选择相应的载荷及约束。当进行非线性静力分析时,在线性静力分析设置的基础上还需设置非线性求解参数,涉及材料非线性时,需要输入材料的应力应变曲线(各向同性材料)或材料本构关系式(各向异性或超弹性材料等)。线性静力分析工况类型选择 linear static,非线性静力工况类型选择 non-linear quasi-static。

3.6.2 模态分析

模态分析的目的是通过分析得到结构的固有频率及振型,每一阶自然频率对应着一种模态振型。固有频率和振型是结构本身固有的物理属性,由结构特性(主要是质量和刚度)和边界条件决定。不考虑阻尼时,分析得到的固有频率值为实数;考虑阻尼时,得到的固有频率值为复数。

模态分析用于评估结构与激励载荷的动态交互作用(是否会发生共振),并为其他动力学分析(如频率响应分析、瞬态响应分析、随机响应分析和响应谱分析等)奠定基础。在商用车分析过程中,所有部件均需进行模态分析,以了解其动态特性。

模态分析按照边界条件不同分为自由模态分析和约束模态分析,自由模态分析只需设置 EIGRL 载荷卡片,约束模态分析需在设置 EIGRL 载荷卡片的基础上添加约束,约束模态分析的主要目的是模拟部件在装配状态下的振动属性。模态分析工况类型选择 normal modes。

3.6.3 线性屈曲分析

屈曲又称作失稳,主要发生在细长杆或薄壁结构(如大桥的支撑立柱、真空薄壁罐体等)上。线性分析中总是假定结构是稳定的,即载荷消失后结构会回到加载前的状态,但是工程实际中这个假定在部分结构分析时不成立,这些结构在静力分析有很大安全裕度的情况下发生屈曲失效。屈曲分析分为线性和非线性屈曲分析。商用车结构件屈曲分析主要是对推力杆、转向直拉杆及转向横拉杆等细长杆进行受压分析。

屈曲分析以静力分析工况为基础,同时设置模态分析卡片,用于查看结构的屈曲模态,通常只关注一阶屈曲模态。线性屈曲分析工况类型为 linear buckling。

3.6.4 惯性释放分析

惯性释放分析为处于静力平衡状态或匀加速状态，无法进行实际约束的部件（如空中航行的飞机、空间中运行的卫星、制动过程中的汽车等）的静力分析提供解决方案。

惯性释放分析的分析类型与线性静力分析一致，为 linear stactic，需设置 INREL 参数。INREL 有两个参数值（−1 或−2）可以选择，如果分析结构有 6 个刚体自由度时，一般选择−2，刚体自由度小于 6 时推荐使用−1，并使用 SUPORTI 去除其余的刚体自由度。

3.6.5 频率响应分析

频率响应分析是分析结构在简谐激励作用下的响应。频率响应分析的激励是与频率相关的，需要定义在给定频率下的激励（力或强制位移、速度、加速度），激励是一个复数，由幅值－相位或实部－虚部表示。响应也是频率相关的，频率和激励频率相同，响应通常也是复数，阻尼使响应产生相位偏移。频率响应分析的结果可以是力、位移、速度、加速度、应力和应变等。频率响应分析使用模态法或直接法进行求解，模态法用于计算线性动态系统，由于非线性动态系统必须对系统进行直接积分，因此采用直接法计算。

以模态法频率响应分析为例，分析流程如下：

（1）定义边界条件 SPC 并施加约束，在施加力以外的其他激励时，通常约束激励点激励方向自由度；

（2）创建单位激励载荷（力激励使用 DAREA；位移、速度和加速度激励使用 SPCD）；

（3）创建频率范围表：TABLEDi（$i=1,2,3,4$）；

（4）创建频率相关的动载荷：RLOAD1 或 RLOAD2；

（5）创建响应求解的频率列表：FREQi（$i=0,1,2,3,4,5$）；

（6）创建模态法特征值分析，并指定特征值提取的频率范围；

（7）定义模态法频率响应分析工况，工况类型为 freq.resp（modal）。

3.6.6 瞬态响应分析

瞬态响应分析与频率响应分析是从两个不同方面分析问题的，频率响应分析是从频域考察问题，瞬态响应分析是从时间域考察问题。瞬态响应分析计算结构在随时间变化的载荷作用下的响应，如车辆通过凹凸不平的道路时车辆各结构的响应。

使用有限元法计算瞬态响应实际上是在用户指定的时间点上计算结构的响应，即只能得到这些时间点上对应的输出。瞬态响应分析的结果可以通过 FFT 变换（快速傅里叶变换）得到对应激励载荷频率范围内频率响应分析的结果。瞬态响应分析也分为直接瞬态响应分析和模态瞬态响应分析。

以模态法瞬态响应分析为例，分析流程如下：

（1）建立随时间变化的动载荷数据表；

（2）定义瞬态分析的时间步长 TSTEP；

(3)在激励点定义单位激励载荷 DAREA;

(4)定义模态阻尼表 TABDMP1;

(5)建立 EIGRL 载荷卡片,计算结构模态;

(6)建立瞬态响应动力学激励载荷 TLOAD1(即组合 DAREA 激励和随时间变化的动载荷数据);

(7)定义模态瞬态响应分析工况,工况类型为 transient(modal)。

3.6.7 疲劳分析

商用车的疲劳分析主要有准静态、瞬态和随机振动疲劳分析。如车架和车身的扭转疲劳试验用准静态疲劳分析方法模拟,动力电池托架的疲劳分析用随机振动疲劳分析方法模拟,对于模态比较丰富的车身饰件用瞬态法进行疲劳分析。疲劳分析相关理论已在本书第 2 章中进行了详细说明,此处不赘述。

以准静态疲劳分析为例,首先进行单位载荷下的静力分析,然后对疲劳分析参数进行设置,分析流程如下:

(1)选择疲劳分析类型(Analysis type):$S-N$,认为疲劳破坏属于高周疲劳破坏;

(2)选择应力合成方法(Stress combination method):Signed von Mises;

(3)选择平均应力修正理论(Mean stress correction):GERBER;

(4)选择雨流类型(Rainflow type):STRESS;

(5)导入载荷-时间历程曲线;

(6)设置疲劳分析工况类型:fatigue。

参 考 文 献

[1] 刘荣军,吴新跃,郑建华.有限元建模中的几何清理问题[J].机械设计与制造,2005(9):145-147.

[2] 洪清泉,赵康,张攀.Optistruct & HyperStudy 理论基础与工程应用[M].北京:机械工业出版社,2013.

[3] 石亦平,周玉蓉.ABAQUS 有限元分析实例详解[M].北京:机械工业出版社,2006.

[4] 王钰栋,金磊,洪清泉.HyperMesh & HyperView 应用技巧与高级实例[M].北京:机械工业出版社,2012.

[5] 王高潮.材料科学与工程导论[M].北京:机械工业出版社,2006.

[6] 李智,游敏,丰平.胶接接头界面理论及其表面处理技术研究进展[J].材料导报,2006,20(10):48-51.

[7] 赵一鸣,郑德兵,柳一凡.基于车身轻量化技术的高强钢应用趋势[J].汽车与配件,2016,(46):76-79.

[8] 王利,杨雄飞,陆匠心.汽车轻量化用高强钢板的发展[J].钢铁,2006,41(9):1-8.

第4章 车身结构分析

汽车车身的结构形式各异,从结构承载特性可分为非承载式、半承载式和承载式三大类。商用车一般都装有单独的车架,车身通过悬置安装在车架上,这种车身是不承载的,称为非承载式车身。半承载式是一种过渡结构,车身下部结构也是车架的一部分;承载式车身大多用在轿车和大客车上,这种车身本体起到"车架"的作用。

车身(整备车身)主要由白车身、车门、内外饰和附件组成。白车身常指已经装焊好但尚未喷漆的白皮车身,它是整个车身的骨架,承担车身附件、车门安装等功能,一般由前围、左右侧围、地板、顶盖、后围组成,如图4-1所示。内外饰件通常指安装在白车身上的一些覆盖件,如仪表台、内饰顶棚、座椅、保险杠等。附件指安装在车身本体,提供辅助功能装置的总成,如大灯、喇叭、雨刮器等。

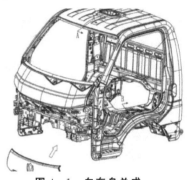

图4-1 白车身总成

随着汽车行业对产品性能和品质的要求越来越高,在车身开发之初就应关注关键性能指标,如车身刚度、模态、强度、疲劳、碰撞安全等。刚度包括车身扭转刚度、弯曲刚度、安装点动刚度;车身模态包括白车身和整备车身模态;车身强度包括车身静强度、扭转疲劳、基于路谱的疲劳、内外饰安装件强度、起吊点强度等;碰撞安全包括安全带强度、座椅强度、车身A柱打击等法规要求内容。

本章主要围绕车身相关指标项的概念及其分析方法进行阐述,车身的碰撞分析在第5章详细说明。

4.1 车身有限元建模

结构分析的基础是建立有限元模型,车身有限元模型分为白车身和整备车身有限元模型。白车身有限元模型主要用于白车身弯曲刚度、扭转刚度、模态分析等;整备车身有限元模型主要用于整备车身的强度和疲劳分析。白车身有限元模型输入数据包括白车身总成(见图4-2)、点焊和缝焊文件,白车身BOM表和材料信息等,输入的数模坐标系必须与整车坐标系一致。整备车身有限元模型除白车身外,还需车门、高架箱、卧铺等主要内外饰和附件的数模及质量、质心信息。

车身有限元模型的搭建包括白车身、车门、内外饰和附件的网格划分及连接。白车身一般采用 10 mm 标准网格划分,根据结构特点混合使用四边形和三角形单元,在不影响部件整体形状和分析精度的前提下,对小的倒角和螺栓孔结构、面与面之间的间隙和自由边等结构进行几何清理,保证网格划分质量和分析效率。车身有限元模型网格连接主要以点焊连接为主,点焊模拟常采用 ACM 焊点模型。前挡风玻璃对车身结构的刚度影响很大,包括玻璃本身的刚度和玻璃与白车身连接胶条的刚度,建模需考虑玻璃的弧度、玻璃材料特性和胶条三个方向的刚度。

车门的模拟方式主要有三种:体和壳单元模型(详细模型),RBE3+Conm2 单元模型(柔性模型),RBE2+Celas+Conm2 单元模型(刚性模型),根据分析需要进行选择。当分析过程对车门自身性能不关注且车门对分析过程影响较小时,采用刚性或者柔性模型建模;若要考虑车门的总成刚度和模态对整体结果的影响时,需对车门钣金件和装饰件进行详细建模。整备车身结构分析时一般需建立详细的车门有限元模型,如图 4-3 所示。关于车门有限元模型的建立方法,读者可参考第 6 章相关内容。

图 4-2 白车身数模

图 4-3 整备车身有限元模型

内饰附件主要由不规则的塑料压铸件组成,结构较为复杂,局部的加强筋、凸台、锁扣比较复杂,为了节约计算资源提升分析效率,根据分析目的对内外饰和相关附件进行简化,如可将顶盖、前围、侧围、后围处的内饰板质量平均分配到相对应的钣金件上,后视镜、广角镜、路面镜等用 RBE3+conm2 模拟。2D 网格和点焊等基本建模方法参见本书第 3 章相关内容。

4.2 车身刚度分析

车辆在行驶过程中要承受扭转、弯曲等多种载荷作用。如果车身刚度不足,在日常使用过程中,可能发生密封不严、渗雨等现象。发生碰撞时也可能会引起车身的门框、窗框等处变形过大,从而导致异响,车门卡死,玻璃破碎,操纵性、乘坐舒适性和可靠性差等问题,直接影响车辆的强度、耐久度、NVH 和安全性能。车身的刚度分析主要包括整体刚度分析和局部刚度分析。整体刚度包括车身弯曲刚度和扭转刚度,局部刚度主要指车身关键接头位置的刚度,一般指的是原点动刚度。本节主要介绍车身弯曲刚度、扭转刚度和原点动刚度。

4.2.1 弯曲刚度分析

车身安装在前后悬置上,可将其简化为一根简支梁,如图 4-4 所示,载荷 F 作用点梁的

刚度 K 为

$$K=\frac{3EI}{a^2b^2}(a+b) \qquad (4-1)$$

式中：EI 为梁的弹性模量 E 与惯性矩 I 之积，称之为抗弯刚度；a、b 为加载点距离车身前、后悬置点的距离，m。

图 4-4　梁的弯曲

由式（4-1）可知：EI 越大，梁的刚度越大；跨度越大，梁的抗弯刚度越低。在整车开发阶段必须先设定弯曲刚度的目标值。

根据加载位置的不同，白车身的弯曲刚度主要通过三种工况（见图4-5）考核地板纵梁的垂向（Z向）变形。工况1是在主、副驾驶的座椅位置分别施加一定的垂向载荷；工况2是在主、副驾驶员脚放置的位置分别施加一定的垂向载荷；工况3是在主、副驾驶座椅中间位置分别施加一定的垂向载荷。

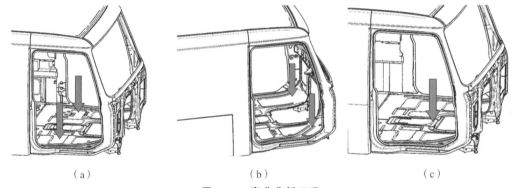

图 4-5　弯曲分析工况
(a)工况1；(b)工况2；(c)工况3

针对每一个加载工况，测量车身纵梁在 Z 方向的最大变形，根据式（4-2）计算出弯曲刚度 C_b。实际测试时在车身左右纵梁上布置若干位移传感器，采集每个工况传感器的位移量，以左右纵梁最大位移的平均值作为地板纵梁最大位移值。

$$C_b=\frac{load}{Z_{\max}} \qquad (4-2)$$

式中：$Load$ 为各个工况下的载荷，N；$Z_{\max}$ 为为地板左右纵梁 Z 向最大位移值的平均值，m。

弯曲刚度的约束方式如图 4-6 所示，图中 B_1（左前悬置）约束123 自由度，B_2（右前悬置）约束13 自由度，B_3 和 B_4（左后和右后悬置）约束 3 自由度；白车身弯曲刚度的目标值根据车型不同（如重卡、

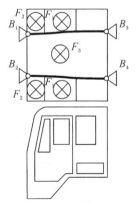

图 4-6　弯曲刚度约束

中卡、轻卡)区别设置,一般在 2 000 ~12 000 N/mm 之间。其中,参照整车坐标系,123 自由度表示 XYZ 三个方向的平动自由度,456 自由度为对应 XYZ 三个方向的转动自由度,后续图例中,B_1、B_2 分别为左前、右前悬置,B_3、B_4 分别为左后、右后悬置。

4.2.2 扭转刚度分析

车辆在颠簸路面行驶时车身会产生扭转,车身扭转刚度不足会引起舒适性变差、异响等一系列问题。与弯曲刚度分析类似,扭转刚度分析简化模型如图 4-7 所示。

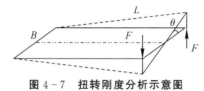

图 4-7 扭转刚度分析示意图

扭转刚度可表示为

$$C_T = \frac{M}{\theta} \tag{4-3}$$

式中:M 为由作用力 F 产生的作用在梁端面的力矩,N·m;θ 为扭转角。

按照载荷加载位置的不同,白车身扭转刚度分为前扭转和后扭转刚度。前扭转刚度分析时,在左前悬置位置施加大小一定的垂向力 F_1,约束右前悬置 B_2 的 Y 和 Z 向平动自由度(23),约束左后悬置 B_3 的 X 和 Z 向平动自由度(13),约束右后悬置 B_4 的所有平动自由度(123),如图 4-8 所示。后扭转刚度分析时,在左后悬置施加垂向力 F_2,约束左前悬置 B_1、右前悬置 B_2 所有平动自由度(123);约束左后、右后悬置绕 Y 轴和绕 Z 轴自由度(56),如图 4-9 所示。前、后扭转刚度的目标值根据车型区别设置,一般在 30 000~55 000 N·m/(°)。

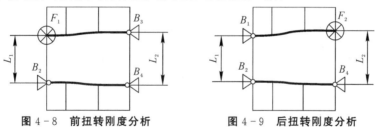

图 4-8 前扭转刚度分析　　图 4-9 后扭转刚度分析

前扭转刚度 C_{TF} 和后扭转刚度 C_{TR} 分别按照公式(4-4)和式(4-5)进行计算:

$$C_{TF} = \frac{F_1 \cdot L_1}{\arctan \dfrac{z_{disp}}{L_1}} [\text{N} \cdot \text{m}/(°)] \tag{4-4}$$

$$C_{TR} = \frac{F_2 \cdot L_2}{\arctan \dfrac{z_{disp}}{L_2}} [\text{N} \cdot \text{m}/(°)] \tag{4-5}$$

式中:F_1、F_2 为左前悬置和左后悬置位置施加的载荷,N;Z_{disp} 为左前或左后悬置位置 Z 向位移,m;L_1、L_2 为前悬置和后悬置间距,m。

4.2.3 原点动刚度分析

在一个系统中,若激励点和响应点是同一点,通过力与位移计算得到的刚度就是该点的原点动刚度。原点动刚度分析主要是考核部件连接位置的刚度,如车身悬置支架在白车身安装位置的刚度、转向管柱在前围连接点的刚度、座椅在地板安装点的刚度等。

外部激励主要通过车身关键点传递到车身,这些关键点不断受到外界的动载荷冲击,当其动刚度不足时,会引起车身结构共振,影响车身的 NVH 性能。因此,研究车身关键点的动刚度,对于优化车身结构和提升 NVH 性能具有重要的意义。

静刚度是指静止状态下系统施加力和位移的比值。当系统运动起来时,其刚度特性随着输入载荷频率的不同而发生变化。对于单自由度系统,其运动学方程为

$$m\ddot{x}+c\dot{x}+kx=f \tag{4-6}$$

式中:m 为系统的质量;c 为系统的阻尼;k 为系统的刚度;x 为系统的位移;f 为系统的激励力。

对式(4-6)进行拉氏变换,得到系统的刚度为

$$K_d=\frac{f(\omega)}{x(\omega)}=(k-m\omega^2)+\mathrm{j}c\omega \tag{4-7}$$

此时刚度 K_d 为激励频率的函数,称为动刚度,动刚度取决于系统的质量、阻尼、静刚度,当系统静止 $\omega=0$ 时,系统刚度就是静刚度。

对一个多自由度系统,物理方程组表达为

$$M\ddot{X}+C\dot{X}+KX=F(t) \tag{4-8}$$

式中:M 为系统的质量矩阵;C 为系统的阻尼矩阵;K 为系统的刚度矩阵。

进行拉氏变换后:

$$(K-\omega^2 M+\mathrm{j}\omega C)X(\omega)=F(\omega) \tag{4-9}$$

任何一点的响应为各阶模态的线性组合,响应可以表达为

$$X_l(\omega)=\sum_{r=l}^{N}\varphi_{lr}q_r(\omega) \tag{4-10}$$

式中:φ_{lr} 为第 l 个测点第 r 阶模态的振型系数;$q_r(\omega)$ 为第 r 阶模态坐标,由 φ_{lr} 组成模态矩阵 $\boldsymbol{\Phi}$;$q_r(\omega)$ 组成模态坐标矩阵 $\boldsymbol{Q}$;建立物理坐标和模态坐标之间的关系:

$$X=\boldsymbol{\Phi Q} \tag{4-11}$$

式中:$\boldsymbol{\Phi}$ 为模态矩阵;$\boldsymbol{Q}$ 为模态坐标。

将式(4-11)代入(4-9)得到:

$$(K-\omega^2 M+\mathrm{j}\omega C)\boldsymbol{\Phi Q}=F(\omega) \tag{4-12}$$

由于车身的结构阻尼一般很小,系统的模态为实模态,阻尼为比例阻尼,进一步可以得到模态坐标上的运动方程:

$$(K_r-\omega^2 M_r+\mathrm{j}\omega C_r)\boldsymbol{Q}=F_r(\omega) \tag{4-13}$$

式中:M_r 为模态坐标下的模态质量矩阵;K_r 为模态刚度矩阵;C_r 为模态阻尼矩阵,均为对角矩阵。

对于模态矩阵可以表达为

$$\boldsymbol{Q}_r=\frac{\varphi_{pr}f_p(\omega)}{K_r-\omega^2 M_r+\mathrm{j}\omega C_r} \tag{4-14}$$

响应点 l 的位移对激励点 p 的频率响应函数为

$$H_{lp} = \frac{x_l(\omega)}{f_p(\omega)} = \sum_{r=1}^{N} \frac{\varphi_{pr}\,\varphi_{lr}}{\bm{K}_r - \omega^2\,\bm{M}_r + \mathrm{j}\omega\bm{C}_r} \qquad (4-15)$$

式中:φ_{pr} 为激励点 p 第 r 阶模态的振型系数;φ_{lr} 为响应点 l 第 r 阶模态的振型系数。

当激励和响应为同一点时,得

$$H_{ll} = \frac{x_l(\omega)}{f_l(\omega)} = \sum_{r=1}^{N} \frac{\varphi_{lr}\,\varphi_{lr}}{\bm{K}_r - \omega^2\,\bm{M}_r + \mathrm{j}\omega\bm{C}_r} \qquad (4-16)$$

式(4-16)是同一点的位移导纳,或者称为原点导纳,原点动刚度就是原点导纳的倒数。

由于动刚度就是位移阻抗,所以阻抗越大,位移响应越小。同理,速度阻抗越大,速度响应越小;加速度阻抗越大,加速度响应也越小。因此,控制外界振动输入到车身点处的动刚度对降低振动向车身的输入非常重要。

相比于位移和速度,加速度更容易测量,因此通常用原点 IPI(Input Point Inertance)来表征系统的原点动刚度。原点 IPI 是指系统的加速度导纳,即表示加速度响应与输入力的传递函数,IPI 与原点动刚度之间的关系为

$$\text{IPI} = \frac{\ddot{X}}{F} = \frac{\omega^2 X}{F} = \frac{(2\pi f)^2}{K_\mathrm{d}} \qquad (4-17)$$

式中:$\ddot{X}$ 为加速度;K_d 为原点动刚度。

一般情况下为了保证良好的 NVH 性能,主方向(主承力方向)的原点动刚度要大于 10 000 N/mm,当原点动刚度达到 100 000 N/mm 时,就可以认为外界振动输入对车身没有任何影响。车身关键点原点动刚度试验时是将车身放在气囊上来模拟自由边界条件的,如图 4-10 所示。

图 4-10 原点动刚度测试自由边界

有限元分析时采用自由边界,分析频段一般为 0~200 Hz,考虑 3%~6% 的结构阻尼,在每个关键点上分别施加 X、Y、Z 三个方向单位力载荷,测量该位置的加速度响应。

原点动刚度的评价一般用原点 IPI 加速度响应曲线和动刚度曲线两种方式来评价。原点 IPI 加速度响应曲线是将不同频率单位力激励的加速度响应以曲线的形式体现在图中,同时在图中标注目标加速度响应曲线,如图 4-11 所示,将目标动刚度 2 kN/mm(X 向)、10 kN/mm(Y 向)、100 kN/mm(Z 向)对应的

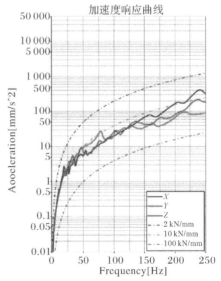

图 4-11 原点动刚度评价

加速度响应曲线绘制在图中,通过实际加速度曲线与目标加速度曲线的比较,直观判断原点动刚度是否满足设计要求。在曲线中峰值越"靠上"表明动刚度越低。而原点动刚度曲线是将实际动刚度和目标动刚度曲线都标注在图中,通过对曲线的比较来判断原点动刚度是否满足要求。

4.3 车身模态分析

车身是一个多自由度的弹性系统,作用在车身上的力称为激励(输入),作用于车身(系统)之后产生振动,称为振动响应(输出)。工程上的振动问题有三类:第一类,已知激励和系统求响应,就是所谓的系统动力响应分析;第二类,已知激励和响应求系统,就是所谓的系统识别,主要是获取系统的物理参数(质量、刚度、阻尼)和系统固有振动特性(固有频率、主振型等);第三类,已知系统和响应求激励,也就是所谓的环境预测。车身的模态分析属于第二类振动问题。

模态分析就是对系统的固有振动模式和形态进行分析和识别,可依据频率、阻尼、振型了解系统振动特性,做好系统之间的模态匹配,避免系统共振。第 3 章 3.6 节对模态分析工况做了简要介绍,本节主要对模态分析基本理论和车身模态分析关注点进行说明。

4.3.1 模态基本理论

对于一个多自由度系统,振动方程用式(4-8)表达。当无外部激励及结构阻尼时产生自由振动,自由振动的方程为

$$\boldsymbol{M}\ddot{\boldsymbol{X}} + \boldsymbol{K}\boldsymbol{X} = 0 \tag{4-18}$$

此方程有以下特解:

$$\boldsymbol{X} = \boldsymbol{A}\sin(\omega t + \theta) \tag{4-19}$$

将式(4-19)化作矩阵 $\boldsymbol{K}$ 和 $\boldsymbol{M}$ 的特征值问题

$$(\boldsymbol{K} - \omega^2 \boldsymbol{M})\boldsymbol{A} = 0 \tag{4-20}$$

$\boldsymbol{A}$ 有非零解的充分与必须要条件为

$$|\boldsymbol{K} - \omega^2 \boldsymbol{M}| = 0 \tag{4-21}$$

$$\begin{vmatrix} K_{11} - \omega^2 m_{11} & K_{12} - \omega^2 m_{12} & \cdots & K_{12} - \omega^2 m_{1j} \\ K_{21} - \omega^2 m_{21} & K_{22} - \omega^2 m_{22} & \cdots & K_{2n} - \omega^2 m_{2j} \\ \cdots & \cdots & & \cdots \\ K_{i1} - \omega^2 m_{i1} & K_{i2} - \omega^2 m_{i2} & \cdots & K_{ij} - \omega^2 m_{ij} \end{vmatrix} = 0 \tag{4-22}$$

式中:A 为各坐标振幅组成的 n 阶阵列,n 为系统自由度个数;K_{ij} 为系统的刚度矩阵 $\boldsymbol{K}$ 在第 i 行第 j 列上的元素(i 和 j 最大取值为 n);m_{ij} 为系统的质量矩阵 $\boldsymbol{M}$ 在第 i 行第 j 列上的元素。

从式(4-22)可以求解出一系列离散的特征值,每个特征值对应一个特征向量,把第 i 个特征值 ω_i^2 的算术平方根 ω_i 称为第 i 阶固有频率,n 自由度系统有 n 个固有频率,每个特征值和特征向量决定一种振型。

4.3.2 车身模态分析关注点

车身模态分析包括白车身模态和整备车身模态分析。在前期开发阶段以白车身模态分析为主,详细设计阶段以整备车身模态分析为主。白车身模态主要关注一阶弯曲和扭转模态,一般要求白车身一阶扭转模态频率大于 15 Hz,白车身模态直接影响后期整备车身模态指标的达成。整备车身模态主要关注自身与系统部件之间的固有频率分离情况,其要求见表 4-1。

表 4-1 整备车身模态要求

序 号	要 求
1	车身的模态与动力总成、悬架模态要有 2~3 Hz 的分离
2	车身的模态与怠速点火频率、常用车速(60~90 km/h)下的轮胎激励分离
3	车身的弯曲模态与转向系统模态要求至少有 5 Hz 分离
4	地板的局部弯曲模态与整车弯曲模态分离
5	主要壁板的局部模态与声腔模态分离
6	座椅靠背的模态频率与发动机、路面、风扇激励频率分离

4.4 车身强度分析

车身强度不足会导致车身局部开裂,直接影响整车性能。车身强度设计重点关注白车身和内外饰件的强度。白车身的强度直接影响整备状态下的车身强度,车身强度分析主要包括静强度、疲劳和起吊点强度分析。

4.4.1 车身静强度分析

车身静强度分析工况是根据车辆的实际使用条件进行设定的,主要包含以下 5 种情况:

(1)车辆静止或在平路上行驶时,车身承受自身、乘员和随车用品的重力作用,称为车身的静载荷工况。

(2)车辆在行驶时遇到路面起伏、减速带、沟坎等障碍,会对车身产生垂向冲击载荷,称为垂向冲击工况。

(3)车辆在转向行驶时,车身受到侧向惯性力的作用,称为转弯工况,根据方向不同分左转弯和右转弯。

(4)车辆在加速时(包括加速上坡),车身受到的惯性力方向与行驶方向相反,称为加速工况。

(5)车辆在制动时(包括下坡制动),车身受到的惯性力方向与行驶方向相反,称为制动工况。

以上工况载荷确定方法主要有两种:一是实车测试,在前期开发阶段无法实现;二是通过成熟车型路谱或者经验数据确定出转弯、制动、加速等工况的振动量级(见表 4-2),利用多体动力学软件建立整车模型提取各工况下车身悬置、减振器等与车架连接点的力和力矩信号,然后用惯性释放方法进行强度分析。当车身金属件的最大应力小于屈服应力或最大塑性应变小于1%时,认为车身静强度符合设计要求。

表4-2 车身静强度分析工况

类别	X向	Y向	Z向
静载工况	—	—	$-1g$
垂向冲击工况	—	—	$-4g$
制动工况	$-1g$	—	$-1g$
加速工况	$1g$	—	$-1g$
转弯工况(左转弯)	—	$0.8g$	$-1g$
转弯工况(右转弯)	—	$-0.8g$	$-1g$

4.4.2 车身疲劳分析

车辆行驶过程中车身受到的载荷都是动态的随机载荷,在这种载荷作用下,强度设计不足会导致白车身钣金件和焊点开裂,缩短车身的疲劳寿命。车身的疲劳分析包括白车身的扭转疲劳和整备车身基于路谱的疲劳分析。

白车身的扭转疲劳加载同扭转刚度类似,在左、右前悬置位置(B_1和B_2)分别施加方向相反、大小相等的垂向力F(图4-12),形成绕X轴的扭矩,约束后悬置(B_3和B_4)三个方向的平动自由度,按照一定的扭转频率进行扭转,在等效里程内要求白车身钣金和焊点的疲劳累计损伤小于1。

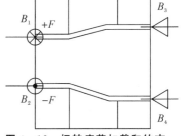

图4-12 扭转疲劳加载和约束

整备车身疲劳载荷通过实车路谱采集或者多体动力学软件提载的方式获取。路谱采集需专业驾驶员驾驶车辆在专门的路试场采集各种典型耐久性特征路面(搓板路、卵石路、石块路、长波路等)的载荷谱。通过实际测量的车辆轴头力信号或者车身车架端的加速度信号,采用虚拟迭代的方式获取不同路面下车身悬置受到的力载荷。

整备车身路谱载荷疲劳分析需要输入整备车身三维数据(包含车身本体、整备车门、内外饰、焊点和胶黏数据、材料属性等)外,同时对驾乘人员及随车物品进行配重,配重的一般的要求见表4-3。在车身悬置点加载单位力、力矩,按惯性释放进行分析,最后将结果文件导入相应的疲劳分析软件进行疲劳分析。

表4-3 车身的配重要求

序号	配重要求	
1	主副驾驶员座椅	各配重75 kg
2	高架箱	每个储物箱内配重15 kg
3	上下卧铺	各配重75 kg
4	卧铺下工具箱	每个工具箱内配重20 kg

要求白车身钣金和焊点的疲劳累计损伤小于1。图4-13和图4-14所示为某车身的

扭转疲劳和路谱疲劳分析结果,可以看出,该车身前围风窗角和地板纵梁局部损伤均大于1,需要进行优化设计。

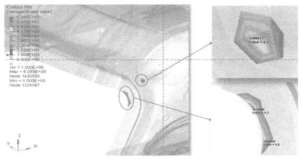

图 4-13　扭转疲劳车身疲劳损伤

图 4-14　路谱疲劳地板损伤

4.4.3　车身起吊点强度分析

商用车车身体积和质量都较大,装配成型工艺复杂,一般要经过冲压、焊装、涂装、内饰装配等环节,待各总成分装完成后再进行总装。在每个工艺过程和转运环节中,一般都是在车身门洞等位置进行车身的起吊和固定。当车身起吊点在门洞时,若门洞刚度不足,则会产生变形,造成车身表面质量下降,引起一系列装配问题,影响整车品质,因此应关注起吊点的强度。车身起吊点强度分析根据车身所处工艺环节和受力特点,主要包括涂装和总装起吊点分析,要求车身吊装位置最大应力小于材料屈服极限。在涂装环节,一般吊装位置在车门门框上部中心位置,在总装吊装环节,为增加车身稳定性,还在地板梁后部增加了绑带约束,如图 4-15 所示。

图 4-15　车身吊装

在进行车身吊装分析时,考虑 Z 向冲击,整体加载 1.3g 重力场,在吊具支撑处施加全约束(123456),如图 4-16(a)所示,如果车身地板梁有通过绑带吊起的吊装位置,约束 Z 向平动自由度,如图 4-16(b)所示。一般情况下与门框吊点位置接触的是吊具支撑上的尼龙等软质材料垫块,因此垫块和门框之间需要根据垫块材料特性建立接触,如图 4-17 所示。

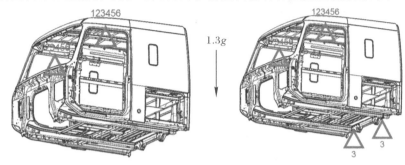

图 4-16　吊装示意图
(a)门洞吊装；(b)门洞+后横梁点吊装

图 4-17　垫块与门框处接触示意图

4.5　车身翻转系统分析

翻转系统是实现驾驶室翻转和回位锁紧功能的总称,一般在车辆维修保养时使用。平头卡车一般都设有车身翻转机构。翻转机构有扭杆弹簧式和液压举升式两种。

扭杆弹簧式翻转系统由扭杆、翻转前支座、左右支撑臂、轴管等组成,主要应用在轻卡上,通常有单扭杆和双扭杆机构,双扭杆比单扭杆能承载更大扭矩,车身左右受力更均匀,不会产生扭曲现象。扭杆弹簧式主要利用弹簧钢的弹性变形来控制车身翻转过程,拥有这种结构的车身翻转时,其重心通常会稍微翻过或者不翻过翻转机构的旋转中心,因此翻转至最大角度时需要一套限位机构来保证车身处于稳定状态。扭杆弹簧式翻转机构的特点是结构简单,成本低。其缺点是车身翻转角度较小,维修不方便,机构装配及操作困难,扭杆易失效。图 4-18 为扭杆弹簧式翻转机构。

液压举升式翻转系统由液压缸、举升泵、液压锁、液压管路及附件组成(见图 4-19),通过油缸活塞两侧的压力差推动活塞杆运动来实现车身翻转,通常需要配液压油泵,操作比较省力,效率也高,主要运用在中、重卡上。液压举升式的翻转系统成本较高,但是结构和装配较为便利,安全性好。本节主要对翻转系统有限元模型建立、约束和分析工况进行介绍。

(1)有限元建模。仿真模型搭建时需输入整车坐标系下的车身地板结构、翻转系统和悬置系统的三维模型,整备车身的质量、惯量及质心坐标等,板件、驾驶室悬置支架材料和悬置系统刚度参数,车身翻转角度等。为提升计算效率,风窗、车门、覆盖件及内外饰件、储物盒及物品质量用质量点代替。

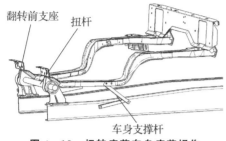

图 4-18　扭转疲劳车身疲劳损伤

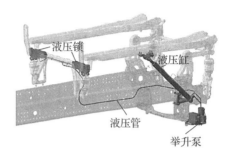

图 4-19　路谱疲劳地板损伤

(2)分析工况。根据翻转工况受力特点,将翻转工况分为临界翻转(0°)和最大翻转工况,分析工况汇总见表 4-4,要求翻转系统结构件的最大应力不超过材料的屈服极限。

临界翻转工况指驾驶室位置基本不变,在翻转油缸的作用下,驾驶室后悬置脱离,翻转油缸受力最大的工况,如图 4-20(a)所示。当进行有限元分析时,约束左前悬置 B_1 三方向平动自由度、右前悬置 B_2 的 X/Z 向平动自由度和翻转机构油缸 B_5 沿油缸轴向的平动自由度,约束点如图 4-20(b)所示,加载重力场。

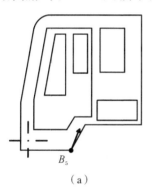
(a)

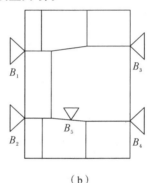
(b)

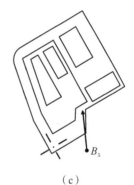
(c)

图 4-20　翻转系统分析工况
(a)临界翻转工况；(b)约束点；(c)最大翻转工况

最大翻转工况指驾驶室在油缸作用下,沿翻转轴转至最大角度,驾驶室状态如图 4-20(c)所示。约束同临界翻转工况,加载 $-Z$ 向加速度场,加速度大小由驾驶室质心是否越过翻转轴所在的竖平面(YZ 平面)决定。在最大翻转角时,当驾驶室质心在翻转轴所在的竖平面之前,加载 $1.2g$ 加速度,此时油缸受压力;当驾驶室质心越过翻转轴所在的竖平面,加载 $2g$ 加速度,此时驾驶室靠前悬置和油缸共同限位。

表 4-4　车身翻转系统计算工况

工况	Z 向
翻转临界角度(0°)	$-1g$
翻转最大角度	$-1.2g$(质心在翻转轴所在的竖平面之前)
	$-2g$(质心在翻转轴所在的竖平面之后)

注:翻转速度不超过 5 mm/s。

4.6 外板抗凹分析

车身抗凹性能是指车身覆盖件抵抗凹陷翘曲及局部变形、保持形状的能力。车身外板抗凹表征了汽车外板刚度的强弱程度,该指标不仅关系到汽车外观,同时还影响到整车的性能。在日常使用过程中车身外板常会受到外载荷的作用,如人为触摸按压车门、积雪及碎石冲击机舱盖和车身侧围等,使覆盖件形状发生凹陷、挠曲甚至产生局部永久凹痕。而且随着轻量化要求的提高,外覆盖件越来越薄,导致外板件变软,从而产生一系列问题,如覆盖件自重或轻微的碰撞引起的凹陷,汽车行驶中产生的振动、噪声等问题。因此,车身抗凹性也是汽车车身性能衡量指标之一。外板抗凹性能评价一般通过主观和客观评价相结合的方式进行。

4.6.1 外板抗凹的主观评价

车身外板抗凹性能一般从抗凹刚度、抗凹稳定性、最大加载位移及残余变形等方面进行评价,通过试验及有限元分析可获取评价指标的数值。消费者用手掌或手指按压外板件时不能获得外板件抗凹刚度、变形量及残余变形等具体数值,只能直观感受外板件软硬程度及变形程度。因此,进行主观评价时仅将外板软硬程度和变形程度作为评价指标,对车辆进行对比排序或量化评分。

评分详细描述如下:
1分:非常差,外板非常软,按压变形非常大,心理不可接受,产品不可用;
2分:稍差,外板较软,按压变形较大,心理不太满意,产品不可用;
3分:相当,外板按压变形较小,心理可勉强接受,产品可用;
4分:稍好,外板较硬,按压变形很小,心理可接受,产品可用;
5分:非常好,外板非常硬,按压几乎无变形,非常满意,产品可用。

在进行主观评价时,一般选取5~6名评价人员,其研究方向包含车身设计、NVH和商品性评价等。抗凹性能主观评价为静态评价。评价场所应足够宽敞、明亮,以便于评价人员围绕汽车按压各外板件,同时评价场所应无风且温度适宜。进行主观评价时,首先对评价过程进行预演,熟悉流程;然后用手全面按压各外板件,感受各个位置的软硬程度及变形程度;最后根据评分方法对各外板件进行评分。

4.6.2 外板抗凹的客观评价

外板抗凹的客观评价采用试验测试和仿真分析的方法进行,主要考核最大位移、残余变形、不稳定区间。下面对抗凹试验和仿真分析进行介绍。

1. 外板抗凹试验

外板抗凹试验,一般将外板件安装在试验台上,压头垂直压向外板件表面,测量载荷-位移曲线,如图4-21所示,在加载过程中该曲线可分为初始弹性刚度段、平滑刚度段和最终硬化刚度段。在平滑段,特定的情况下可以发生失稳,或者称之为"油罐效应",表现为载荷减小后位移迅速变大,在图4-21中,曲线2在平滑刚度段出现失稳,曲线1没有发生失稳。

合格的载荷位移曲线具备以下三个条件：一是载荷一定，位移量控制在一定范围内；二是卸载后残余变形足够小，无明显的压痕；三是加载过程中不发生失稳，不出现"油罐效应"，不出现回弹声。

抗凹试验用的压头直径为 12～80 mm 不等，形状为半球形、圆锥形、球形或圆柱形，由于抗凹一般模拟的是用手掌压和指压，一般推荐 80 mm 压头和 20 mm 压头，对于侧围外板、翼子板、前后门一般会用手掌压，本书采用 80 mm 压头，载荷设置为 100 N。图 4-22 为圆柱形压头尺寸示意图。

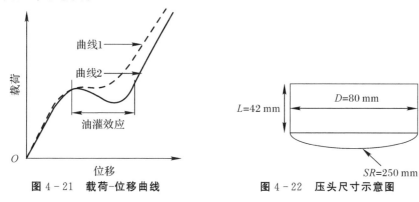

图 4-21　载荷-位移曲线　　　　图 4-22　压头尺寸示意图

2. 外板抗凹仿真分析

抗凹分析是利用有限元软件(如 ABAQUS、LS-dyna 软件)进行抗凹模拟。模型的简化和处理参考第 3 章内容，另需建立压头模型，刚性压头和外板件之间需要建立接触。

进行抗凹分析之前，需先确定考察区域，确定方法有 3 种：一是对外覆盖件(在部件结构总成状态下)进行自由模态分析，二是施加均布压强进行静力分析，三是对外覆盖件(在部件结构总成状态下)施加重力场进行静力分析。根据计算结果选取变形较大的 5～10 个区域，每个区域选一个点(见图 4-23)作为抗凹分析点。一般要求当加载载荷

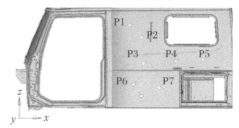

图 4-23　车身抗凹点

为 100 N 时，对应的最大位移不大于 1 mm，残余变形不大于 0.5 mm，同时不存在"油罐效应"。

4.7　机舱盖分析

机舱盖是车身关键结构件(见图 4-24)，设置在长头商用车上，用于将发动机舱封闭起来，以保持车辆的整体外观和发动机舱的清洁，同时减少噪声和热辐射，机舱盖可以打开，用于加注冷却液、玻璃水及进行发动机总成的检修等。

机舱盖一般由外板和内板组成，内板起到增强刚性的作用，外板和内板中间夹以隔热材料，前端和后端分别通过铰链和锁扣实现与车架和车身的连接。机舱盖开启时先打开锁扣，机舱盖在撑杆力的作用下绕着铰链翻转到一定角度。机舱盖关闭时，支撑杆收缩，机舱盖绕

着铰链轴回转到位,通过限位块和锁扣实现闭合,限位块起到了 Z 向下限位和 Y 向导向作用,锁扣实现机舱盖锁止,机舱盖开闭状态如图 4-25 所示。

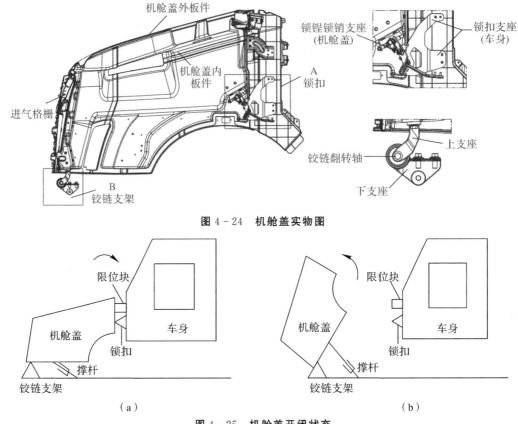

图 4-24 机舱盖实物图

图 4-25 机舱盖开闭状态
(a)闭合;(b)开启

机舱盖要实现预期功能,须具备一定的强度和刚度,避免出现功能失效、板件开裂及抖动等问题。机舱盖的性能指标主要包括模态、机舱盖抗凹、开关耐久和刚度。机舱盖抗凹和模态分析可参阅本章 4.节 3 和 4.6 节。本节主要就机舱盖的刚度和开关强度分析进行介绍。

4.7.1 机舱盖刚度分析

机舱盖刚度包括扭转刚度、纵向刚度、横向刚度和垂向刚度,分别考核机舱盖在打开或关闭状态抵抗变形的能力。机舱盖的刚度直接影响模态和抗凹性能,机舱盖的刚度分析是设计阶段重点验证项之一。

机舱盖刚度分析输入数据包括机舱盖、铰链及上下支架、限位和锁止结构三维模型,材料参数,衬套、限位、锁止机构的刚度及限位信息。机舱盖本体是大的钣金件,用壳单元模拟;铰链用销轴连接,实现铰链的轴向转动,铰链上下支座建立实体单元,上支座与车身螺栓连接,下支座为约束建立点;后端限位块和锁止机构用 Bush 单元模拟,根据刚度及限位信息赋予 Bush 单元正确属性。

机舱盖的扭转和横向刚度工况约束一致,机舱盖铰链下支座安装点全约束,后端自由。扭转工况,后端两侧锁销点分别加载方向相反、垂向 500 N 的载荷,如图 4-26 所示;横向工况,后端两侧锁销点分别沿 Y 向由外向内施加 200 N 的力,如图 4-27 所示。

机舱盖纵向刚度分析如图 4-28 所示,机舱盖铰链下支座安装点全约束,考虑限位和锁止机构刚度和限位特性,在两侧限位点位置沿 $-X$ 向分别施加 200 N 载荷。

机舱盖垂向刚度分析如图 4-29 所示,机舱盖铰链下支座安装点约束 123,考虑限位和锁止机构刚度和限位特性,约束锁销点和限位点 123 自由度,在机舱盖上表面几何中心约 300 mm ⌒ 300 mm 的矩形区域施加 $-Z$ 向 1 500 N 的力。

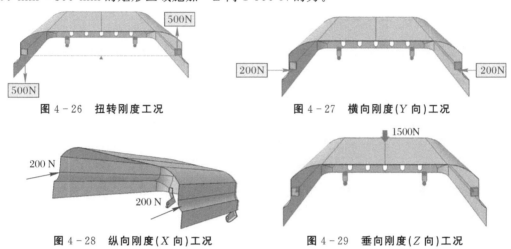

图 4-26 扭转刚度工况

图 4-27 横向刚度(Y 向)工况

图 4-28 纵向刚度(X 向)工况

图 4-29 垂向刚度(Z 向)工况

4.7.2 机舱盖开、关强度分析

机舱盖开、关强度分析主要考核机舱盖打开和闭合时产生的冲击对铰链、锁止机构、限位机构及车身前围的影响。要求金属材料的最大应力小于材料的屈服极限,非金属材料的最大应力低于抗拉强度的 50%。

由于锁止和限位机构与车身连接,因此分析输入数据在刚度分析的基础上,增加部分车身(含前挡玻璃),以体现分析工况对车身前围结构的影响。根据实际结构形式,同时考虑限位和锁止机构的刚度和限位特性,将锁止机构和限位机构与车身进行连接。机舱盖铰链下支座安装点和车身断面节点全约束,如图 4-30 所示。

图 4-30 机舱盖开、闭约束

闭合强度分析要求机舱盖开启到最大角度后,在重力场中,以一定的角速度进行关闭(一般为 2.2 rad/s)[见图 4-25(a)],考核铰链、机舱盖本体、锁扣、车身的应力分布;过开强度分析要求机舱盖在重力场中以一定的角速度(一般为 1.049 rad/s)开启到最大位置[见如图 4-25(b)],考核铰链支座、机舱盖本体的应力分布。

4.8 车身内外饰件分析

车身内外饰件的品质直接影响消费者对整车品质和质量的评判。一方面,美观、舒适、人性化的内外饰具有极强的品质感;另一方面,内外饰动态性能是车辆设计、质量、制造工艺等水平的体现。在日益激烈的竞争环境中,内外饰不仅要满足法规、功能、耐久等传统要求,更要在安全、舒适节能、环保等方面体现出高超的技术和以人为本的设计理念。

汽车内饰系统包括汽车面板、顶棚、车门面板、仪表板、高架箱、发动机舱内装件等内部装饰系统。汽车的外饰系统包括保险杠、车身侧裙、上车踏步、进气格栅、导流罩等外部装饰系统。本节主要对仪表板、保险杠、上车踏步、导流罩进行分析。

4.8.1 内外饰件简介

仪表板是内饰中结构最复杂的件(见图4-31),各种驾驶仪表、控制开关、空调、音响娱乐系统等都集成在仪表板上。仪表板可分为硬质仪表板和软质仪表板,硬质仪表板一般用于载货车,软质仪表板一般用于轿车,中高档次的车一般采用聚氯乙烯(PVC)搪塑成型仪表板。

高架箱作为车身内的重要的储物总成件,其隔板、内衬多为塑料材质,本体通过金属过渡支架与顶盖和风窗横梁连接。在结构设计上一般要求箱体具备一定的承载能力,从外观上要求箱体与周边件搭接协调。

保险杠是吸收和减缓外界冲击、保护车身的安全装置,多采用塑料材质,如图4-32所示。

图4-31 仪表板

图4-32 保险杠

上车踏步作为驾驶员上下车的功能件,不仅要性能优越,满足设计初期制定的各类性能指标,还要外形美观,与周边件搭接良好。上车踏步从结构形式上分集成式和分体式,集成式脚踏步直接集成在驾驶室上,分体式一般通过支架与车架进行连接,如图4-33所示。上车踏步要求具备一定的承重和抗振能力,使用过程中不应出现严重变形和断裂现象。

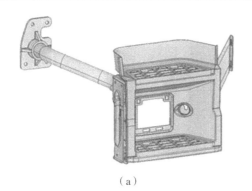
　　　　(a)　　　　　　　　　　　(b)

图4-33　上车踏步
(a)分体式踏步；(b)集成式踏步

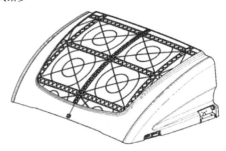

　　导流罩是装在载货汽车或牵引汽车驾驶室顶部的空气导流装置，用于降低空气阻力、提高燃油经济性，如图4-34所示。导流罩在降低风阻的同时，要求能够承受一定的风载，并具备良好的振动特性。因此，导流罩连接支架的强度设计尤为重要。目前卡车导流罩分为固定式和可调式两种。固定式导流罩装在车身顶盖上，其仰角是不可调节的。可调式

图4-34　导流罩

导流罩具有仰角调整杆件，可以通过调整导流罩的仰角以适应不同的货物高度及货箱高度，最大限度减小空气阻力。导流罩的常用材质为玻璃钢，通过模压工艺或手工糊制成型，也有使用金属材质的，通过冲压工艺成型。随着对汽车轻量化的要求越来越高，塑料材质也逐渐被应用到卡车导流罩上。

4.8.2　内外饰件仿真分析

　　由4.8.1节可知，除上车踏步承受上车、下车踩踏作用力外，其他内外饰件均受力较小。内外饰件大都是由塑料压铸而成的，结构复杂，采用大曲面加局部加强的结构形式，普遍存在局部模态多，容易产生局部抖动和噪声问题，甚至造成部分电器功能件的失效。由于内外饰件的分析方法类似，因此本节仅对仪表板和上车踏步仿真分析进行介绍。

1.仪表板总成分析

　　仪表板总成是汽车中非常独特的部件，集安全性、功能性与舒适性于一身。因此要保证所有功能件在高速和振动的状态下能正常工作，仪表板要具备一定的刚度和强度。分析工况包括模态、刚度和强度，用以考核仪表板本身的刚度、强度及与车身连接点的刚度等。

　　仪表板本体以塑料材质为主(PP\ABS\EPDM等)，内部骨架为金属管梁，本体与金属管梁之间以卡扣连接为主(图4-35)。有限元前处理以壳单元网格为主，内部的电器附件等采用集中质量点Conm2进行模拟，最后与部分白车身模型装在一起，对车身断面进行全约束，如图4-36所示。

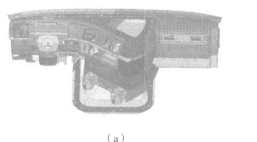 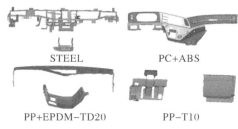

(a) (b)

图 4-35 仪表板模型

(a)整体模型；(b)分解示意图

模态分析以 50 Hz 以内的约束模态为主,应避免整体或较大面积局部模态与发动机怠速和车轮等外部激励重叠。为避免共振或者发生异响,设计时应减少低阶频率的局部模态。

刚度分析工况施加 1.3g 重力场,考察板件变形量,如图 4-37 所示；强度分析采用频率响应分析,在白车身断面节点上分别在 X、Y、Z 三方向施加 1g 扫频激励,计算 0~50 Hz 范围内不同频率下对应各部件的应力,如图 4-38 所示。要求 30 Hz 频率范围内的结构应力小于材料的屈服极限(金属)或抗拉极限的 50%(塑料)。

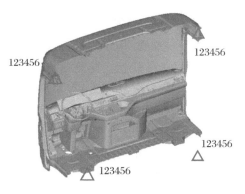

图 4-36 仪表板分析模型

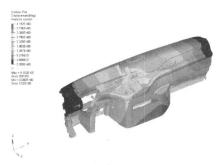

图 4-37 仪表台位移云图

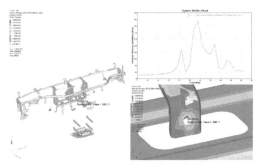

图 4-38 仪表板应力云图

2. 上车踏步分析

对集成在车身上的踏步,分析时截取部分车身作为边界,如图 4-39 所示的边界线 S,对边界线上的节点(XZ 平面内)进行全约束。对于踏步安装在车架上的,需要截取部分车架进行分析,车架截断面全约束。

上车踏步分析工况分为标准和极限两种,载荷施加区域为踏板中心直径为 63.5 mm 的圆,模拟驾乘人员踩踏范围,如图 4-40 所示。

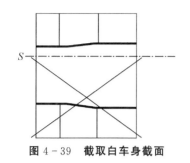
图 4-39 截取白车身截面

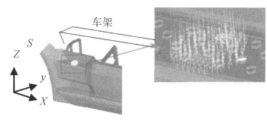
图 4-40 上车踏步加载区域

标准工况是常规踩踏情况,在踏步 Y 向施加 464 N 的力,Z 向施加载荷 1 500 N,如图 4-41 所示。

极限工况是非常规踩踏情况,分两种:第一种是 Y 向极限工况,要求在 Y 向施加 1 140 N 的力;第二种是 Z 向极限工况,在 Z 向施加载荷 2 050 N 的力。

要求标准工况各部件应力要求小于材料的屈服极限;极限工况部件的最大应力小于抗拉极限,塑性应变小于 1%,同时关注踏步在 Y 向和 Z 向的变形量。图 4-42 所示为某上车踏步标准工况下的应力结果,金属踏板的最大应力为 126.8 MPa,应力结果小于材料的屈服极限,满足设计要求。

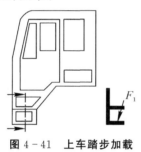
图 4-41 上车踏步加载

图 4-42 踏步(标准工况)应力云图

参考文献

[1] 哈尔滨工业大学理论力学教研室.理论力学[M].北京:高等教育出版社,1997.
[2] 林程,王文伟,陈潇凯.汽车车身结构与设计[M].北京:机械工业出版社,1997.
[3] 邱国华.汽车内外饰设计[M].北京:机械工业出版社,2018.
[4] 陈传尧.疲劳与断裂[M].武汉:华中科技大学出版社,2011.
[5] 欧贺国,方献军,洪清泉.RADIOSS 理论基础与工程应用[M].北京:机械工业出版社,2013.

第5章 碰撞安全分析

汽车安全性是指车辆在行驶中避免事故、保障驾乘人员和行人安全的性能，一般分为主动安全性、被动安全性、事故后安全性和生态安全性。

主动安全性是指通过主动安全系统避免汽车发生意外事故的能力，目的是减少车辆操控偏差，提高汽车行驶的稳定性和安全性，如常见的防抱死系统（ABS）、车身电子稳定系统（ESP）、牵引力控制系统（TCS）等都属于主动安全控制的范畴。被动安全性是指汽车在无法避免碰撞事故的情况下，依靠车辆本身的结构对人员进行有效保护的能力。商用车被动安全系统主要有驾驶室吸能结构、安全带、安全气囊和前下防护、后防护、侧防护等，前者主要用于释放和转移碰撞能量，减少对驾乘人员的碰撞损伤，后者主要用于减少车辆对其他道路使用者的侵入程度，避免由于吸入或卷入车下造成的巨大损失。汽车被动安全性总是与广义的汽车碰撞联系在一起，故又称为"汽车碰撞安全性"。

由于商用车自身结构和市场适应性，商用车在主动安全方面的配置一般没有乘用车高，现阶段对商用车的安全性研究主要以碰撞安全性为主，世界主要汽车生产国都依据国情制定了相应的商用车碰撞安全试验法规。本章基于碰撞安全试验法规，介绍碰撞仿真基本理论及仿真分析技术在汽车碰撞安全开发中的应用。

5.1 汽车碰撞仿真基本理论

汽车碰撞是一个瞬态的复杂物理过程，它包含以大位移、大转动和大应变为特征的几何非线性，以材料弹塑性变形为典型特征的材料非线性和以接触摩擦为特征的边界非线性。由于这些非线性物理现象的综合作用，所以对汽车碰撞过程的精确描述和求解变得十分困难。描述汽车碰撞过程的众多变量不仅是空间坐标变量的复杂函数，同时也是时间变量的复杂函数。

汽车碰撞过程仿真一般都是基于有限元方法的空间域离散技术和基于有限差分法的时间域离散技术。时间域的离散可以用不同形式的有限差分法，如中心差分法或牛曼法。采用中心差分法，可通过将质量矩阵对角化而避免求解联立方程组，实现所谓的显式仿真算法。显式仿真算法的特点是不用求解联立方程组，因而不存在存储稳定性问题，占内存空间小,且单项求解速度快,无收敛问题;但显式仿真算法存在数值稳定性问题,即仿真时间步长不能超过其临界值。汽车碰撞过程具有很强的非线性特征,且是一个瞬态过程,其物理本质决定了仿真只能采用足够小的时间步长,否则就会带来收敛性问题或过大的计算误差。显式算法比隐式算法所需的计算量要小得多,因此显式算法在工程计算中被广泛使用。

接触问题的处理是汽车碰撞模拟中的难点,在碰撞过程中,接触边界条件是不断变化的,因此在计算中必须不断地对接触条件进行搜索和判断,计算接触力的基本方法中,罚函数法简单易行且与显式数值解法完全相容,在碰撞模拟中得到广泛应用。

本节主要对汽车碰撞仿真涉及的动态非线性有限元法、显式中心差分法和接触算法理论进行简要介绍。

5.1.1 动态大变形非线性有限元法

1. 物体的构形描述

从物体的变形角度讲,变形过程实际上是从一种形态变换到另一种形态的过程。

物体是由质点组成的,物体的形状可以用质点的相对位置来表征。图 5-1 为某一物体运动示意图,在固定直角坐标系中,设该物体在 $t=0$ 时刻的初始构形为 B_0,经过任意时刻 t 后,其形状为 b。设 B_0 中任意质点 a 坐标为 $X_a(a=1,2,3)$,在时刻 t,该质点的坐标为 $x_i(i=1,2,3)$。在连续介质力学中,假设物体及其变形和运动都是连续的,它表明 B_0 中每一质点 X_a 与且仅与 b 中一个质点 x_i 对应,因此质点间位置的改变引起物体形状的改变。将 $X_a(a=1,2,3)$ 和时间 t 作为独立变量来描述质点的运动状态,称为物质描述,又称拉格朗日描述,变量 X_a 和时间 t 称为拉格朗日参数。质点 x_i、初始位置坐标 X_a 与时间 t 之间的函数关系为

$$x_i = x_i(X_a, t), \quad i=1,2,3 \tag{5-1}$$

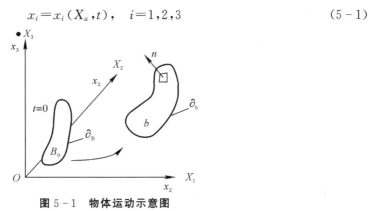

图 5-1 物体运动示意图

2. 动态显式解法基础

汽车碰撞属于高速碰撞,拉格朗日(Lagrange)法是目前描述固体-固体碰撞行为最为成熟便捷的方法,采用 Lagrange 法描述的有限元法可以处理高速碰撞过程中复杂的边界条件和材料本构关系。LS-DYNA 软件的主要算法是拉格朗日描述增量法。

根据拉格朗日物质描述方法,物体的变形可由式(5-1)表示。在 $t=0$ 时刻,求得初始

条件为

$$x_i(X_a,0)=X_a \quad (5-2)$$

$$\dot{x}_i(X_a,0)=V_i(X_a) \quad (5-3)$$

式中：$V_i(X_a)$ 为质点的初始速度（m/s）。

(1) 质量守恒方程

$$\rho = J\rho_0 \quad (5-4)$$

式中：ρ 为当前状态下的质量密度（kg/m³）；ρ_0 为初始状态下的质量密度（kg/m³）；J 为密度变化系数，即 Jacobi 矩阵 $F_{ij}=\dfrac{\partial x_i}{\partial x_j}$ 的行列式值。

(2) 动量守恒方程

$$\frac{\partial \sigma_{ij}}{\partial x_j}+\rho f_i = \rho\ddot{x}_i \quad (5-5)$$

式中：σ_{ij} 为柯西应力（Pa）；f_i 为单位质量体积力（kN/m³）；$\ddot{x}_i$——质点加速度（m/s²）。

(3) 能量守恒方程

$$\dot{E}=VS_{ij}\dot{\varepsilon}_{ij}-(p+q)V \quad (5-6)$$

$$S_{ij}=\sigma_{ij}+(p+q)\delta_{ij} \quad (5-7)$$

$$p=-\frac{1}{3}\sigma_{ij}\delta_{ij}-q \quad (5-8)$$

式中：$\dot{E}$ 为当前构形的能量；V 为当前构形的体积（m³）；$\dot{\varepsilon}_{ij}$ 为应变率张量；q 为体积黏性阻力（Pa）；S_{ij} 为应力偏量；δ_{ij} 为 Kronecker 系数（如果 $i=j$，$\delta_{ij}=1$；否则 $\delta_{ij}=0$）；p 为压力。

(4) 边界条件。如图 5-2 所示，在 S^1 面上的边界条件为

$$\sigma_{ij}n_j=t_i(t) \quad (5-9)$$

式中：$n_j(j=1,2,3)$ 为当前构形边界 S^1 外法线方向余弦；$t_i(i=1,2,3)$ 为面力载荷。

在 S^2 面边界上的位移条件为

$$X_i(X_i,t)=K_i(t) \quad (5-10)$$

式中：$K_i(t)$ 为给定的位移函数，$i=1,2,3$。

当 $x_i^+=x_i^-$，接触时沿接触边界 S^0 上的接触内边界条件为

$$(\sigma_{ij}^+-\sigma_{ij}^-)\times n_j=0 \quad (5-11)$$

由上述各方程式及边界条件可得伽辽金法弱式平衡方程为

$$\int_V \rho\ddot{x}_i-\sigma_{ij,j}-\rho f_i)\delta x_i \mathrm{d}V+\int_{s^0}(\sigma_{ij}^+-\sigma_{ij}^-)\times n_j\delta x_i \mathrm{d}S+\int_{s^1}(\sigma_{ij}n_j-t_i)\delta x_i \mathrm{d}S=0 \quad (5-12)$$

其中，δx_i 在 S^2 边界上满足所有位移边界条件。应用散度定理有

$$\int_V(\sigma_{ij}\delta_i)_{,j}\mathrm{d}V=\int_{s^0}(\sigma_{ij}^+-\sigma_{ij}^-)n_j\delta x_i \mathrm{d}S+\int_{s^1}\sigma_{ij}n_j\delta x_i \mathrm{d}S \quad (5-13)$$

并注意到分部积分：

$$(\sigma_{ij}\delta_i)_{,j}=\sigma_{ij,j}\delta x_i+\sigma_{ij}\delta x_{i,j} \quad (5-14)$$

于是，伽辽金法弱式平衡方程可改写成

$$\delta \pi = \int_V \rho \ddot{x}_i \delta x_i \mathrm{d}V + \int_V \sigma_{ij} \delta x_{i,j} \mathrm{d}V - \int_V \rho f_i \delta x_i \mathrm{d}V + \int_{s^1} t_i \delta x_i \mathrm{d}S = 0 \quad (5-15)$$

该方程为虚功原理的变分算法,其物理意义是:作用在车辆上的外力和内力的虚功之和为零。

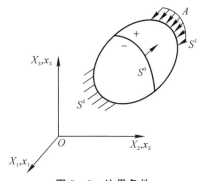

图 5-2　边界条件

3. 空间有限元离散

有限元法的基本思想是分块近似,进行有限元计算,首先是要采用适当的单元对物体进行空间离散,从几何形状来分,离散单元有实体单元、壳单元等。假设将具有内部节点相连的有限元网格体系加到一个参考的环境中,单元内任意点的坐标用节点坐标插值表示为

$$x_i(\xi, \eta, \zeta) = \sum_{j=1}^{m} \phi_j(\xi, \eta, \zeta) x_i^j(t), \quad i = 1, 2, 3 \quad (5-16)$$

式中:ϕ_j 为参考坐标系 (ξ, η, ζ) 下的形函数;m 为单元节点数;x_i^j 为第 j 个节点沿 i 方向的节点坐标。

式(5-16)用矩阵形式表示为:

$$\boldsymbol{x}(\xi, \eta, \zeta, t) = \boldsymbol{N} \boldsymbol{x}^e \quad (5-17)$$

式中:N 为插值矩阵。

单元内任意点坐标矢量

$$\boldsymbol{x}(\xi, \eta, \zeta, t) = [x_1, x_2, x_3]^{\mathrm{T}} \quad (5-18)$$

单元节点坐标矢量

$$\boldsymbol{x}^e = \begin{bmatrix} x_1^1 & x_2^1 & x_3^1 & \cdots & x_1^k & x_2^k & x_3^k \end{bmatrix}^{\mathrm{T}} \quad (5-19)$$

式中:k 为单元的节点数目。

对于 n 个单元,将式(5-17)代入式(5-15)得到矩阵形式的表达式为

$$\sum_{m=1}^{n} \delta \pi = \sum_{m=1}^{n} \delta \boldsymbol{x}^{e\mathrm{T}} \left[\int_{V_m} \rho \boldsymbol{N}^{\mathrm{T}} \ddot{\boldsymbol{x}}^e \mathrm{d}V + \int_{V_m} B^{\mathrm{T}} \sigma \mathrm{d}V - \int_{V_m} \rho \boldsymbol{N}^{\mathrm{T}} \boldsymbol{f} \mathrm{d}V - \int_{S_m^1} \boldsymbol{N}^{\mathrm{T}} \boldsymbol{t} \mathrm{d}S \right] = 0 \quad (5-20)$$

式中:$\boldsymbol{\sigma}$ 为柯西应力矢量,$\boldsymbol{\sigma}^{\mathrm{T}} = \begin{bmatrix} \sigma_x & \sigma_y & \sigma_z & \sigma_{xy} & \sigma_{yz} & \sigma_{zx} \end{bmatrix}$;$\boldsymbol{B}$ 为应变矩阵;$\boldsymbol{f}$ 为体积载荷矢量,$\boldsymbol{f}^{\mathrm{T}} = \begin{bmatrix} f_1 & f_2 & f_3 \end{bmatrix}$;$\boldsymbol{t}$ 面力载荷矢量,$\boldsymbol{t}^{\mathrm{T}} = \begin{bmatrix} t_1 & t_2 & t_3 \end{bmatrix}$。

在一般的显式算法中,单元的质量矩阵 $m = \int_{V_m} \rho \boldsymbol{N}^{\mathrm{T}} \boldsymbol{N} \mathrm{d}V$ 的同一行矩阵元素都合并到对角元素项形成集中质量矩阵。

经单元计算并组集后,式(5-20)可写成:

$$\delta \mathbf{x}^{\mathrm{T}} [\mathbf{M}\ddot{\mathbf{x}}(t) - \mathbf{P}(x,t) + \mathbf{F}(x,\dot{x})] = 0 \quad (5-21)$$

$$F = \sum_{m=1}^{n} \int_{V_m} \mathbf{B}^{\mathrm{T}} \sigma \mathrm{d}V \quad (5-22)$$

式中：M 为总体质量矩阵；$\ddot{x}(t)$ 为总体节点加速度矢量；P 为总体载荷矢量，由节点载荷、面力、体力组成；F 由单元应力场的等效节点力矢量组集而成。

5.1.2 时间积分和时间步长控制

显式时间积分用于求解非线性动力学问题，适用于汽车碰撞问题的求解。LS-DYNA 显式时间积分使用的是中心差分法。

运动方程式为

$$\mathbf{M}\ddot{\mathbf{x}}(t) = \mathbf{P}(x,t) - \mathbf{F}(x,\dot{x}) \quad (5-23)$$

为避免在计算中引起沙漏模式，采用沙漏黏性控制方法，将每个单元节点的沙漏黏性阻尼力组集成总体结构沙漏黏性阻尼力 H，同时考虑非线性运动方程的阻尼影响，运动方程为

$$\mathbf{M}\ddot{\mathbf{x}}(t) = \mathbf{P}(x,t) - \mathbf{F}(x,\dot{x}) + \mathbf{H} - \mathbf{C}\dot{x} \quad (5-24)$$

将运动方程用中心差分法积分，在 t_n 时刻，积分算式为

$$\ddot{\mathbf{x}}(t_n) = \mathbf{M}^{-1}[\mathbf{P}(t_n) - \mathbf{F}(t_n) + \mathbf{H}(t_n) - \mathbf{C}\dot{x}(t_{n-\frac{1}{2}})] \quad (5-25)$$

$$\dot{\mathbf{x}}(t_{n+\frac{1}{2}}) = \dot{\mathbf{x}}(t_{n-\frac{1}{2}}) + \frac{1}{2}(\Delta t_{n-1} + \Delta t_n)\ddot{\mathbf{x}}(t_n) \quad (5-26)$$

$$\mathbf{x}(t_{n+1}) = \mathbf{x}(t_n) + \Delta t_n \dot{\mathbf{x}}(t_{n+\frac{1}{2}}) \quad (5-27)$$

式中：

$$t_{n-\frac{1}{2}} = \frac{1}{2}(t_n + t_{n-1}) \quad (5-28)$$

$$t_{n+\frac{1}{2}} = \frac{1}{2}(t_{n+1} + t_n) \quad (5-29)$$

$$\Delta t_{n-1} = t_n - t_{n-1} \quad (5-30)$$

$$\Delta t_n = t_{n+1} - t_n \quad (5-31)$$

$\ddot{x}(t_n)$、$\dot{x}(t_{n+\frac{1}{2}})$、$x(t_{n+1})$ 分别是 t_n 时刻节点加速度矢量、$t_{n+\frac{1}{2}}$ 时刻节点速度矢量和 t_{n+1} 时刻节点坐标矢量。

求得位移矢量后，加上初始构形，便得到现时构形：

$$\{u(t_{n+1})\} = \{x_0\} + \{x(t_{n+1})\} \quad (5-32)$$

在 LS-DYNA 程序中采用变时间步长增量解法，每一时刻的时间步长由当前构形的稳定性条件来控制。算法先计算每一个单元的极限时间步长 $\Delta t_{e_i}(i=1,2,3,\cdots)$（极限时间步长是显式中心差分法允许的最大时间步长），时间步长 Δt 取这些临界时间步长的最小值，即

$$\Delta t = \min(\Delta t_{e_1}, \Delta t_{e_2}, \Delta t_{e_3}, \cdots, \Delta t_{e_m}) \quad (5-33)$$

式中：Δt_{e_i} 为第 i 个单元的极限时间步长；m 为单元数。

单元极限步长 Δt_e 计算式为

$$\Delta t_e = a \frac{l}{c} \tag{5-34}$$

式中：a 为时步因子，缺省值为 0.9；l 为单元特征长度；c 为材料声速，即声波在材料中的传播速度。

c 与 l 则取决于单元类型，不同单元类型的计算方法如下：

1）壳单元：

$$l = \frac{A}{\max(L_1, L_2, L_3, L_4)} \text{（四边形单元）} \tag{5-35}$$

$$l = \frac{2A}{\max(L_1, L_2, L_3)} \text{（三角形单元）} \tag{5-36}$$

$$c = \sqrt{\frac{E}{\rho(1-v^2)}} \tag{5-37}$$

式中：A 为为单元面积；E 为材料弹性模量；ρ 为材料密度；v 为泊松比。

2）体单元：

8 节点实体单元

$$l = V/A_{\max} \tag{5-38}$$

$$c = \sqrt{\frac{E(1-\mu)}{(1+\mu)(1-\mu)\rho}} \tag{5-39}$$

式中：V 为单元体积；$A_{\max}$ 为单元最大一侧的面积；μ 为材料泊松比。

4 节点实体单元

$$l = 最小高度 \tag{5-40}$$

5.1.3 接触-碰撞界面算法

接触-碰撞计算是结构非线性动力分析中的重点和难点，当将接触应用于汽车碰撞分析时，计算变得更复杂。因为在汽车碰撞过程中，接触边界条件处于动态变化中，接触面之间的相互作用也更复杂，存在不确定的接触类型，如部件与部件的接触、部件自身的单面接触、易变形部件与刚硬物体的接触等，而且在接触过程中还可能出现穿透、滑移和分离等情况。

接触-碰撞分析方法很多，目前最常用的有罚函数法、Lagrange 乘子法和增广 Lagrange 法。汽车碰撞分析软件 LS-DYNA 在处理接触碰撞问题时主要采用对称罚函数法，本节只对对称罚函数法进行介绍。

不同结构相互接触的两个表面分别称为主表面和从表面，主表面和从表面上的单元节点分别称为主节点和从节点。对称罚函数法的原理是每一时间步先检查各从节点是否穿透主表面，如果穿透就必须在该从节点与被穿透主表面之间引入一个较大的界面接触力，其大小与穿透深度 δ、接触刚度 K 成正比，这个力称为罚函数值。

罚函数的物理意义：在从节点和被穿透主表面之间放置一个法向弹簧，以限制从节点对主表面的穿透。罚函数的值受到稳定性限制，若在计算中发生明显穿透，可以通过放大罚函数值或缩小时间步长来进行调节。

接触力计算公式为

$$F = K\delta \tag{5-41}$$

式中：K 为接触刚度，与单元类型相关；δ 为穿透量。

实体单元接触刚度公式为

$$K = \frac{f \times \text{表面积}^2 \times k}{\text{体积}} \tag{5-42}$$

壳单元接触刚度公式为

$$K = \frac{f \times \text{面积}^2 \times k}{\text{最小对角线}} \tag{5-43}$$

式中：f 为罚因子，缺省值为 0.1；k 为接触单元的弹性模量；面积为接触片的面积（m^2）。

5.2 商用车驾驶室乘员保护法规试验及仿真

为提高商用车的安全性，欧美各发达国家先后制定和实施了相应的法律和技术法规。欧洲在 20 世纪 90 年代开展了大量研究工作，并制定了《商用车驾驶室防护》（ECE-R29-01 版），2002 年升级为 ECE-R29-02 版，该法规包含驾驶室正面撞击试验、顶部强度试验及后围强度试验三项试验内容，2010 年升级为 ECE-R29-03 版，ECE-R29-03 版按商用车类型和总质量不同区分撞击能量，提高了中重型商用车的撞击能量，同时增加正面 A 柱撞击试验，并在顶部强度试验中增加 20°侧摆锤撞击试验，对驾驶室的安全性提出了更高的要求；瑞典于 2003 年实施商用车碰撞安全法规 VVFS2003:29，法规试验包括驾驶室顶部静载、前部碰撞和后围撞击试验，顶部静载试验载荷为 147 kN，比 ECE-R29 增加 49 kN；在前部碰撞试验中不对驾驶室正前部进行碰撞，而对 A 柱进行 15°的摆锤撞击，撞击能量为 29.4 kJ，模拟车辆发生侧翻撞击到圆柱形物体时，A 柱抵抗变形的能力；后围强度采用摆锤撞击动态试验，撞击能量为 29.4 kJ，比 ECE-R29 更加严苛。美国法规 SAE J2420 包括前部撞击试验、侧面摆锤 20°撞击试验和顶盖准静态试验，无后围强度试验。SAE J2420 前部正面撞击试验与 ECE-R29-02 版的要求和方法相同，侧摆锤 20°撞击试验和顶部静载荷试验使用同一个驾驶室，与 ECE-R29-03 版顶部强度试验相同。

我国于 2011 年 5 月 12 日发布了《商用车驾驶室乘员保护》（GB 26512—2011）法规，该法规与 ECE-R29-02 版要求和方法相同，包含正面撞击试验、顶部强度试验和后围强度试验。2018 年 2 月 26 日我国交通运输部发布了《运营货车安全技术条件第 1 部分：载货汽车》（JT/T 1178.1—2018）标准，该标准涵盖了 ECE-R29-03 法规中的三项试验要求，并保留 ECE-R29-02 版本中的后围挤压试验。欧标中顶盖强度和后围强度试验为选做项目，我国法规要求后围强度试验为必做项目。2021 年我国将该标准升级为 GB 26512—2021 版，主要修改了正面撞击试验的试验能量，增加了 A 柱撞击试验，对于总质量超过 7 500 kg 的 N2 类车辆，增加了动态预加载试验-驾驶室侧面摆锤 20°撞击试验。

各国碰撞试验法规对比见表 5-1。本节基于我国现行法规《运营货车安全技术条件第 1 部分：载货汽车》（JT/T 1178.1—2018），对试验内容进行解读，并对仿真方法进行介绍。

第5章 碰撞安全分析

表 5-1 各国法规试验要求对比

	欧洲 ECE R29-02	欧洲 ECE R29-03	瑞典 VVFS2003:29	美国 SAE J2420/22	中国 GB26512—2021	中国 JT/T 1178.1—2018
试验项目	正面、顶部、后围三项试验或正面和顶部试验	N_1 和总质量≤7.5 t 的 N_2 车型选择正面、顶部试验;总质量>7 t 的 N_2 和 N_3 车型选正面、A柱、顶部试验	进行 A柱、顶部、后围三项试验	进行正面、侧面、顶部三项试验	N_1 和总质量≤7.5 t 的 N_2 车型选择正面、顶部试验;总质量>7 t 的 N_2 和 N_3 车型选正面、A柱、顶部和后围试验	N_1 和总质量≤7.5 t 的 N_2 车型选择正面、顶部、后围试验;总质量>7 t 的 N_2 和 N_3 车型选正面和后围试验
驾驶室数量	1个、2个或3个	同 ECE R29-02	用同一个驾驶室完成三项试验	侧面和顶部用同一个驾驶室	可选择1个、2个、3个或4个	可选择1~4个驾驶室(侧拍与顶压同一个驾驶室)
试验前状态	驾驶室必须装有转向机构、转向盘、仪表板和座椅,正面试验还需装有发动机或同等质量尺寸的模型	同 ECE R29-02	变速箱和仪表板可以不用安装	—	驾驶室必须装有转向机构,转向盘、仪表板,驾驶员座椅和乘客座椅,转向盘和座椅应调整至正常使用位置	同 ECE R29-02
驾驶室固定	驾驶室,驾驶室必须安装在车辆上,顶部、后围试验,可安装在车辆上或是独立结构上	正面试验,驾驶室必须安装在车辆上;A柱、顶部试验,可安装在车辆上或是独立结构上	驾驶室安装在有两轴的底盘上或是轴距为 4.5 m 的底盘构架上	驾驶室安装在车架上或者能放置驾驶室的模拟底盘上	同 ECE R29-03	同 ECE R29-03
正面碰撞试验	总质量≤7 t 车型撞击能量为 29.4 kJ;总质量>7 t 的 N_2 车型能量为 44.1 kJ;摆锤撞击能量为 55 kJ;摆锤质量≥1 500 kg	N_1 和总质量≤7.5 t 的 N_2 车型撞击能量为 29.4 kJ;总质量>7.5 t 的 N_2 和 N_3 车型撞击能量为 55 kJ;摆锤质量为 (1 500±250) kg		撞击能量为 44.1 kJ;摆锤质量为 2 268~6 803.9 kg	同 ECE R29-03	同 ECE R29-03

续表

	欧洲 ECE R29-02	欧洲 ECE R29-03	瑞典 VVFS2003:29	美国 SAE J2420/22	中国 GB26512—2021	中国 JT/T 1178.1—2018
A柱撞击试验	—	N_1 和总质量≤7.5 t 的 N_2 车型不要求做此试验;总质量>7.5 t 的 N_2 和 N_3 车型撞击能量为 29.4 kJ;摆锤质量≥1 000 kg	撞击能量为 29.4 kJ;摆锤质量为 1 000~1 500 kg	—	同 ECE R29-03	同 ECE R29-03
摆锤20°撞击顶盖试验	—	N_1 和总质量≤7.5 t 的 N_2 车型不要求此试验;总质量>7.5 t 的 N_2 和 N_3 车型撞击能量不小于 17.6 kJ 摆锤尺寸覆盖整个侧面,质量≥1 500 kg	—	—	同 ECE R29-03	同 ECE R29-03
顶盖加载试验	加载前轴最大轴荷的静压力不超过 98 kN	同 ECE R29-02	静载荷加载力为 147 kN	同 ECE R29-02	同 ECE R29-02	同 ECE R29-02
后围强度试验	按照车辆最大允许装载质量每吨加载 1.96 kN 静载荷	—	撞击能量为 29.4 kJ;摆锤质量为 1 000~1 500 kg	—	同 ECE R29-02	同 ECE R29-02

注:N_1、N_2、N_3 为车型分类,分类见表 5-2。

5.2.1 JT/T 1178.1—2018 法规解读

1. 正面撞击试验(试验 A)

正面撞击试验是模拟商用车发生正面追尾碰撞时车辆对驾乘人员的保护性能,考察驾驶室结构强度及驾驶室与车架连接装置的强度。

图 5-3 为正面撞击试验,试验要求驾驶室必须安装在车辆上,在驾驶室的正前部放置一摆锤,摆锤为刚性结构且质量分布均匀。摆锤为平整长方体结构,质量为$(1\,500\pm250)$ kg,宽度$\geqslant 2\,500$ mm,高度$\geqslant 800$ mm。摆锤与两根距离不小于 1 000 mm 梁的一端刚性连接,摆锤和梁可以绕着梁的悬吊轴自由转动,梁的悬吊轴到摆锤的几何中心距离不小于 3 500 mm,摆锤的重心低于驾驶员座"R"点50_0^{+5} mm(R 点说明见 5.5.2 节)。撞击方向从车辆前端往后水平方向且平行于车辆的纵向中心平面。对于 N_1 类和最大设计总质量不大于 7500 kg 的 N_2 类车辆(机动车辆分类见表 5-2),撞击能量为 29.4 kJ,N_3 类和最大设计总质量大于 7 500 kg 的 N_2 类车辆,撞击能量为 55 kJ。

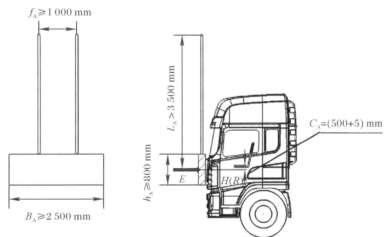

图 5-3 正面撞击试验(试验 A)

表 5-2 机动车辆分类

汽车类型			乘客座位数	厂定汽车最大总质量/t	说明
M 类	至少有 4 个车轮并且用于载客的机动车辆	M1 类	$\leqslant 9$	—	包括驾驶员座位在内,座位数不超过 9 座的载客车辆
		M2 类	$\leqslant 9$	$\leqslant 5.0$	包括驾驶员座位在内,座位数不超过 9 个,且最大设计总质量不超过 5.0 t 的载客车辆
		M3 类	> 9	> 5.0	包括驾驶员座位在内,座位数超过 9 个,且最大设计总质量超过 5.0 t 的载客车辆

续表

汽车类型		乘客座位数	厂定汽车最大总质量/t	说明
N类 至少有4个车轮并且用于载货的机动车辆	N1类	—	≤3.5	最大设计总质量不超过3.5 t的载货车辆
	N2类	—	>3.5~12	最大设计总质量超过3.5 t,但不超过12 t的载货车辆
	N3类	—	>12	最大设计总质量超过12 t的载货车辆

在撞击试验中要求车门不能开启,固定部件允许变形和损坏。在撞击试验后,保证驾驶室与车辆之间的有效连接,用标准规定的假人模型检验驾驶室生存空间,即驾驶室内部金属及注塑等硬质部件所产生的变形量不能对乘员乘坐的位置造成挤压伤害,且车门能够开启,不能阻断乘员逃生通道。评价标准同样适用于其余三项试验。

2. 正面A柱碰撞试验(试验B)

该项试验模拟了商用车发生侧翻时A柱受到圆柱物撞击,可考察碰撞产生的冲击能量对驾驶室前部结构强度尤其是A柱区域的影响,检查车身变形是否满足乘员生存空间要求。

试验装置同正面撞击试验类似,摆锤为圆柱形,质量不小于1 000 kg,直径为(600±50)mm,长度至少为2 500 mm,梁的悬吊轴到摆锤的几何中心距离不小于3 500 mm,摆锤需完全覆盖两个A柱,摆锤重心位于挡风玻璃上下沿的中间,沿车辆水平方向且平行于车辆的纵向中心平面撞击A柱,撞击能量为29.4 kJ,如图5-4所示。

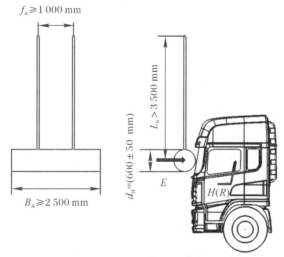

图5-4 正面A柱撞击试验

3. 顶部强度试验(试验C)

顶部强度试验模拟了车辆发生180°翻车,可考察驾驶室侧部和顶部结构强度,以保证驾乘人员生存空间。该试验分成两次,先后对同一驾驶室进行试验,包括摆锤20°撞击试验和顶部静载荷加载试验。

试验要求驾驶室必须安装在车辆上,侧摆锤由一个质量不小于1 500 kg的刚性平板(尺寸足以覆盖整车驾驶室侧上表面,与驾驶室纵向平面呈20°)撞击驾驶室侧面上部,撞击能量为17.6 kJ,侧摆锤位置见图5-5中的P_1。顶压板为长方体或正方体的刚性部件均匀地施加在驾驶室顶部结构的支撑件上,加载载荷为前轴最大轴荷,不超过98 kN,顶压板位置见图5-5中的P_2。

4. 后围强度试验(试验D)

该项试验是模拟车辆在被重型车追尾碰撞时,货箱及货物变形前移对驾驶室后部的冲击,用于校验驾驶室后部强度。

试验通过置于驾驶室后方不小于整个后围的刚性壁障,施加在驾驶室后围上。刚性壁障垂直于车辆的纵向中心轴线,且平行于中心轴线移动,如图5-6所示。根据车辆最大允许装载质量确定加载力,装载质量每吨对应1.96 kN静载荷。

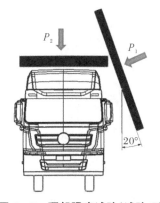

图5-5 顶部强度试验(试验C)

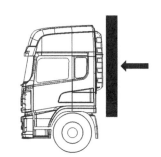

图5-6 后围强度试验(试验D)

5.2.2 假人说明

商用车碰撞试验后进行驾驶室生存空间检查,按照《营运货车安全技术条件 第1部分:载货汽车》(JT/T1178.1—2018)要求使用50% HybridⅡ或者50% HybridⅢ假人,人体模型如图5-7所示,相关尺寸见表5-3。

美国FTSS公司开发的HybridⅢ系列假人是目前世界上应用最为广泛的假人家族。百分位是指根据一个地区的人体统计数据会有百分之多少的人小于假人。按人的体态特征可分为男性假人、女性假人和儿童假人等。成人假人(HybridⅢ)按百分位可分为50%、95%和5%三种。50%假人代表身高1.77 m和体重86 kg的中等身材;95%假人代表身高1.88 m和体重108 kg的大型身材;5%假人代表身高1.48 m和体重56 kg的矮小身材。

各地区各国家50%成年男子身高体重都不一样,因此汽车生产厂家都遵循"上限包容原则",即按95%人体身高上限设计车内容积,但相关机构必须可调节,兼顾下限人群,如方向盘的倾角、座椅的高低、滑槽的前后都是为了满足驾乘者不同需求而设置的。

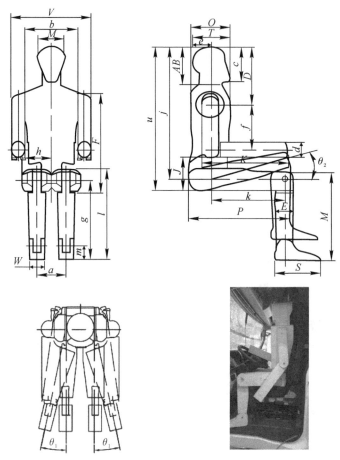

图 5-7 检验生存空间 50 百分位人体模型尺寸图及实物

假人 H 点为大腿与躯干相连的旋转点(即胯点)。由于不同百分位假人在整车乘坐位置不同,相应 H 点对应坐标也不同。R 点为乘坐基准点,是车辆制造厂为每一个乘坐位置规定的设计点,也是车辆内部空间及内部设置的主要设计基准之一。R 点的位置是相对于车辆三维坐标系来确定的。把 95% 男性假人放上去,视野和靠背角各方面均符合法规人机要求,此时假人的胯点就可定为 R 点。

碰撞试验后,调整座椅位置,将假人放入驾驶室后再进行组装,将座椅移至中间位置,使用 3-DH 假人对座椅的 R 点进行测量标记,调整 50% 假人 H 点与座椅 R 点重合用以评价生存空间。商用车使用的假人为塑料材质,质量不超过 5 kg。

表 5-3 50% Hybrid Ⅲ 假人模型各部位尺寸

符号	含义	尺寸	符号	含义	尺寸
AA	头宽/mm	153	a	胯骨宽/mm	172
AB	头和颈的总高/mm	244	b	胸宽/mm	305
D	头顶至肩关节的距离/mm	359	c	头顶至颌的高度/mm	221

续表

符号	含义	尺寸	符号	含义	尺寸
E	下腿侧面宽度/mm	106	d	前臂厚度/mm	94
F	臀至肩顶的距离/mm	620	e	躯干垂直中心线至头后部的距离/mm	102
J	肘靠高度/mm	210	f	肩关节至肘关节的距离/mm	283
M	膝高/mm	546	g	膝关节至地面高度/mm	505
O	胸厚/mm	230	h	大腿宽 mm	165
P	臀背至膝的距离/mm	595	i	大腿上表面高度/mm	565
R	肘至指尖的距离/mm	490	j	头顶至 H 点距离/mm	819
S	足长/mm	266	k	大腿关节至膝关节的距离/mm	426
T	头长/mm	211	m	踝关节至地面高度/mm	89
U	臀至头顶的高度/mm	900	θ_1	腿部侧向倾角/(°)	20
V	肩宽(mm)	453	θ_2	腿部向上倾角(°)	45
W	足宽/mm	77			

5.2.3 驾驶室乘员保护仿真分析

通过汽车碰撞试验,可以获得宝贵的汽车安全性设计经验,但试验过程复杂,而且需要花费大量的人力、财力和时间,延长了开发周期。因此计算机仿真技术与试验研究相结合已成为当前汽车安全性研究的主趋势。汽车碰撞有限元数值仿真的运算代价较低、设计周期短,可以得到在实车碰撞试验中的所有信息,如结构各处的应力分布、内部结构变形、碰撞能量分布等,这些信息为车辆设计改进或后续新车型开发提供了经验数据,碰撞仿真分析被广泛应用,且已成为碰撞法规试验的有效补充。

1. 模型输入要求

(1) 白车身及内外饰、转向系统、白车门、玻璃、驾驶室悬置、车架及动力总成模型。要求模型关系清楚,不允许有穿透。

(2) 所有零部件质量和质心信息,驾驶室总成的质量和质心参数。

(3) 材料的性能参数,包括弹性模量、泊松比、密度、屈服极限、强度极限、剪切模量、断裂延伸率,不同应变率的材料应力应变曲线,弹性及阻尼元件的材料力学特性曲线。

(4) 车身连接焊点、缝焊及黏胶几何模型。

2. 碰撞仿真模型建立

根据几何模型建立有限元网格,赋予各个部件相应的材料属性,根据实际的焊接、胶黏、螺栓连接和铆钉连接关系对模型进行模拟连接。对碰撞过程中可能发生接触的面间应建立接触界面特性,包括自接触和面面接触。设定初始运动条件以及约束条件,完成整个碰撞模型的建立。由于仿真模型涉及系统较多,为便于管理及模型调试的便利性,对模型进行科学编号和命名,编号规则、网格划分规则和命名规则等统一参见本书第 3 章结构建模方法要求。

(1)驾驶室总成网格划分。驾驶室由大量复杂曲面钣金件(车身、IP 横梁)及薄壁注塑件(顶盖或内饰板)组成,一般采用板壳单元模拟,为精确表达曲面上的小孔、凸筋、曲面和曲边的倒角等细微特征,需要用较小单元尺寸进行网格划分,会导致时间步长过小,增加计算时间,因此在划分网格之前需对模型进行几何清理,保留必要的特征,删除对结构碰撞性能影响不大的小特征。网格要与几何保持良好的贴合,以提高单元质量、求解精度和计算效率。通常要求网格平均尺寸为 10 mm,最小尺寸不小于 3 mm,车身主要碰撞变形区网格尺寸为 8 mm,非碰撞变形区域网格尺寸可为 15 mm。体网格尺寸平均为 5 mm,最小尺寸不小于 2 mm。

(2)座椅总成网格划分。座椅零部件较多,简化后模型包括靠背骨架、座垫骨架、座垫、靠背头枕发泡和底座。座椅骨架结构是座椅中主要的部分,为头枕、靠背和座垫提供支撑,并承受来自车身和乘员的所有静态和动态载荷。

座椅骨架与底座等冲压件、中空件和板壳件通常使用壳单元模拟,网格平均尺寸为 5 mm;对于实心杆状件,如头枕梁使用 BEAM 单元模拟;座椅靠背、座垫和头枕等属于发泡材料,发泡材料具有典型的非线性力学特性,目前没有准确的力学本构能够较好地模拟其力学响应,而且这些结构对驾驶室碰撞性能影响较小,因此不用求解其精确的力学响应,用弹性材料近似模拟即可。通常发泡材料采用四面体或六面体单元,平均尺寸为 10 mm,最小尺寸为 4 mm。整车碰撞分析与座椅固定点强度分析使用同一套网格,模型如图 5-8 所示。

图 5-8 座椅网格模型

(3)底盘及驾驶室悬置建模。驾驶室碰撞分析中,变形主要集中在驾驶室本体、前后悬置以及车架前段,因此为提高计算效率只对部分底盘模型进行建模,包括前部一段车架及散热系统、动力总成,车架截取的长度应包含驾驶室后悬置安装位置并超过驾驶室后围,车架模型如图 5-9 所示。动力总成质量较大、结构复杂、整体刚度大,在碰撞中可能会与附近其他部件发生碰撞接触,但自身几乎不会发生变形,因此在分析建模中只保留主要特征形状,利用包络法获得动力总成的外轮廓,并赋予刚体材料进行模拟,可以最大限度简化模型,同时保证与其他区域接触变形的准确性,动力总成简化模型如图 5-10 所示。动力总成与车架之间一般采用弹性连接,在驾驶室碰撞过程中,动力总成运动幅度对碰撞影响较小,一般忽略弹性连接，将动力总成与车架刚性连接。平头驾驶室在正面摆锤撞击时，置于车架最前端的冷却系统可能会起作用，一般中冷器及散热器划分为六面体网格，风扇、护风罩及散热器盖框架网格划分为壳单元。

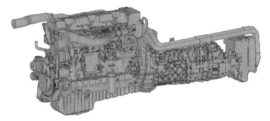

图 5-9　车架模型　　　　　　　图 5-10　动力总成模型

驾驶室与车架之间通过悬置连接，驾驶室悬置按结构形式可分为全浮式和半浮式两种。好的驾驶室悬置设计，可以保证驾驶室在碰撞时能够产生纵向位移，将部分撞击能量转化为驾驶室动能，一定程度上降低驾驶室的本体变形，同时在碰撞过程中保证驾驶室和底盘能够有效连接，因此建立准确的悬置模型对碰撞分析至关重要。

悬置支架一般为铸件或钣金拼焊件，铸件采用四面体单元，钣金件和管件类采用壳单元模拟。半浮式结构前悬置一般是橡胶衬套悬置，对于通轴式翻转结构，碰撞时翻转轴会产生弯曲变形，衬套偏转刚度不足可导致翻转轴弯曲变形过大，甚至出现从衬套中滑脱的情况，此种结构衬套可使用六面体单元建模，保证衬套偏转性能，如图 5-11 所示。目前大变形下橡胶材料的动态本构关系并不完善，动态力学参数测量较困难，一般可使用不可压缩橡胶材料模型进行模拟。

对于图 5-12 所示的橡胶衬套前悬置，测取衬套 3 个方向的刚度值或 3 个方向的力-位移曲线，使用弹簧单元并赋予相应的材料模型进行模拟。3 个弹簧分别为 ba、bc 和 bd，b 点与驾驶室悬置上支架相连，a、c、d 与悬置下支架相连。

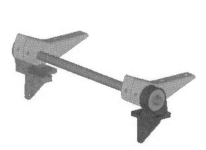

图 5-11　实体单元模拟悬置橡胶　　　图 5-12　3 个弹簧单元模拟悬置橡胶

全浮式前后悬置一般为螺旋弹簧或空气弹簧加筒式减振器结构。对于集成式筒式减振器，在活塞杆与工作缸之间建立阻尼、弹簧单元以及柱铰，如 LS-DYNA 中 Discrete 单元和圆柱副单元 Cylindrical，来模拟油压和活塞杆与工作缸之间的上下运动特性，减振器两端的连接采用转动副进行建模，螺旋弹簧阻尼器前悬置模型如图 5-13 所示。

空气弹簧加阻尼器悬置结构中，气囊上下座用壳单元模拟，在上下座之间建立弹簧单元模拟其轴向刚度,在活塞杆与工作缸之间建立阻尼单元和柱铰单元来模拟独立阻尼器。横拉杆与车身悬置支架由衬套连接,根据衬套的几何形状进行网格划分,橡胶部分采用六面体建模,内外钢圈采用壳单元,体和壳单元之间进行共节点连接。空气弹簧后悬置模型如图5-14所示。

 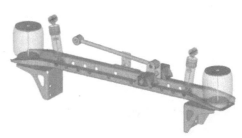

图 5-13　前悬置仿真模型　　　　　图 5-14　后悬置仿真模型

(4)材料属性。驾驶室碰撞分析模型涉及多种材料,包括金属、复合材料、玻璃、橡胶、塑料等,建模时不同材料应选取适当的材料模型来模拟。

在碰撞过程中,由于橡胶、玻璃、塑料、结构胶等材料抗冲击强度不高,所以为提高计算效率,这些材料一般用弹性材料模型,只需定义材料密度、弹性模量和泊松比等参数;对加载摆锤、动力总成和连接刚体等,定义为刚性体材料模型,材料内所有节点的自由度都耦合到刚性体的质心上,刚性体弹性模量和泊松比可设置为钢材料参数,密度根据配重需求设置。

碰撞分析不同于静强度分析,金属材料在动载荷作用下的本构关系具有一系列不同的力学特性,例如某些金属材料在动载下出现屈服极限明显提高,屈服时间滞后等现象,即材料应变率效应,材料应变率效应对碰撞分析结果影响很大。一般在低速碰撞($v \leqslant 20$ km/h)时,材料模型可选用不计应变率效应的弹塑性材料模型,但在经受高速撞击($v \geqslant 40$ km/h)时,可能发生较大的塑性变形,必须考虑材料应变率的影响。在 LS-DYNA 中使用 MAT24 材料,材料模型中可输入一条或多条不同应变率下的材料应力应变曲线。材料应变率数据通过动态力学特性测定获得。

(5)模型连接和接触。车身主要通过点焊、胶黏和缝焊实现连接。金属之间的连接一般使用焊点,焊点的密度和分布直接影响结构变形。结构胶可实现金属和非金属等不同材料之间的黏结,能够从点连接扩展到面连接,增加车身刚度。因此建模时应对焊点和胶黏进行准确模拟。建模以 LS-DYNA 软件为例,使用焊点梁 BEAM 单元或六面体单元模拟焊点,点焊材料 mat_spotweld 参数包含塑性和失效设置。结构胶使用六面体单元模拟,有胶黏的地方应将两侧网格节点一一对应(投影处理),体网格与上下层共节点连接。缝焊一般使用刚性 1D 单元模拟,焊缝部位尽量保证网格节点一一对应。如车身或车门存在不同牌号钢板激光拼焊时,采用共节点处理。

汽车碰撞仿真中,接触定义的合理性对碰撞计算结果影响很大,例如平头车前摆锤碰撞分析时,摆锤撞击到驾驶室前围上,前围与动力总成之间接触,动力总成 X 向刚度对驾驶室具有一定程度的保护作用。因此应保证各接触面关系正确,建立的接触类型正确。接触类型可分为点－面接触、面－面接触和自接触3种。面-面接触一般选取刚度较大、网格划分较粗的物体作为主接触面。例如刚性体与柔性体接触，一般选刚性体为主接触面，柔性体为从接触面；实体单元与板壳单元接触，一般选实体单元为主接触面，板壳单元为从接触面。

将各总成的有限元模型连接在一起，建立驾驶室碰撞模型，如图5-15所示。由于部件简化，驾驶室的质量质心与设计状态存在差异，所以必须对计算模型进行配重，要求整车质量分配与实车相符，总质量和质心位置与实车相差不得超过2%。一般配重方法有：在节点上建立质量单元，调整部件材料的密度，调整部件的厚度属性，对刚体部件进行关键字定义等。

图5-15 驾驶室碰撞模型

3.提高计算效率的方法

汽车碰撞仿真采用的是显式有限元算法，影响计算时间的因素主要有单元规模、时间步长和接触算法等。因此应合理设置单元的类型尺寸和接触算法等，在达到计算精度要求的同时提高计算效率。

(1)合理布置单元网格密度。网格密度越大，计算时间越长。在碰撞分析过程中，离变形区较远的部件变形很小，这些区域单元疏密程度对碰撞结果的影响可以忽略，因此可选择大尺寸网格，对影响碰撞的关键结构，网格变形很大，为提高计算精度，网格应进行加密。合理布置网格密度，不仅可以提高计算效率，也可以提高计算精度。

(2)带沙漏控制的缩减积分单元。在显式动力学分析中，单元积分点的个数与CPU计算时间成正比，满足计算精度需要的前提下，尽量选择积分点数少的单元。在显式动力学分析中，一般选用缩减积分单元（缩减积分单元是最少积分点的单元）。

(3)控制最小单元尺寸。显式有限元CPU计算时间受时间步长的控制，而时间步长取决于最小单元尺寸。因此在保证计算精度的前提下，必须限定网格的尺寸，尤其是最小单元尺寸。

(4)质量缩放控制。单元中控制时间步长的因素有两个，即单元特征长度和单元密度。采用质量缩放，可以在不增大网格尺寸的情况下，提高时间步长，一般在计算中通过限定最小时间步长来实现。当最小单元特征长度决定的最小时间步长大于设定值时，单元不进行质量缩放；当有小于此设定值的单元时，通过增大这些单元的节点质量，使这部分单元的时间步长不小于设定值。为保证计算精度，质量缩放值应控制在整车质量5%以内。

(5)优化接触搜索方案。在汽车碰撞分析中，接触界面的搜索和计算占用整个计算时间的1/4～1/3。接触设置包括全局接触和局部接触，全局接触可以减小模型设置的工作量，但是计算成本会上升；局部接触需根据碰撞情况进行接触范围的预判，并进行设置，相对全局接触，局部接触可以大大减少接触搜索和计算时间。因此，为提高计算效率，应合理设置全局和局部接触。定义全局接触时，不需要包含模型的所有部件，如在碰撞仿真中驾驶室本体是主要的变形结构件，可把驾驶室定义为全局接触，而车架以及悬置系统等可设置局部接触,以节约搜索时间。

4. 正面摆锤撞击(试验 A)仿真分析

(1)加载及约束条件。依据 JT/T 1178.1—2018 要求,建立撞击摆锤模型,如图 5-16 所示。摆锤和摆臂分别用壳单元和 1D 单元模拟,赋予刚性体材料。为提高求解速度,以摆锤与驾驶室即将接触且摆锤处于垂直悬吊状态为初始分析时刻。

以 N_3 类车辆为例,摆锤撞击能量为 55 kJ。根据能量守恒定律,将碰撞能量转化为摆锤转动角速度 2.378 rad/s。角速度计算公式为

$$\frac{m(\omega r)^2}{2} = E \tag{5-44}$$

$$\omega = \frac{\sqrt{\frac{2E}{m}}}{r} \tag{5-45}$$

式中:m 为摆锤质量(t),本例 $m=1.5$ t;ω 为转动角速度(rad/s);r 为回转半径(m),本例 $r=3.6$ m;E 为碰撞能量(kJ),本例 $E=55$ kJ。

约束摆锤上端悬吊点自由度 12346,释放摆锤绕 Y 向转动自由度,车架纵梁下翼面中段全约束。对摆锤施加初始转动角速度 2.378 rad/s,建立好的正面摆锤撞击仿真模型如图 5-17 所示。

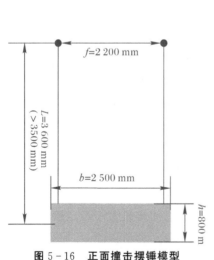

图 5-16　正面撞击摆锤模型

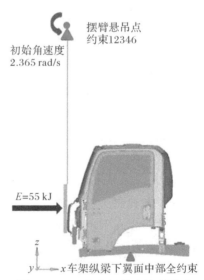

图 5-17　正面摆锤撞击仿真模型

(2)仿真结果可信性分析。在有限元计算中,为保证计算正常,系统会自行增加某些部件的质量,如果该质量增加太多会导致计算结果失真;为节约计算时间计算中多采用非全积分算法,产生沙漏能,导致系统总能量不守恒;接触设置不合理,可能产生较大的界面滑移能,导致总能量不守恒。因此对计算结果应从能量守恒和质量两个方面进行检查,能量变化和质量增加在可接受的范围内,认为结果可信。

LS-DYNA 可通过 glstat 文件或 binout 文件的 glstat 选项,查看能量及质量变化曲

线。总能量包括动能、内能、滑移接触能和沙漏能,在碰撞过程中,总能量守恒,动能逐步转换为内能,沙漏能极小,几条曲线应光滑过渡,如图 5-18 所示。质量增加变化查看 Percentage Increase,如图 5-19 所示,一般要求质量增加不超过 5%。

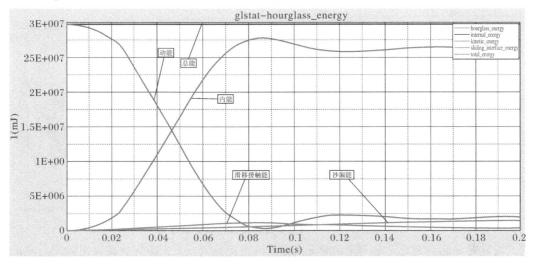

图 5-18 能量曲线

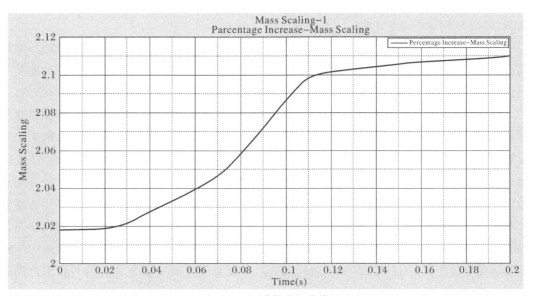

图 5-19 质量增加曲线

(3)评判标准。根据碰撞法规要求,完成碰撞试验后,要求驾驶室与车辆之间应保持有效连接,以保证驾乘人员的生存空间,而且要保证车门能够开启。评价标准适用于 A、B、C 和 D 四项碰撞试验。

1)驾驶室与车辆连接评价。驾驶室通过悬置系统与车辆之间连接,碰撞试验后的有效连接即悬置的有效连接,正面摆锤撞击试验对悬置连接性能的考验最为严格。悬置的失效形式包括螺栓断裂和支架断裂。

碰撞分析时螺栓通常使用 BEAM 单元模拟,若 BEAM 单元的轴向力大于螺栓能承受的最大拉伸力,则认为该螺栓失效。图 5-20 为某车型螺栓轴力曲线,如有两处以上悬置点的全部螺栓力超标,则认为驾驶室与车架丧失有效连接。

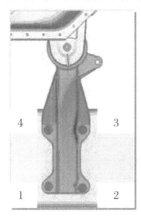 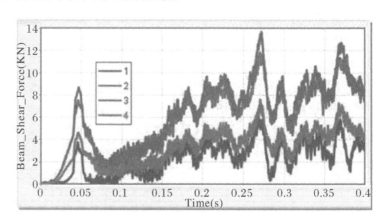

图 5-20　前悬置支架连接螺栓轴力曲线图

考核支架包括悬置支架、限位和翻转轴支撑等连接件,输入材料的断裂曲线,并采用材料失效模型,通过仿真终点时刻动画判断该连接件是否发生断裂。如有两处以上的连接件断裂,则认为不满足法规要求。

2)乘员生存空间评价。碰撞分析结束后,参照 50% 男性假人要求建立假人模型,并将其放入变形后的驾驶室,使假人 H 点和座椅 R 点重合,调整假人大腿、小腿和脚部,使其处于正确姿态。考察假人各部位与车身内饰、转向盘、转向管柱之间的间距,评价生存空间。

图 5-21 为假人生存空间评价项。假人脚部生存空间 a 是油门踏板后端与驾驶员座位前沿在地板上的投影之间的 X 向最短距离,要求大于假人足长 $S(S$ 为 266 mm$)$;假人小腿及膝部生存空间 b 是仪表台后沿与驾驶员座位靠背内侧前沿在地板上的投影之间的 X 向最短距离,要求大于假人臀背至膝的距离 $P(P$ 为 595 mm$)$;假人躯干生存空间 c 是方向盘后沿到座椅靠背的 X 向最短距离,要求大于假人胸厚 $O(O$ 为 230 mm$)$;假人大腿生存空间 d 是方向盘下沿到足部地板之间的 Z 向最短距离,要求大于假人膝高 $M(M$ 为 546 mm$)$;假人头部生存空间 e 是乘员侧座椅与驾驶室顶盖之间的 Z 向相对距离,要求最小距离大于假人臀部到头顶高度 $U(U$ 为 900 mm$)$;假人背部生存空间 f 是座椅靠背后沿与后围之间的 X 向距离,要求大于 0。

3)车门开启性评价。在碰撞仿真过程中和结束后,无法准确评估车门开启,一般通过车门框的变形量来间接评价。在纵向冲击力作用下,门框主要承受与车辆 XZ 平面平行的纵向力,门框变形主要表现为纵向压缩。当门框变形量足够大时与车门发生挤压,车门受压变形,从而发生门框与车门卡死现象。如图 5-22 所示,选取车门框 L_1、L_2、L_3 和 L_4,测量碰撞前后的长度,得出变形量,若最大变形量大于门与门框的间隙时(经验指标为 20 mm),认为车门与门框发生卡滞,车门开启困难。

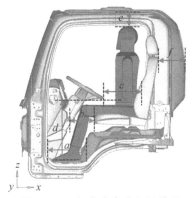 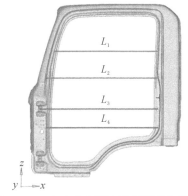

图 5-21 假人生存空间评价项　　　图 5-22 左右车门框变形量测量位置

5. 正面 A 柱碰撞（试验 B）仿真分析

依据 JT/T 1178.1—2018 要求，建立试验 B 中圆柱形摆锤模型，如图 5-23 所示。摆锤和摆臂分别用壳单元和 1D 单元模拟，赋予刚性体材料。为提高求解速度，将摆锤与驾驶室即将接触且摆锤处于垂直悬吊状态作为初始计算时刻。

圆柱摆锤质量 $m=1\,000$ kg，碰撞能量为 29.4 kJ，根据能量守恒定律，参考式（5-44）和式（5-45），将碰撞能量转化为摆锤转动角速度（2.13 rad/s）。

摆锤上端悬吊点约束自由度为 12346，释放摆锤绕 Y 向转动自由度，车架纵梁下翼面中段全约束。对摆锤施加初始转动角速度为 2.13 rad/s，建立好的正面 A 柱碰撞仿真模型如图 5-24 所示。

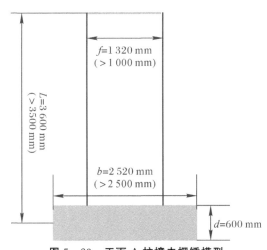 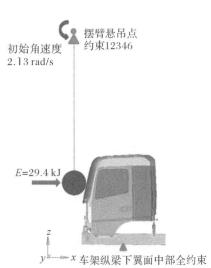

图 5-23 正面 A 柱撞击摆锤模型　　　图 5-24 正面 A 柱碰撞仿真模型

6. 顶部强度（试验 C）仿真分析

依据 JT/T 1178.1—2018 试验 C 要求，先进行侧拍试验，然后在同一个驾驶室上完成顶压试验。侧摆锤要求侧摆锤面积可覆盖整个驾驶室侧上表面，建立侧摆锤模型，如图 5-25 所示。采用 10 mm 壳单元模拟侧摆锤，摆臂用 1D 或 2D 单元模拟，摆锤和摆臂赋予刚性体材料。为提高计算效率,以侧摆锤与驾驶室即将接触且摆锤臂处于垂直悬吊状态为初始计算时刻。侧摆锤质量 $m=1\,500$ kg,根据能量守恒定律,参考公式(5-44)和式(5-45),将碰撞能量转化为摆锤转动角速度 0.947 rad/s。摆锤上端悬吊点约束自由度 12356,释放摆锤绕 X 向转动自由度,车架纵梁下翼面全约束,对摆锤施加初始转动角速度 0.947 rad/s。

侧拍试验后进行顶压试验。加载刚性板用壳单元,单元尺寸一般为 10 mm,赋予刚性体材料属性,尺寸可覆盖驾驶室顶部。车架纵梁下翼面中段全约束,约束刚性板自由度 12456,同时对刚性板施加 $-Z$ 向强制速度 500 mm/s。侧拍和顶部强度试验仿真模型如图 5-26 所示。

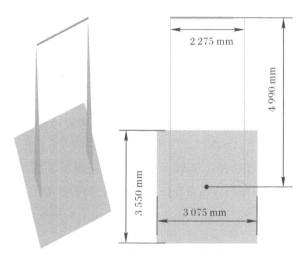

图 5-25 顶部强度侧摆锤模型　　图 5-26 顶部强度试验仿真模型

7. 后围强度(试验 D)仿真分析

依据 JT/T 1178.1—2018 要求,建立试验 D 后挤压刚性板模型,如图 5-27 所示。刚性板通过壳单元建立,单元尺寸一般为 10 mm,赋予刚性体材料,尺寸覆盖驾驶室后围。为提高求解速度,以刚性板与驾驶室后围即将接触为初始计算时刻,车架纵梁下翼面中段全约束,约束刚性板自由度 23456,同时对刚性板施加 $-X$ 向强制速度 500 mm/s。后围强度试验仿真模型如图 5-28 所示。

 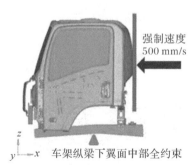

图 5-27 后围强度刚性板模型　　图 5-28 后围强度试验仿真模型

5.3 商用车安全带安装固定点系统试验及仿真

汽车安全带固定点强度是衡量汽车被动安全的一项重要指标。当汽车发生碰撞事故时,安全带固定点周围区域的撕裂、断裂是造成人员伤亡的主要原因。

商用车安全带固定点强度试验是一项破坏性试验,同一排座椅,一个白车身仅能进行一次试验,耗费大量的人力、物力。为降低研发成本,减少安全带固定点法规试验次数,缩短研发周期,国内外主机厂普遍采用CAE分析手段,通过建立有限元仿真模型来模拟试验,进行前期验证和优化分析。

5.3.1 安全带固定点法规及试验方法

在商用车中,两点式以及三点式安全带较为常见,安全带的固定点可以选择布置在座椅骨架上,或者车身框架上。两点式以和三点式的缠绕方式如图5-29所示。

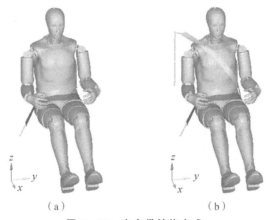

图 5-29 安全带缠绕方式
(a)两点式;(b)三点式

汽车安全带固定点强度设计必须满足国家强制性法规《汽车安全带安装固定点、ISOFIX固定点系统及上拉带固定点》((GB 14167—2013)),内容与《关于汽车安全带安装固定点认证的统一规定》(ECE R14)基本一致。

根据法规要求,试验时可采用上下人体模块进行加载试验。上下人体模块的尺寸要求如图5-30和图5-31所示,上下人体装置放在座垫上面,向后推至靠背,安全带分别置于上下人体模块上拉紧。为了固定安全带,可在上人体模块上,增加两个棱边或者使用螺栓连接的方式对肩带的牵引装置进行调节,避免试验时拉带松脱。

根据车型不同和安全带形式的差异,安全带固定点强度试验时,施加的载荷也不相同,载荷加载位置如图5-32所示,P_1、P_2、P_3分别对应座椅本体和上、下人体模块,载荷大小见表5-4。以采用三点式安全带的N_3类商用车为例,按照GB14167—2013,上下人体模块应分别施加(4 500±200)N的载荷,加载方向与水平面成斜向上(10±5)°且平行于车辆纵向中心平面,同时,对座椅本体施加座椅总成质量6.6倍的惯性力,方向沿座椅质心水平方向且平行于车辆纵向中心平面。

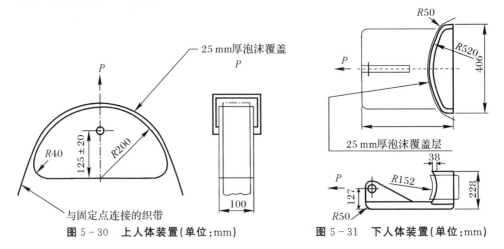

图 5-30　上人体装置(单位:mm)　　　图 5-31　下人体装置(单位:mm)

要求试验载荷在 60 s 时间内缓慢加载至规定值,至少持续 0.2 s。试验允许固定点或周围区域有永久变形,包括部分断裂或产生裂纹。N_2、N_3 类商用车,试验期间,上有效固定点的前向位移不应超过 R 点横向平面(过 R 点的 YZ 平面,见图 5-33)前倾 10°的范围。

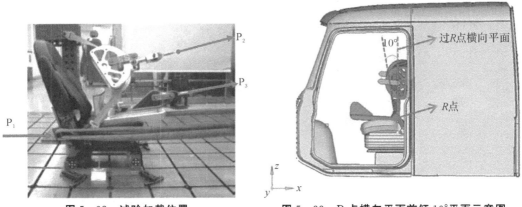

图 5-32　试验加载位置　　　图 5-33　R 点横向平面前倾 10°平面示意图

表 5-4　安全带固定点强度试验载荷

载荷		P_1	P_2	P_3
加载方向		通过座椅质心水平方向	水平方向向上 10°	
三点式	M_1、N_1	20 倍座椅质量	135 000 N	
	M_2、N_2	10 倍座椅质量	6 750 N	
	M_3、N_3	6.6 倍座椅质量	4 500 N	
两点式	M_1、N_1	20 倍座椅质量	22 250 N	—
	M_2、N_2	10 倍座椅质量	11 100 N	
	M_3、N_3	6.6 倍座椅质量	7 400 N	

注:N_1、N_2、N_3、M_1、M_2、M_3 为车型分类,分类见表 5-2。

5.3.2 安全带固定点强度仿真分析

安全带固定点强度分析输入数据包括驾驶室白车身、座椅、安全带、人体模型、材料参数、质量及质心参数。安全带及座椅安装点一般位于驾驶室白车身,部分安全带固定点位于座椅上,因此需要完整的座椅模型,白车身根据安全带固定位置的不同选择完整或部分模型。上下人体模块根据法规要求的外形尺寸使用刚性壳单元模拟,并根据实际情况进行质量和质心的校正。有限元建模方法参见本章 5.2.3 节。

商用车安全带较为常见的为三点固定式(见图 5-34),主要由安全带本体(织带)、导向器、安全带插扣和卷收器组成,安全带织带从卷收器伸出,经过肩部导向器和腰部导向器缚在人体上部,最后插入插扣,卷收器可以实现安全带的伸缩。安全带本体采用 1D 单元和 2D 单元模拟,与人体模块接触的区域使用 2D 单元,穿过导向器部分的安全带使用两段 1D 单元,两段 1D 的一个节点分别与附近的 2D 单元连接,另外一个节点相互之间建立滑环单元,以实现安全带的缠绕和滑动。建立完整的座椅部分有限元模型如图 5-35 所示。

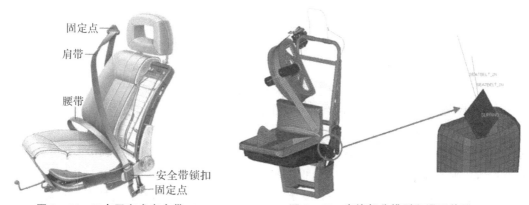

图 5-34 三点固定式安全带　　　　图 5-35 座椅部分模型和滑环单元

根据需要将座椅部分模型连接在驾驶室上,完整模型如图 5-36 所示。参考试验约束及加载方式,对驾驶室前后悬置上支架安装位置进行全约束,如图 5-37 所示。按照法规要求,对整备质量大于 12 t 的重型商用车(N_3 类汽车),上下人体模块的加载力均为 4 500 N,方向斜向上与水平线呈 10°夹角且平行于车辆纵向中心平面。同时对座椅施加 X 轴正向惯性载荷 $6.6g$。为实现计算的稳定性,避免出现过大的沙漏能,载荷逐步增加到规定值,并保持 0.175 s,加载比例曲线参照图 5-38 所示。

图 5-36 座椅安全带固定点强度分析有限元模型

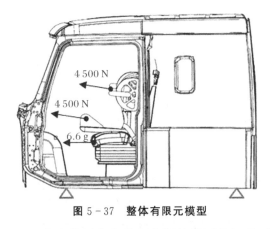
图 5-37 整体有限元模型

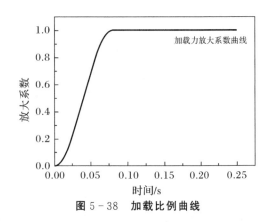
图 5-38 加载比例曲线

安全带固定点强度分析结果评价标准:在载荷加载和保持阶段,安全带安装固定点周围允许塑性变形,但不能发生断裂;当安全带上固定点位于座椅靠背上时,上有效固定点的前向位移不能超过 R 点横向平面前倾 10°的范围(见图 5-33)。

5.4 商用车防护装置碰撞分析

我国道路几乎都存在商用车与乘用车混合行驶的情况,由于乘用车的质量、刚度远低于商用车,而且乘用车与商用车之间存在一定的高度差,在乘用车与商用车发生碰撞时,乘用车前部一般会发生较大的变形,甚至会造成 A 柱撕裂侵入驾驶室,对乘员造成严重伤害甚至导致乘员死亡。在商用车上增加防护装置能够在一定程度上降低对乘用车乘员的伤害,如图 5-39 所示,商用车安装侧防护,可以防止乘用车钻入商用车车底从而减少对乘用车的伤害程度。因此,《商用车前下部防护要求》(GB26511—2011)和《汽车及挂车侧面和后下部防护要求》(GB11567—2017)规定了商用车前后下防护及侧防护装置的安全性能要求。

(a)　　　　　　　　　　　　　　　(b)

图 5-39 轿车与商用车碰撞

(a)有防护装置;(b)无防护装置

5.4.1 前下部防护装置

前下部防护装置是指专门的前下部防护装置或者依靠自身的外形和特征能够具有全部或部分前下部防护装置功能的车辆的车体、车架部件或其他部件,通常是由横向构件组成,安装或连接在车架或其他构件上的装置,具有一定的尺寸要求,而且前下部防护装置应对平行车辆纵轴的作用力具有足够的阻挡能力。商用车前下部防护装置如图 5-40 所示。

图 5-39　商用车前下部防护装置

1.前下防护装置法规及试验

《商用车前下部防护要求》(GB 26511)法规适用于 N_2 和 N_3 类车辆上的前下部防护装置。前下部防护装置在进行碰撞试验时，可以选择在车辆上进行，或在车辆底盘部件上进行，也可以在刚性试验台架上进行。

加载点的位置 P_1、P_2、P_3 如图 5-41 所示。P_1 点位于距离前轴轮胎最外侧(不包括轮胎变形量)相切的纵向平面 200 mm 处，对两 P_1 点分别持续施加相当于车辆最大总质量 50%的水平载荷，水平载荷最大不超过 80 kN；P_2 点对称于车辆的纵向中心平面两侧，两点相互之间的距离为 700～1 200 mm，对两 P_2 点分别持续施加相当于车辆最大总质量 100%的水平载荷，水平载荷最大不超过 160 kN；P_3 点位于车辆的纵向中心平面上，如果该装置在两 P_2 点间断裂或凹入横切面内，则在车辆纵向中心平面上对 P_3 点施加同 P_1 点规定的水平载荷。带有前部防护的车辆结构和部件以纵向中心平面对称，P_1 和 P_2 点可选择单边进行试验。

要求试验加载头的加载面高度不大于 250 mm，宽度不大于 400 mm，一般用加载头尺寸为 200 mm×200 mm。加载时，加载头以合适的铰接方式(通过万向节等)将规定载荷施加到前下部防护装置上。试验时，加载力平行于车辆的纵向中心平面，水平施加在各测试点上，且应尽可能快地施加作用力。车辆或装置应经受住至少 0.2 s 的作用时间。

加载完成后，要求前下部防护前端面的各测试点到车辆最前端的水平距离应不大于 400 mm，两 P_1 点之间的前下部防护下边缘的最大离地间隙应不大于 450 mm，如图 5-41 所示。

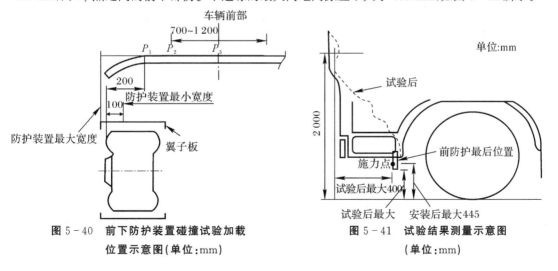

图 5-40　前下防护装置碰撞试验加载位置示意图(单位：mm)　　图 5-41　试验结果测量示意图(单位：mm)

2. 前下部防护装置碰撞仿真分析

前下部防护分析输入数据包括一段车架、防护总成、连接文件和材料参数,材料参数应包含不同应变率的应力应变曲线。前下部防护装置安装在车架最前端,在发生碰撞时,部分撞击能量由防护本体及前段车架变形来吸收,因此一般取前段车架长度 800 mm。

车架纵横梁冲压件、中空管件用壳单元,单元平均尺寸 10 mm,螺栓孔 washer 尺寸应大于 3 mm,前伸梁等铸件采用四面体单元,平均尺寸为 5 mm。前下防护通常为钢质冲压焊接件或挤压铝合金焊接件,均为薄壁件,采用壳单元,平均尺寸为 8 mm,焊缝使用 1D 刚性单元。对所有零部件赋予相应属性。在加载头与防护总成之间建立面面接触,在防护和车架所有部件之间建立自接触,完整的前下部防护模型如图 5-43 所示。

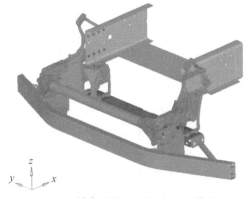

图 5-43 某车型前下防护有限元模型

按照试验条件(见图 5-44)及法规加载要求,对车架纵梁后端面节点进行全约束,P_1、P_2、P_3 点加载位置和加载值依据车辆设计参数进行确定。图 5-45 为某车型前下部防护加载及约束示意。

图 5-44 前下部防护试验

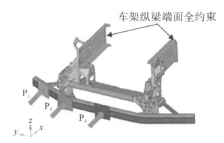

图 5-45 前下部防护约束及加载

加载试验要求加载头以合适的铰接方式将规定载荷施加到前下防护装置上,由于前防护横梁随前保险杠造型设计,有些车型横梁两端存在弯折过渡,加载头与加载表面之间有距离和角度差,直接加载易导致模型出现过大沙漏能而计算报错,因此一般在仿真前将加载头调整到与横梁表面临界接触的位置,并以此位置作为计算初始状态,图 5-46 所示为 P_1 点加载头的初始状态。

以最大设计总质量大于 16 t 车辆为例,P_1 点加载力沿水平方向,总加载时间 0.3 s,载荷在 0.1 s 内从 0 线性增加到 80 000 N,然后保持 0.2 s,加载曲线如图 5-47(a)所示;P_2 点加载力沿

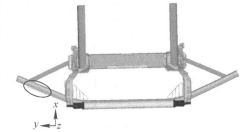

图 5-46 P_1 点加载位置示意图

水平方向,总加载时间 0.3 s,载荷在 0.1 s 内从 0 线性增加到 160 000 N,然后保持 0.2 s,加载曲线如图 5-47(b)所示;P_3 点加载同 P_1 点,加载曲线如图 5-47(a)所示。

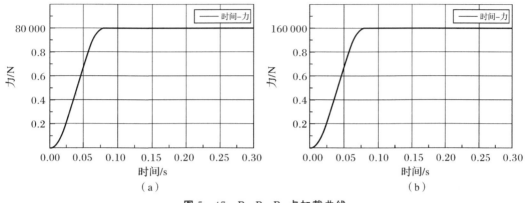

图 5-47　P_1、P_2、P_3 点加载曲线
(a)P_1、P_3 点;(b)P_2 点

计算完成后,查看计算过程的能量和接触力变化,可用于进一步检查模型的准确性。碰撞过程能量包括总能量(total energy)、动能(kinetic energy)、内能(internal energy)、接触面滑移能(sliding interface energy)和沙漏能(hourglass energy)。能量曲线一般应光滑过渡,如果某位置发生突变,则可能产生较大的沙漏能或质量增加。加载头与防护装置前端面的接触力应与加载头施加的载荷相吻合如图 5-48 所示。

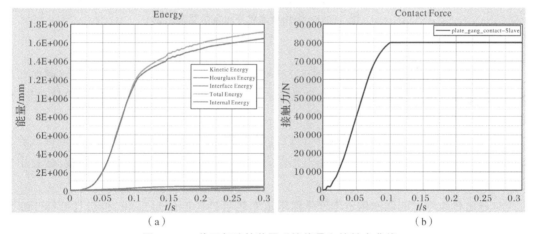

图 5-48　前下部防护装置碰撞能量和接触力曲线
(a)能量曲线;(b)接触力曲线

法规要求碰撞后前下部防护前端面的各测试点到车辆最前端的水平距离应不大于 400 mm,两 P_1 点之间的前下部防护下边缘的最大离地间隙应不大于 450 mm。一般要求仿真分析结果中各部件的塑性变形量小于材料的断裂延伸率。

5.4.2　后下部防护装置

后下部防护指专门的后下部防护装置或者依靠自身的外形和特性能够具有全部或部分后下部防护装置功能的车辆车体、车架部件或其他部件,由横向构件和连接结构件组成,固定在底盘部件上或车辆其他构件上。后下部防护装置对追尾碰撞的车辆在平行车辆纵轴的方向应具有足够的阻挡能力,以防止发生钻入碰撞。图5-49为乘用车追尾商用车的示意图。

图5-49 乘用车追尾商用车示意图

1. 后下防护装置法规及试验

《汽车及挂车侧面和后下部防护要求》法规适用于 N_2、N_3、O_3 和 O_4 类车辆的侧面和后下部防护装置。由于侧面防护试验载荷较小,一般只做静力校核,因此本节主要讨论后下部防护装置的试验和仿真。

后下防护装置在进行碰撞试验时,可以选择在车辆上、车辆底盘部件上或者刚性试验台架上进行。碰撞试验分三点加载和两点加载,试验顺次进行三点加载、两点加载,试验中使用同一试验样品。

三点加载的左右两侧作用点 P_1,分别距离车辆后轴轮胎的最外端,相切且平行于车辆纵向中心线的垂直平面 (300 ± 25) mm,如果有两个以上的后轴,车辆后轴轮胎的最外端应以距离车辆纵向中心面最远的点(不包括轮胎的变形量)为准;第三个作用点 P_3 位于上述两点连线之间,并且处于车辆中心垂直平面上,作用点位置如图5-50所示。加载时,先进行两端加载点的加载试验,然后进行车辆纵向中心平面上的点的加载试验,左右两端加载点与加载顺序无关。三点加载时,每点加载力为 50 kN 或相当于车辆最大设计总质量的 25% 的水平载荷(取两者较小值)。

两点加载的两作用点 P_2 之间的距离为 700~1000 mm,且两作用点相对纵向中心面对称,如图5-50所示。每点加载力为 100 kN 或者相当于车辆最大设计总质量 50% 的水平载荷(取两者较小值),分别持续作用于左侧或者右侧加载点上。

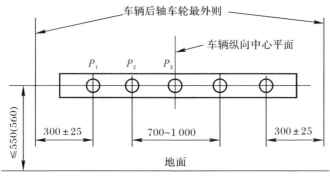

图 5-50　后下部防护装置碰撞试验加载位置示意图(单位:mm)

试验加载时,要求加载装置(见图 5-51)的加载面高度不大于 250 mm,宽度为 200 mm。如果后下部防护装置以车辆纵向中心平面为轴对称,则两点加载和三点加载的两端加载点可以只测左右两侧中的一个点,此时两点加载、三点加载的加载点应位于同一侧。

在试验过程中及试验完毕后,要求后下部防护后端面的各测试点到车辆最后端的水平距离不大于 400 mm。

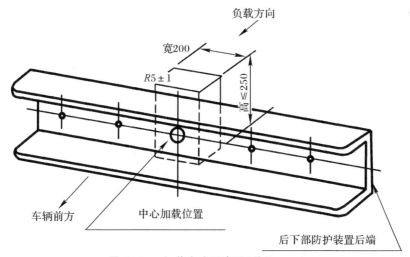

图 5-50　加载方式示意图(单位:mm)

2.后下部防护装置碰撞仿真分析

后下部防护仿真分析输入数据包括一段车架、后防护总成及连接螺栓、缝焊几何模型和材料参数,材料参数应包含不同应变率的应力应变曲线。后下防护安装在车架最后端,在发生碰撞时,部分撞击能量由防护本体及后段车架变形来吸收,因此一般取后段车架长度为 800 mm。

车架纵横梁冲压件用壳单元模拟,单元平均尺寸为 10 mm,螺栓孔 washer 尺寸应大于 3 mm。后下部防护通常为钢质冲压焊接件或型材焊接件,均为薄壁件,采用壳单元,平均尺寸为 8 mm,焊缝使用 1D 刚性单元模拟。对所有零部件进行材料和属性设置,加载头与防护总成之间建立面面接触,防护及车架部件建立自接触。

根据法规要求,当后下部防护装置以纵向中心平面对称时,试验可只对一侧点进行,整体加载方式如图5-52所示,应尽可能快地施加作用力,顺次加载,先进行三点加载(P_1、P_3点),后进行两点加载(P_2点),保证前后加载过程中使用同一样件。

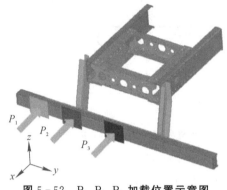

图 5-52　P_1、P_2、P_3 加载位置示意图

首先,加载头沿 P_1 点水平方向(见图5-51中 X 轴负向)加载,0~0.1 s 内逐渐加载至 F_{P_1},保持 0.2 s,0.3~0.4 s 内卸载。然后,加载头在 P_3 点沿水平方向,0.4~0.5 s 内逐渐加载至 F_{P_3},保持 0.2 s,0.7~0.8 s 内逐渐卸载。最后,加载头在 P_2 点沿水平方向,0.8~0.9 s 内由 0 逐渐施加至 F_{P_2},保持 0.2 s。加载曲线如图5-53所示,总加载时间合计为 1.1 s。

接触力、能量检查和结构强度判断方法同前下部防护仿真分析,此处不赘述。

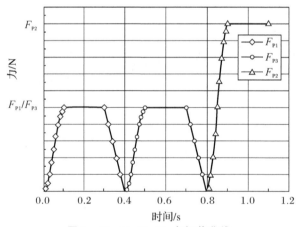

图 5-52　P_1、P_2、P_3 点加载曲线

参 考 文 献

[1] 邱少波.汽车碰撞安全工程[M].北京:北京理工大学出版社,2016.
[2] 徐晓波.基于LS-DYNA的整车侧面碰撞虚拟试验的研究[D].哈尔滨:哈尔滨工业大学,2007.
[3] 裴新,黄世霖.非线性有限元模拟计算技术在汽车被动安全性研究中的应用[J].汽车技术,1998(2):15-19.
[4] 杨华.电动汽车正面碰撞仿真分析[D].武汉:武汉理工大学,2008.

[5] 徐文岷.汽车碰撞过程的有限元数值模拟[D].哈尔滨:哈尔滨工程大学,2007.

[6] 陈东益.某轻型卡车的碰撞安全仿真分析[D].南京:南京理工大学,2013.

[7] 唐波,赵晓红.ECE-R29-03版法规某驾驶室CAE分析和重卡未来安全发展方向[J].汽车与配件,2012(4):56.

[8] 陆文斌,欧建华,王佳怡.《商用车驾驶室乘员保护》试验要求与方法研究[J].质量与标准化,2011(5):22.

[9] 蒋成约,胡远志,李牧阳.汽车座椅设计与CAE分析[M].北京:清华大学出版社,2017.

[10] 李政宏.汽车车身碰撞仿真及其结构耐撞性研究[D].合肥:合肥工业大学,2013.

[11] 牛正风.货车驾驶室摆锤碰撞安全性研究[D].长沙:湖南大学,2011.

[12] 胡远志,曾必强,谢书港.基于LS-DYNA和HyperWorks的汽车安全仿真与分析[M].北京:清华大学出版社,2011.

[13] 董立强.汽车车身结构耐撞性分析技术与应用研究[D].长沙:湖南大学,2009.

[14] 全国汽车标准化技术委员会.汽车安全带安装固定点、ISOFIX固定点系统及上拉带固定点:GB 14167—2013[S].北京:中国标准出版社,2013.

[15] 董彦鹏,吕振华.垂向强冲击载荷下车辆缓冲座椅的安全带系统防护性能分析及优化[J].北京:清华大学学报(自然科学版),2012,52(7):989-994.

[16] DONG Y P,LU Z H. Analysis and evaluation of an anti-shock seat with a multi-stage nonlinear suspension for a tactical vehicle under a blast load [J]. Proceedings of the Institution of Mechanical Engineers Part D Journal of Automobile Engineering,2012,226(8):1037-1047.

第6章 车门分析

车门是汽车车身结构中相对独立的总成,是乘员进出车辆的通道,与车身组成一个整体,为乘员提供保护,减少噪声、雨雪、碰撞等外界因素对乘员的影响。车门的性能对整车的安全性和舒适性有着重要影响,本章对车门的结构形式及关键性能指标项进行简单的介绍,并对相关指标的仿真分析方法进行阐述。

6.1 车门简介

车门的结构形式种类繁多,按开启方式分为旋转式、折叠式和滑动式,旋转式车门主要用于小轿车和卡车,折叠式车门主要用于客车和公交车,滑动门用于微型车、MPV 等车型;按生产工艺可分为整体式车门和分体式车门,整体式车门的内外板由整块钢板冲压而成,而分体式车门由车门框总成及内、外板总成拼焊而成;按窗框形式分为有窗框车门和无窗框车门;按旋转方向分为逆开门、顺开门和上开门。

商用车车门一般采用旋转式分体车门,主要由三大部分组成,包括车门本体、车门附件及内饰件。车门本体是车门的主体结构,所有附件及内饰的安装都要依托于车门本体,在整个车门系统中起到支撑和框架的作用,一般由车门外板、车门内板、车门外板加强板、后视镜加强板、辅视镜加强板、车门防撞梁、车门支撑梁、铰链加强板、锁加强板、玻璃导轨及其他加强板等组成;车门附件主要为功能件,实现车门的锁闭、密封和玻璃升降等功能,包括铰链、门锁、玻璃升降器、后视镜等结构;车门内饰件主要指内饰板,具有储物、装饰、隔声、防止车外灰尘和水进入以及支撑肘腕等功能,车门本体结构如图 6-1 所示。

车门与车身通过上、下铰链及限位器相连接,如图 6-2 所示,随着车门的开启,限位器提供不同的车门开闭挡位。车门在使用过程中,不仅要保证良好的密封、较好的隔声性,同时在一些恶劣工况下要求结构不会发生大的变形、破坏,或者这些变形、破坏不会影响到车门的正常使用。

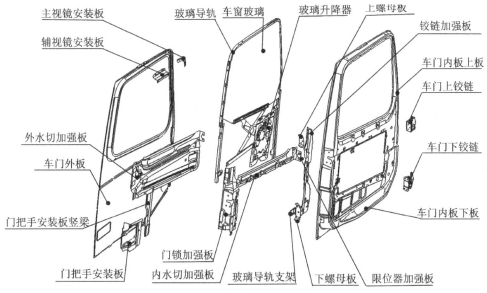

图 6-1 车门本体结构分解

对车门使用有重要影响的关键性能指标项主要有以下几方面：

(1)车门刚度。车门在快速关闭、碰撞、倚靠等外力作用下，会发生一定的变形，变形量过大就会影响到车门与车身的密封性能。刚度较大的车门，具有良好的密封性，可有效降低车内噪声，防止雨水、灰尘和废气进入。

(2)安装点局部刚度。车门上安装附件的刚度包括安装附件本身的刚度和安装点的刚度两部分，安装点的局部刚度会影响到附件的振动和使用性能。如门把手安装点刚度不足会影响车门关闭，门锁安装点刚度不足会影响门锁的正常关闭，后视镜及补盲镜安装点刚度不足会引起振动。

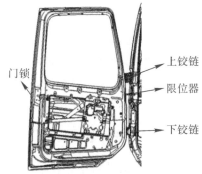

图 6-2 车门车身连接方式方式

(3)车门模态。车门模态表征车门抵抗振动的能力，固有频率越高越不易产生振动问题。车门的固有频率应避开车身振动频率，从而保证车门良好的动态性能。

(4)车门过开。车门过开是由于使用者误操作，导致车门过度开启。车门过开会导致车门、铰链系统、限位器和车身侧围外板产生很大应力。如果车门过开频繁发生，可能会引起车门系统过早老化和金属损伤，造成车门性能变差，甚至无法关闭车门。因此车门设计应能抵抗一定的车门过开力，保证车门的正常使用。

(5)车门下沉刚度。车门下沉刚度是车门的重要设计指标之一，它是指车门打开一定角度，在车门自重及驾乘人员上、下车时借助车门支撑身体而产生的垂直载荷共同作用下，车门抵抗变形以及卸载后恢复原状的能力。车门下沉刚度不足会影响车门开关可靠性，引起车门卡死、关闭力增大、间隙不均匀，严重时会造成漏风、渗水、行驶过程中车门振动及噪声等问题。

(6)车门外板抗凹。车门外板是车身主要的覆盖件,它具有尺寸大和曲率大的特点,当外载荷达到一定程度时,外板很容易产生凹陷,甚至发生永久变形。这不仅影响汽车的美观,而且会影响汽车的使用性能。车门外板抗凹性能指外板在受到人为触摸、按压、振动及碎石冲击等外力时,抵抗变形、恢复原状的能力。

(7)铰链强度。车门在开、关过程中,主要靠铰链提供支撑,铰链应满足《汽车门锁和车门保持件》(QC/T323—2007)中的相关要求。铰链强度、刚度不足还会对车门下沉、过开等工况产生较大影响。

(8)车门跌落。平头卡车在翻转驾驶室时,如果车门未锁止,那么会在重力作用下绕铰链轴线加速旋转,直至车门完全打开。车门的冲击力可能会使限位器、铰链等连接件的安装面(白车身及车门侧安装面)出现撕裂、铰链断裂,导致车门不能正常开启和锁止。

(9)开闭耐久。车门在使用过程中,要频繁开启和关闭,关闭车门时,车门会绕铰链轴心以一定的角速度与车身发生撞击,多次的撞击会使车门局部出现断裂、变形、卡滞、锁不住或打不开的现象,撞击还会使车门结构件发生疲劳损伤,影响车门的使用寿命。

6.2 车门仿真分析

为了深入了解车门在各种工况下的力学性能,需对车门进行仿真分析,并对相关分析结果进行评判。车门的分析项目主要有车门刚度、模态、过开、下沉、抗凹、安装点刚度、铰链强度、车门跌落及车门耐久等,其中车门抗凹分析可参考第 4 章的 4.6 节中外板抗凹分析部分内容,相关分析方法及评判标准一致,此处不再说明。

6.2.1 分析模型处理

车门仿真分析主要有线性分析和非线性分析,建模时应先按照线性分析要求完成有限元模型的网格划分及单元质量检查、模型连接、材料参数输入等,非线性分析需输入材料塑性阶段的应力-应变参数。分析中需考虑几何非线性,部分分析工况需考虑部件间的接触关系。

车门仿真分析输入数据包括三维模型、连接关系、焊点文件、质量信息及材料属性。三维模型应包含完整的车门及车身(包含铰链、限位器、门锁);连接关系包含限位器的工作角度范围及限位臂力-位移曲线、门锁扭簧的扭转刚度及扭转角度范围等;焊点文件包含所有焊接及胶黏的位置及焊接、胶黏形式;质量信息应包含完整的零部件清单,关键总成及附件质量、质心信息;材料参数主要有材料牌号、弹性模量、泊松比、密度、材料应力应变曲线、屈服极限、抗拉极限等,橡胶材料要有对应的本构模型参数。

车门分析的几何清理、网格划分、连接等可参考第 3 章中相关要求,本章以 Hypermesh 为例,介绍车门分析模型处理中需要特殊处理及简化部分,其他分析软件采用类似方法。

(1)车门模型。车门分析中需要用到白车门及整备车门,白车门是金属板件通过焊接形成的车门主体结构,不包含车门附件及内饰件。整备车门包含白车门、附件和内饰件,可根据分析需要采用实际结构或者简化质量点方式与白车门相连接。车门包边可采用共节点方式模拟,包边厚度由包边板件的厚度决定,如图6-3所示。

(2)驾驶室模型。车门分析中需要用到驾驶室模型,为提高计算效率,可采用驾驶室中靠近车门处的局部白车身和顶盖模型,如图6-4所示。

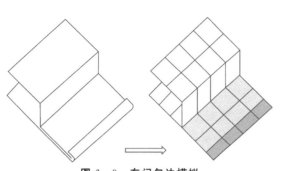

图6-3 车门包边模拟

图6-4 局部白车身模型

(3)限位器模型。限位器作为车门系统的关键部件,一般安装在车门上、下铰链之间。限位器有三个作用:一是限制车门的最大开度,防止车门外板与车身干涉;二是提供车门开闭挡位,使车门在开闭过程中有2~3个定位点;三是保证车辆在坡道停车或刮风时车门在某一定位点可以停住,不自开和不自闭。

限位器常见结构如图6-5所示,限位器安装支架通过螺钉与车门连接,限位器盒通过螺钉与车身连接,或者安装支架与车身连接,限位盒与车门连接。随着车门的开启,与车门连接的安装支架开始外伸并旋转,带动限位臂7发生伸缩及旋转。由于限位臂上设计有高低不同的结构,弹性橡胶压块5会产生相应的弹性变形,在每一个限位槽的位置,便能起到对车门的限位作用。当限位臂运动至缓冲块8与限位器盒4接触时,缓冲块开始压缩直至挡板9与限位盒接触,此时限位器伸缩臂运动至最大行程。

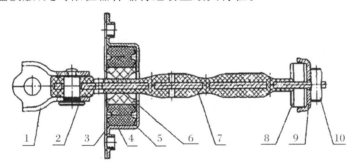

1—安装支架;2—销轴;3—盖板;4—限位器盒;5—压块;6.滑块;
7—限位臂;8—缓冲块;9—挡板;10—挡板限位轴

图6-5 限位器常用结构

在建立限位器模型时,限位臂应采用三维实体单元建模,如图6-6所示。在车门跌落分析中,为了提高计算效率,可采用非线性弹簧单元进行模拟,弹簧单元变刚度参数可参考图6-7所示的限位器的实测力-位移曲线。对于两端都可自由转动的限位器,可通过梁单元释放其转动自由度。

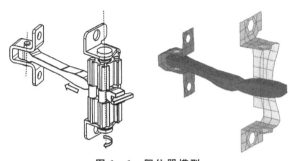
图 6-6　限位器模型

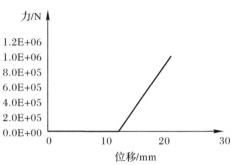
图 6-7　限位器力-位移曲线

(4)门锁模型。门锁作为汽车的一个重要安全部件,不仅要满足车门关闭时防止他人随意进出,实现防盗的功能,同时还应具备安全可靠性,保证汽车在行驶或发生碰撞时车门不能自动打开,碰撞发生后能正常开启。随着汽车设计的不断演变和发展,相继出现了勾簧式、舌簧式、齿轮齿条式、凸轮式和卡板式的汽车门锁。由于勾簧和舌簧式门锁不能承受纵向载荷,目前已经被淘汰;齿轮齿条式和凸轮式门锁对车门的配合要求精度较高,主要用于行驶路况较好的车;目前应用最广泛的是卡板式门锁,如图 6-8 所示,由于其啮合可靠、强度高、安全可靠,适用于各种车辆。

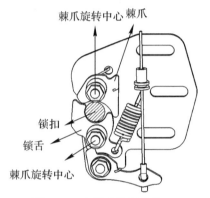
图 6-8　卡板式门锁结构

车门从开启到关闭,门锁将以车门铰链的轴心连线为旋转轴,沿着锁体的关闭曲线,与锁扣相撞。锁舌受到锁扣的推力沿着关闭曲线旋转,当锁舌旋转到锁体半锁位或全锁位时,棘爪弹出,与锁舌的缺口啮合。车门关闭时,锁扣受密封条反力向外拉动锁舌,由于棘爪卡住锁舌,锁舌无法回到初始位置,不能打开车门。当拉动车门的外开或内开把手时,连动装置将拉启棘爪,使棘爪与锁舌脱离,受密封条反力的作用,锁舌回旋到初始位置,锁扣从锁舌中脱离,车门打开。

在车门关闭耐久性分析中,门锁系统对关闭能量的衰减有重要作用。车门关闭时,由于锁扣、锁舌及棘爪会发生碰撞接触,锁体需采用两层以上的实体单元建模,锁中的扭簧用连接器单元进行模拟,扭簧刚度按照实际刚度设置,锁体模型如图 6-9 所示。

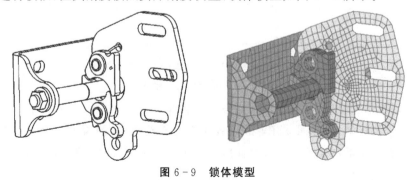
图 6-9　锁体模型

(5)铰链模型。铰链根据加工方式的不同分为冲压式和铸造式。其中冲压式铰链采用板材冲压成型,铰链结构简单、工艺性好、成本低,但结构强度和刚度相对于铸造式较差,商用车车门常用铸造式结构。铸造式铰链可分为无限位及有限位两种,如图 6-10 所示,无限位铰链在转动过程中不会发生接触、干涉;有限位铰链的两个合页转动到一定角度时,限位面会由于接触产生机械限位。

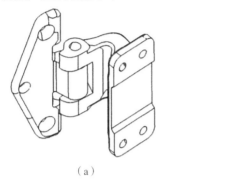
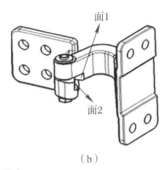

(a) (b)

图 6-10 铰链结构形式
(a)无限位铰链;(b)有限位铰链

铰链有限元模型采用两层以上实体单元进行建模,在不关注铰链销轴局部应力的情况时,铰链销轴可采用刚性单元+梁单元进行模拟,需要释放梁单元的转动自由度,铰链模型如图 6-11 所示。在铰链强度分析中,需建立销轴的实体模型,并考虑接触。

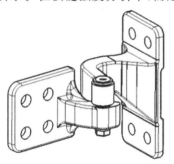

图 6-11 铰链模型

(6)橡胶模型。在车门耐久性分析中,橡胶密封条对车门关闭能量衰减有重要影响。当车门关闭时,车门侧橡胶与车身外边框发生碰撞,车身侧橡胶与车门内板边缘发生碰撞。橡胶模型一般采用六面体单元进行网格划分,如图 6-12 所示。

图 6-12 门框橡胶条模型

在车门耐久分析中,应选用合适的橡胶本构模型。橡胶材料力学性能的描述方法大致可分为两大类:一类是将橡胶作为连续介质的现象学描述,另一类是基于热力学统计的方法。目前在工程上,基于连续介质力学理论的多项式模型(如 Mooney‑Rivlin 模型、Yeoh 模型等)应用较为普遍。

1) Mooney‑Rivlin 模型。现象学的描述方法在处理橡胶弹性时,把橡胶材料的变形看成是各向同性的均匀变形,以单位体积应变能密度来描述橡胶力学特性,其应变能密度函数的 N 阶多项式模型为

$$U = \sum_{i+j=1}^{N} C_{ij} (I_1-3)^i (I_2-3)^j + \sum_{i=1}^{N} \frac{1}{D_i}(J-1)^{2i} \quad (6-1)$$

式中:U 为单位体积应变势能;N、C_{ij}、D_i 为由实验确定的常数;J 为橡胶变形前后的体积压缩比;I_1、I_2 为第一和第二 Green 应变不变量。

其中 N 一般选取 $1\sim3$,D_i 表示材料是可压缩的,如果所有的 D_i 为 0,则表示材料完全不可压缩。对于可压缩材料,如果 $N=1$,则只有线性部分的应变能保留下来,即 Mooney-Rivlin 模型,模型表达式为

$$U = C_{10}(I_1-3) + C_{01}(I_2-3) + \frac{1}{D_1}(J-1)^2 \quad (6-2)$$

若采用两参数的模型,且将材料视为不可压缩,则式(6-2)变为

$$U = C_{10}(I_1-3) + C_{01}(I_2-3) \quad (6-3)$$

据此只要确定橡胶材料的两参数 C_{10}、C_{01},即可用此橡胶材料进行有限元仿真分析,C_{10}、C_{01} 一般可通过试验数据得出。由于仅保留了有限的项数,Mooney‑Rivlin 模型无法准确地反映大变形状态下超弹性材料的应力‑应变关系,适用于中、小应变,当应变小于 1.33 时,计算精度能够满足工程要求。

如果式(6-1)中 $C_{ij}=0(j\neq0)$,则得到减缩的多项式模型:

$$U = \sum_{i=1}^{N} C_{i0}(I_1-3)^i + \sum_{i=1}^{N} \frac{1}{D_i}(J-1)^{2i} \quad (6-4)$$

当 $N=3$ 时,则减缩多项式为 Yeoh 模型,它是减缩多项式的特殊形式:

$$U = \sum_{i=1}^{3} C_{i0}(I_1-3)^i + \sum_{i=1}^{3} \frac{1}{D_i}(J-1)^{2i} \quad (6-5)$$

2) Yeoh 模型比较适合模拟炭黑填充的天然橡胶大变形行为。两种橡胶材料本构模型的应力‑应变曲线对比如图 6-13 所示。

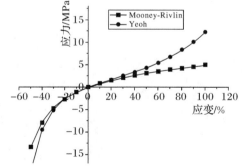

图 6-13 典型的橡胶材料本构模型应力‑应变曲线

由以上分析可知:在橡胶工程应变小于1.33时可选择 Mooney-Rivlin 模型;当工程应变大于1.33且小于4时,可选择 Yeoh 模型。

6.2.2 车门刚度分析

车门刚度主要考察对车门密封、关闭性能影响较大的位置点的刚度,包括白车门内、外腰线刚度及前、后点扭转刚度。

车门刚度分析采用白车门模型,分析中考虑材料、几何非线性,不考虑接触。模型约束如图6-13所示,上、下铰链与车身连接螺栓孔全约束,门锁处约束自由度123,后下角点处约束自由度2。

腰线刚度分析分别在腰线中间靠近边界用柔性连接单元抓取区域节点,如图6-14所示,在抓取的节点中心逐步加载沿车门外板法线方向的集中力 $F=200$ N。前、后点扭转刚度分别在车门窗框前上、后上端位置用柔性连接单元抓取区域节点,如图6-15所示,在节点中心逐步加载沿车门法线方向的集中力 $F=800$ N,然后卸载到0 N。

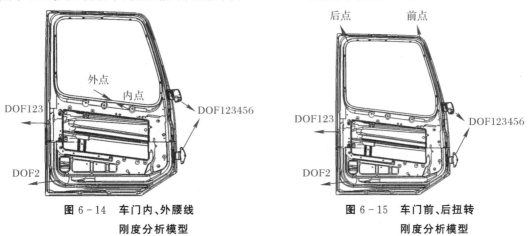

图6-14 车门内、外腰线刚度分析模型　　图6-15 车门前、后扭转刚度分析模型

按照刚度定义,分别计算出前、后点扭转及内、外腰线刚度

$$K=\frac{F}{S} \tag{6-6}$$

式中:K 为局部刚度,N/mm;F 为沿安装孔面法向施加的集中力,N;S 为加载点沿力的方向产生的位移,mm。

分别计算出前、后点在集中力 $F=80$ N 时对应的扭转刚度,并查看集中力为800 N 时对应的位移、塑性应变及卸载后残余位移。内、外腰线刚度主要考察集中力 $F=200$ N 时对应的刚度。商用车车门扭转刚度一般要求大于120 N/mm,车门内、外腰线刚度一般要求大于130 N/mm。

6.2.3 安装点刚度分析

安装点刚度分析主要考察车门把手、门锁、后视镜、补盲镜、铰链等安装点在垂直于安装孔法线方向的集中力作用下的刚度。

安装点刚度分析模型采用白车门,分析类型为线性静力分析。如图 6-16 所示,在车门下端两侧及车门(腰线)左、右两侧约束自由度 123456。在门把手、门锁、后视镜、补盲镜、铰链等部件对应安装点的法向分别加载 100 N 的压力,查看对应加载点的位移,计算出安装点刚度。

门把手的安装点刚度应满足车门开启时有较好的"手感",门锁安装点刚度要求车门在关闭时,门锁能正常锁止,后视镜、补盲镜的安装点刚度应保证后视镜自振频率不会与发动机及路面激励发生共振,铰链安装点刚度要求车门在自重作用下的下垂量能让门锁正常锁止。

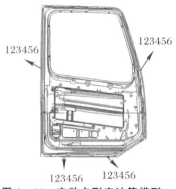

图 6-16 安装点刚度计算模型

6.2.4 车门模态分析

车门模态频率应避开来自于发动机、路面不平度引起的激励频率及与车门相连的车身振动频率。发动机激励频率与发动机转速及气缸数有关,主要有怠速及常用转速时发动机的激振频率;路面激励频率与车速及道路水平有关,普通城市路面常用车速行驶激励频率一般小于 25 Hz。车门模态主要分析白车门在 0~80 Hz 范围内的自由、约束两种状态的频率及对应振型。

车门模态分析一般采用白车门模型,自由模态不需对分析模型进行约束,约束模态需分别在铰链及门锁处进行约束。一般查看白车门一阶扭转、外板局部、内板局部、一阶弯曲等主要振型对应的频率,车门模态计算结果如图 6-17 所示。

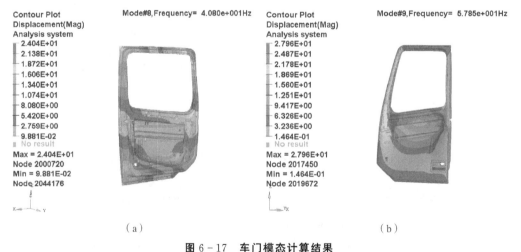

(a)   (b)

图 6-17 车门模态计算结果

(a)—一阶扭转;(b)—外板局部

6.2.5 车门过开分析

车门过开指车门开启至限位器极限工作角度,在门锁中心,沿车门法向加载集中力 F(一般取驾乘人员自重的 1/2),考察车门的过开角度、最大塑性变形、卸载后残余变形及车门上、下角相对变形量是否满足要求。

车门过开分析采用整备车门及与之相连接的局部车身模型,如图 6-18 所示,车门与车身通过上、下铰链及限位器连接,释放铰链转动自由度。分析中考虑车门重力影响及几何、材料非线性。车门过开中的关键受力区域,如上、下铰链及限位器等局部位置需建立接触。

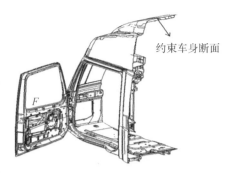

图 6-18 过开分析模型

约束车身截面所有自由度,加载共分三步:第一步,对车门施加 1g 的重力加速度,重力加速度在后续载荷步分析中保持;第二步,在门锁处加载法向集中力 F;第三步,卸载集中力至 0 N。一般要求车门在集中力 F 作用下,车门过开角(相对于铰链中心轴线转动角度)不大于 5°,卸载后车门能正常关闭、锁止。

6.2.6 车门下沉分析

车门下沉量会受到多个因素的影响,包括车门自身刚度、铰链刚度、车身侧铰链安装点刚度等。为全面了解这些因素对车门下沉的影响,需要分析带车身及车门单体两种状态的车门下沉量,带车身分析可以得到车门在实际工作过程中的下沉量,车门单体下沉分析可以得到车门自身刚度对下沉量的影响。

车门单体下沉分析采用带铰链的整备车门模型,带车身分析与过开分析模型一致。分析时将车门开启至限位器的一档限位角。分析中考虑车门重力影响,考虑几何、材料非线性,关键受力区域建立接触。

 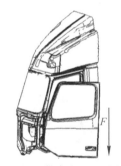

图 6-19 单体车门下沉分析　　图 6-20 带车身下沉分析

如图 6-19、图 6-20 所示,两种下沉分析都是约束车门开启方向自由度,在锁扣中心位置加载垂直向下 1 000 N 载荷,然后卸载,分析中考虑重力场。车门单体分析需将铰链安装孔全约束,带车身分析将车身边界全约束。一般要求车门在 1 000 N 垂向载荷下最大位移小于 10 mm,卸载后残余变形小于 1 mm。

6.2.7 车门铰链强度分析

铰链强度分析参考 QC/T323—2007《汽车门锁和车门保持件》中的相关要求,通过 CAE 分析模拟铰链实际试验工况。

(1) 标准解读。QC/T323—2007 铰链静强度试验,将车门铰链按照车门处于全关闭状态时的位置安装在试验夹具上,如图 6-21 所示,两铰链的外端距离为(405±4)mm,加载点位于两铰链轴线中心处,方向如图 6-22 所示,拉力试验机以不大于 5 mm/min 的速度分别施加 11 kN 的横向载荷及 9 kN 的纵向载荷,评判标准为加载过程中铰链不能断裂。

QC/T323—2007 铰链疲劳试验,车门铰链应满足 10 万次耐久性试验,将车门铰链总成按照实际工作位置安装在实车或模拟实车试验设备上,以接近实际开闭车门的速度,在车门最大开启角度进行 10 万次往复车门开闭试验。评判标准为试验后车门铰链能正常工作。

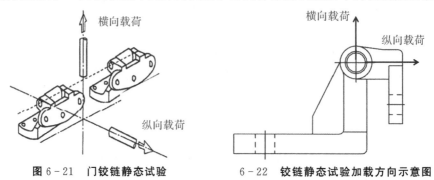

图 6-21　门铰链静态试验　　　　6-22　铰链静态试验加载方向示意图

(2) 铰链的 CAE 分析。根据 QC/T323—2007《汽车门锁和车门保持件》要求,对铰链的横向及纵向静强度进行仿真分析,铰链耐久性分析将在本章 6.2.9 节中与车门一起进行分析。铰链静强度采用非线性分析,考虑几何、材料、接触等非线性。铰链及铰链中心轴、上、下夹具采用三维实体单元(夹具刚度应远大于铰链刚度),如图 6-23 所示,铰链与夹具通过螺栓连接,铰链与夹具及铰链销轴与连接孔等处建立接触。

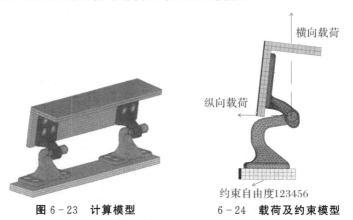

图 6-23　计算模型　　　　6-24　载荷及约束模型

如图 6-24 所示,约束下夹具底面自由度 123456,加载点约束除加载力以外方向的所有自由度,分别加载 11 kN 横向载荷及 9 kN 的纵向载荷,要求铰链结构在两种工况下最大应力小于材料抗拉极限。

6.2.8　车门跌落分析

车门跌落是指商用车驾驶室在翻转状态下,由于车门未锁止到位,在重力作用下,车门从闭合状态开始绕铰链中心加速转动,当转动到一定位置时,由于铰链或限位器的机械限位,所以车门转动角速度逐渐减小,最终静止的过程,如图 6-25 所示。

车门跌落分析属于非线性动力学分析,如果从车门 0°闭合状态开始计算,效率较低。因此在实际分析时一般将车门到达铰链或限位器即将限位前的某一位置作为分析初始状态。如果铰链限位早于限位器限位,将车门处于铰链开始限位位置作为初始状态,加载对应的角速度 ω_{end} 进行分析,反之,将车门处于限位器开始机械限位的位置作为初始状态,加载对应的初角速度进行分析。

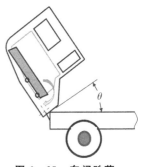

图 6-25 车门跌落

车门跌落过程中势能:

$$E_{pot} = m_d g h = m_d g [\sin\theta \Delta_{cog}(1-\cos\lambda)] \tag{6-7}$$

式中:E_{pot} 为跌落过程中势能;m_d 为车门质量;g 为重力加速度;h 为车门重心相对于初始位置高度变化量;θ 为驾驶室相对于地面倾斜角度;Δ_{cog} 为上、下铰链距离;λ 为车门限位角度(绕铰链转动,相对车门初始位置,受铰链和限位器影响)。

由于车门跌落过程中能量守恒,考虑限位器做功,铰链或限位器机械限位时车门的动能 E_{kin} 为

$$E_{kin} = E_{pot} - E_{ds} \tag{6-8}$$

式中:E_{ds} 为限位器在跌落过程中做功,可根据表 6-1 进行计算。

表 6-1 某限位器力-位移曲线

力/N	位移/mm
0	0
0.5	5.53
1.0	11.06
100.0	12.06
1.0×10^6	21.06

由式(6-8)可知,车门的最终角速度 ω_{end} 为

$$\omega_{end} = \sqrt{\frac{2E_{kin}}{I_d}} \tag{6-9}$$

式中:I_d 为车门绕铰链销轴中心的转动惯量。

分析中,车门采用整备模型,将车门转至接近(如小于限位角 λ 为 0.01°的位置)限位角度 λ 的位置,车身采用局部模型,将车身翻转至极限位置 θ。车门和车身通过铰链及限位器相连接,释放铰链转动自由度,限位器采用非线性弹簧单元模拟,弹簧单元参数根据实际的力-位移关系(见表 6-1)确定。分析中考虑重力、几何大变形、材料及接触等非线性。约束车身截面所有自由度,对车门施加绕铰链中心的转动角速度 ω_{end}。

车门发生跌落后,应保证车门能正常关闭和锁止。分析结果主要查看车门、车身的应力、应变云图(最大应力、应变对应的时刻)、车门处于关闭状态时锁中心 X 向残余变形及 Z

向残余变形(图 6-26)。要求最大应力不超过结构件抗拉强度、最大塑性应变小于 5%,车门锁中心 X 向残余变形小于 2 mm,Z 向残余变形小于 2 mm。

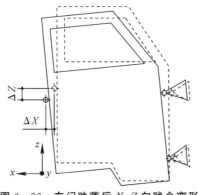

图 6-26 车门跌落后 X、Z 向残余变形

6.2.9 车门开闭耐久性分析

车门作为车身结构中使用频率较高的开闭件,频繁开闭车门,会造成门锁、玻璃升降器等结构疲劳损伤。一般可通过疲劳试验来验证车门的使用寿命,也可通过仿真分析模拟开闭过程,计算车门开闭耐久性。

车门关闭过程是指车门以一定初始速度撞击车身侧门框,门锁啮合锁止,密封条吸能直到车门逐渐静止的瞬态非线性响应过程。车门疲劳计算需要建立车门瞬态分析模型,采用整备车门及局部车身模型,如图 6-27 所示,考虑车门重力、几何、材料非线性,整个模型建立接触,车身截面全约束,限位器对车门开闭耐久性分析的影响较小,可忽略。

图 6-27 车门耐久性分析模型

为准确模拟车门关闭过程的瞬态非线性效应,车门密封条、门锁、铰链都应建立实体模型,尤其是对车门关闭能量衰减有重要作用的橡胶密封条和门锁系统。锁中扭簧采用连接器单元,对应扭转刚度 K 根据锁具实际参数设置。车门侧及车身侧密封橡胶圈采用六面体网格,根据橡胶受力特点,选择 Mooney-Rivlin 或 Yeoh 模型。

车门分别以常用关闭速度 1.3 m/s、1.6 m/s、2.1 m/s(以铰链中心为旋转轴,门锁中心点的线速度)撞击门框。把各个速度对应的瞬态计算结果文件导入相关疲劳分析软件中,通过线性损伤叠加计算得出各点的综合损伤值。商用车车门目标寿命一般要求不小于 10 万次。

参 考 文 献

[1] 顾晓丹,刘高领.基于 Nastran 的汽车外后视镜模态提升方法[J].汽车零部件,2018(8):36-39.
[2] 李俊,张宗华.汽车卡板式门锁的锁紧机构设计与分析[J].汽车零部件,2012(9):111-112.
[3] 卜继玲,黄友剑.轨道车辆橡胶弹性元件设计计算方法[M].北京:中国铁道出版社,2010.
[4] 侯传伦,戚援,王慎,等.基于 Mooney-Rivlin 模型和 Yeoh 模型的橡胶弹性车轮刚度特性分析[J].内燃机与配件,2018,263(11):44-46.
[5] 陈健,刘俊红.车门屈曲抗凹性能提升方法研究[J].汽车实用技术,2017,(12):4-6.

第 7 章 车架系统分析

对商用车来说,车架是整车的基体,绝大多数总成、部件(车身、发动机、悬架、货厢等)都装配在车架上(见图 7-1)。汽车在路面上行驶,车架受到来自车内、外各种载荷的作用,使车架产生振动、变形甚至开裂,影响车架可靠性,同时也直接或间接地影响其他相连部件的使用性能,影响整车品质和行驶安全性。因此,车架作为整车的骨架不仅要满足各总成部件的安装要求,还要满足自身结构刚度、强度、可靠性等性能要求。

图 7-1 商用牵引车

7.1 车架简介

商用车分为客车、货车、半挂牵引车、客车非完整车辆(客车底盘)、货车非完整车辆(货车底盘),不同车辆的车架结构形式差异较大,本章主要研究对象为货车。

货车车架结构分为框架式[也叫梯形车架,见图 7-2(a)~(c)]和脊梁式[见图 7-2(d)]。梯形车架具有抗弯强度高,制造工艺性好,便于零部件安装等优点,目前应用最为广泛,进行重点介绍。通常梯形车架有三种类型,分别是平行梯形[见图 7-2(a)]、阶梯梯形[见图 7-2(b)]和倾斜梯形[见图 7-2(c)]。平行梯形车架结构规则,便于制造,是梯形车架中最为常用的一种;阶梯梯形车架有的前宽后窄,有的前窄后宽,也有的为三段阶梯,主要是与发动机、驾驶室、桥等部件匹配需要设计而成;倾斜梯形车架纵梁截面会有变形,目的是降低整车高度。车架的不同结构形式体现了不同使用条件的要求,应根据车型开发目标进行设计,实现与整车性能的最佳匹配。

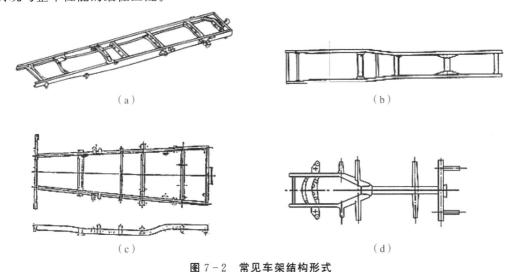

图 7-2 常见车架结构形式

(a)平等梯形车架;(b)阶梯梯形车架;(c)倾斜梯形车架;(d)脊骨式车架

车架主要由纵梁、横梁、横纵梁连接板、加强梁等部件组成。纵梁是车架中主要的承载元件,通常采用汽车大梁钢板冲压而成,其长度接近整车长度,纵梁截面一般为槽形,也有Z字形或箱形截面。梯形车架纵梁的上表面应尽可能做成平直的(利于上装的搭载),根据车型不同和结构布置的要求,纵梁也可以在水平面内或纵向平面内做成弯曲的。为了使材料得到合理利用,也将纵梁设计成等强度梁,即中部截面高度较大,两端逐渐减小。通常重型货车车架纵梁多采用等截面直梁,轻型货车车架纵梁多采用变截面梁,各种纵梁的形状及其断面如图 7-3 所示。

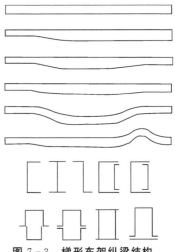

图 7-3 梯形车架纵梁结构

车架横梁通过铆接、栓接或焊接将左、右纵梁连接在一起,构成一个完整的框架,以保证车架的扭转刚度,横梁同时承担部分由纵梁传递上来的力。为满足车架强度、刚度性能和安装要求,要选择合适的横梁结构形式,并合理布置。横梁布置的一般原则是沿着纵梁方向,横梁刚度中部强、两端弱,在关键受力点布置横梁。例如,前后悬架与纵梁的连接部分为载荷主要传递的位置,通常会在局部产生较大的剪力和沿纵梁延伸方向的弯矩,因此,在横梁布置过程中优先考虑在板簧支座处布置横梁。通常采用的横梁及横纵梁连接板结构形式及结构特点如图 7-4 所示并见表 7-1,常见梯形车架实物如图 7-5 所示。

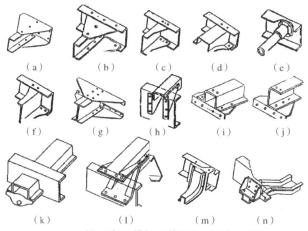

图 7-4 梯形车架横梁及横纵梁连接板结构

表 7-1 各类横梁结构形式特点对比

序号	结构形式	优缺点	常用部位	连接方式
1	槽形横梁 (a)、(b)、(c)、(d)、(f)、(h)、(i)、(j)	抗弯能力较强,抗扭能力相对于管梁等闭口形梁较弱,工艺简单且利于装配,应用较为普遍	前、后簧支架位置,车架中部	用连接板与纵梁腹面或翼面连接
2	圆管横梁 (e)	管梁具有较高的抗扭刚度,抗弯能力稍弱,管梁不利于附件的连接	多用在重卡第一横梁和轻卡第二横梁,在部分重卡后悬架位置也有应用	与纵梁腹面栓接、焊接或用连接板与纵梁下翼面连接
3	工字形横梁 (g)	工字形横梁抗弯强度较大,抗扭能力一般	前、后簧支架位置	不常用,连接困难
4	封闭式横梁 (k)	封闭式横梁抗弯扭能力均较强,在轻量化上没有优势	车架中部,扭转中心	焊接,用于刚性车架
5	鳄鱼式横梁 (l)	抗弯能力较差,可以获得较大的腹部空间	用于吊装变速箱、传动轴等	与纵梁翼面连接
6	帽形横梁 (m、n)	有一定的抗弯扭能力,可以获得较大的腹部空间	纵梁前、后部的连接,发动机下沉处	与纵梁翼面连接

图 7-5 梯形车架实物图

车辆运行过程中,车架受到外部和内部载荷的共同作用。外部载荷路面及驾驶条件产生的载荷,如颠簸路面的垂向冲击力、转弯时的离心力、加速及制动时产生的惯性力、发动机的扭力及振动等,内部载荷主要指发动机激励,如发动机的扭转力及振动激励。复杂多变的载荷长期作用会导致车架结构失效,常见失效形式为横梁或纵梁开裂,铆钉螺栓松脱、断裂等,如图7-6所示。

图7-6 车架失效案例

为保证车架在运行过程中性能稳定,需合理设计纵梁截面形状,并科学布置横梁。车架结构性能指标主要包括强度、刚度、疲劳和模态。

(1)结构强度。车架需具有足够的强度,保证纵梁、横梁等主要零件在受载时不产生开裂和严重永久变形等问题,满足汽车结构的可靠性。

(2)结构刚度。刚度表征车架受到载荷时抵抗变形的能力,车架刚度应在合理范围之内,并保持车架上各安装零部件正常的连接和相对位置关系,不影响零部件正常工作。车架结构刚度主要包括弯曲刚度和扭转刚度。

(3)疲劳寿命。汽车行驶中受到路面激励、动力传动系统等内外部载荷的作用,会对结构件造成疲劳损伤,车架疲劳寿命需满足整车使用寿命要求。

(4)模态。模态表征车架的振动属性,车架的固有频率应避开路面激励频率、轮胎激励频率、驾驶室刚体模态频率及发动机怠速频率等,保证车辆具有良好的动态性能。

为减少设计缺陷,借助有限元分析技术对车架结构性能进行仿真分析是目前国内外主流的车架设计校核方式,本章围绕车架的静强度、刚度、疲劳、模态的有限元分析方法和要求进行阐述。

7.2 车架仿真建模

车架系统仿真模型包含车架总成、悬架系统及安装在车架上的主要总成部件(如驾驶室总成、动力总成、燃油箱或动力电池包、蓄电池箱、传动轴总成、上装及货物等)三大部分,某自卸车车架系统仿真分析模型如图7-7所示。

建立车架系统仿真模型,应选择合适的单元类型,且质量分布、连接方式、运动关系与实车一致,才能保证仿真结果的可信度。车架总成中纵梁、横梁等钣金件采用2D单元,悬架支座、垫块等铸件采用3D单元模拟;钢板弹簧、车轴、稳定杆通常用1D梁单元模拟;推力杆、导向杆通常用杆单元模拟;空气弹簧、螺旋弹簧用弹簧单元模拟,可以用线性或非线性弹簧单元来反映弹簧的等刚度或变刚度特性。钢板弹簧式前、后悬架建模分别如图 7-8、图 7-9 所示。安装在车架上的主要总成部件采用质量点简化模拟,保证质量参数、质心坐标以及与车架连接的正确性。

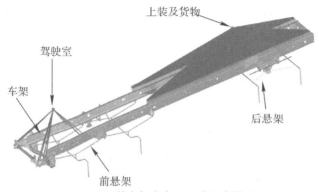

图 7-7 某自卸车车架系统仿真模型

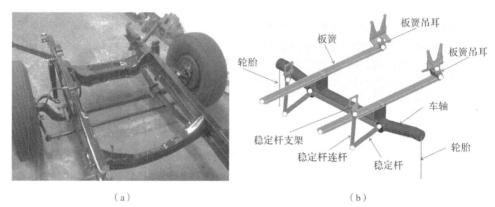

图 7-8 商用车前悬架(钢板弹簧式)
(a)前悬架实物;(b)前悬架仿真模型

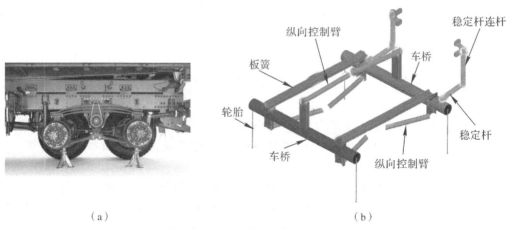

图 7-9 商用车后悬架(钢板弹簧式)
(a)后悬架实物;(b)后悬架仿真模型

车架总成零部件建模方法和要求见本书第3章,本节重点对悬架系统等效建模方法和要求进行叙述。

车架结构分析不关注悬架应力结果,悬架建模可以简化。但是悬架作为外界载荷向车架的传递路径,悬架建模的准确性直接影响车架受力,因此需按照实际的悬架结构形式,建立悬架系统的简化等效模型,保证各结构硬点坐标、铰点自由度、单元截面及方向、质量等参数准确。悬架关键零部件建模方法如下。

(1)车轴(桥)采用梁单元(CBEAM或CBAR)模拟。由于车轴(桥)形状复杂,建模时选取主体特征截面进行简化建模,如采用圆管、方管或工字梁截面,保证车轴(桥)的刚度和质量分布与实车吻合。

(2)推力杆、导向杆采用杆单元(CROD)模拟,销轴、稳定杆、板簧吊耳采用梁单元(CBEAM或CBAR)模拟。通过硬点建立梁单元结构轮廓,在硬点之间根据零件实际截面建立相应属性的梁单元。

(3)钢板弹簧采用梁单元(CBEAM或CBAR)模拟。通常将多片钢板弹簧等效为单片矩形截面板簧,并保证简化后板簧的刚度与原板簧一致。简化的单片板簧的长度和宽度与实际一致,通过计算截面的等效厚度,使板簧刚度属性与实际一致。

根据汽车设计理论可知,板簧基于等截面简支梁中点(车轴安装位置)应力和刚度(挠度)指标设计,可得截面惯性矩与中点垂向刚度关系为

$$J=\frac{L^3 C}{48E} \tag{7-1}$$

式中:J 为钢板弹簧截面惯性矩(mm^4);L 为钢板弹簧长度(mm);C 为钢板弹簧中点垂向刚度(N/mm);E 为钢板弹簧材料的杨氏模量(MPa)。

矩形截面板簧惯性矩与尺寸的关系为

$$J=\frac{bh^3}{12} \tag{7-2}$$

式中:J 为钢板弹簧截面惯性矩(mm^4);b 为钢板弹簧宽度(mm);h 为钢板弹簧等效厚度(mm)。

板簧等刚度建模即要求截面惯性矩相等,由式(7-1)和式(7-2)可得等效板簧厚度计算公式为

$$h=\sqrt[3]{\frac{12J}{b}}=\sqrt[3]{\frac{L^3 C}{4Eb}} \tag{7-3}$$

计算得出板簧等效厚度 h,即可创建宽度为 b、厚度为 h 的等效截面钢板弹簧。

(4)车轮建模采用梁单元(CBEAM或CBAR)模拟,如图7-10所示。梁单元一般以钢材料的杨氏模量为基础,确定单元长度、截面形状及截面积。单元长度为车轮半径,单元截面采用通用截面形状,设置相应截面积和转动惯量等属性参数,其中单元截面积 A 通过车轮刚度、载荷等参数计算,其计算公式为

$$\Delta r=\frac{F}{C} \tag{7-4}$$

$$\Delta r=\frac{Fr_0}{EA} \tag{7-5}$$

$$A = \frac{Cr_0}{E} \quad (7-6)$$

式中：A 为截面面积(mm^2)；C 为车轮垂向刚度(N/mm)；E 为材料的杨氏模量(MPa)；F 为车轮载荷(通常为一半的车轴载荷)(N)；r_0 为车轮自由半径(mm)；Δr 为车轮负载压缩量(mm)。

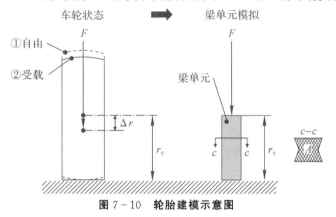

图 7-10 轮胎建模示意图

由于 1D 单元简化了零件的结构特征，会导致单元质量与零件实际质量存在一定差异，一般通过调整材料密度或者添加质量点的方法对零部件模型进行配重，使模型质量与实物质量保持一致，保证整车质量分布的准确性。

建模完成后需检查模型的准确性。车架仿真模型除进行单元质量等常规检查外，还需检查模型质量、质心坐标、连接关系等，见表 7-2。

表 7-2 车架仿真模型检查表

检查项	指标	对结果的影响
总质量，簧下、簧上质量	与设计总质量误差为 -3%～0%	重力载荷
整车质心	与设计质心坐标误差为 1%	轴荷分配
悬架硬点位置	与实际参数一致	运动学关系、载荷传递
连接副自由度	与实际参数一致	运动学关系、载荷传递
悬架 1D 单元截面方向	与实际参数一致	悬架刚度

7.3 车架强度分析

车架强度分析重点考察极限载荷工况的结构静强度，车辆在实际使用中运行工况主要包含以下 8 种。

图(a)车辆静止或在平路上匀速行驶时，车架主要承受自身以及安装在车架上的各总成、货物等重力载荷。

图(b)车辆在行驶时遇到路面起伏、减速带、沟坎等障碍时，会对车架产生垂向冲击载荷，大小取决于车速与路面起伏的大小。

图(c)车辆在转向行驶时，车架受到侧向惯性力，方向与转向方向相反，大小取决于整车侧向加速度的大小。

图(d)车辆在倾斜路面行驶,车体向一侧倾斜,重力对车辆侧向产生载荷分量,大小和方向与路面倾斜角度相关。

图(e)车辆在崎岖不平的路面行驶时,所有车轮在同一时刻不在同一平面内,从而使车架产生扭转变形,变形量取决于路面不平度、车架、悬架、轮胎的刚度等。

图(f)车辆加速时,受到与行驶方向相同的驱动力,并在惯性力作用下会导致轴荷向后转移。

图(g)车辆制动时,受到与行驶方向相反的制动力,并在惯性力作用下会导致轴荷向前转移。

图(h)安装在车架上的总成部件在工作时产生的载荷,如发动机、传动轴、压缩机等产生的局部扭矩、振动等。

由于安装在车架上的总成部件在工作时产生的扭矩、振动等为局部载荷,对车架的影响一般体现在具体安装部件的系统分析中,因此在车架系统分析中主要考虑图 7-11(a)~(g)7 种状态(见图 7-11)。按照 7 种状态下车架所受载荷特点,将车架仿真分析归纳为 4 种常规工况,见表 7-3。

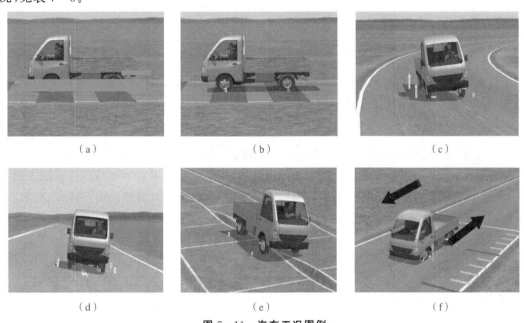

图 7-11 汽车工况图例

(a)静止或平路行驶工况;(b)冲击工况;(c)转向工况;
(d)倾斜路面工况;(e)崎岖路面工况;(f)加速/(g)制动工况

表 7-3 车架仿真分析工况

仿真分析工况	使用条件	载荷特点	备注
垂向冲击工况	图(a)静态、平路	重力	载荷类型相同,按就高原则,以垂向冲击定义本工况
	图(b)垂向冲击	重力;垂向冲击载荷	

续表

仿真分析工况	使用条件	载荷特点	备注
转向工况	图(c)转向	重力;侧向加速度;惯性力,轮荷转移	载荷类型相同,按就高原则,以转向状态定义本工况
	图(d)倾斜路面	重力垂直于路面分量;重力平行于路面分量	
扭转工况	图(e)扭转	重力;车架扭转变形	按车型对应路面不平度定义本分析工况
制动工况	图(f)加速	重力;驱动力;惯性力,轴荷转移	加速与制动工况用于考查车辆加速或制动时惯性力对车架连接的影响,根据经验,一般制动加速度工况车架受力更大,且轴荷转移到前轴,对垂向冲击工况是个有效补充。以制动状态定义本分析工况
	图(g)制动	重力;制动力;惯性力,轴荷转移	

7.3.1 车架强度仿真分析

按照《机动车运行安全技术条件》(GB 7258—2017)、车架设计理论和工程试验等要求,结合不同车型实际使用条件,对车架4种仿真工况的载荷及约束进行设定。

1. 车架系统载荷

采用加速度场或强制位移模拟相应工况载荷,见表7-4。表中各工况的载荷系数(a、b、$c_1 \sim c_4$)应根据具体车型的实际使用条件进行确定,制动工况紧急制动减速度系数 a 通常不小于0.5,转向工况最大 Y 向加速度系数 b 应保证车辆不发生侧翻。由于转弯、扭转、制动时冲击的叠加效应,通常 Z 向加速度系数 $c_1 \sim c_4$ 取值范围为1~3.5。

表7-4 商用车车架强度分析载荷参数表

分析工况(满载)	载荷	说明
垂向冲击工况	Z 向:$-c_1 g$	Z 向冲击载荷与车型及使用环境相关,c_1 为正实数
转向工况	Z 向:$-c_2 g$; Y 向:bg	Y 向载荷为整车侧向力,b、c_2 为正实数
扭转工况	Z 向:$-c_3 g$ Z 向:对角或单侧轮胎强制位移	Z 向位移与行驶路况平面度对应,c_3 为正实数
制动工况	Z 向:$-c_4 g$ X 向:$-ag$	X 向载荷为整车制动力,a、c_4 为正实数

车辆在垂向冲击工况、扭转工况下主要承受重力作用,过程中载荷稳定,直接采用静力

学分析。制动、转向工况,车辆除受到重力外还分别受到 X 向、Y 向惯性力,产生轴荷或轮荷转移,应将转移量与原始受力共同加载,采用惯性释放法计算。制动工况下轮胎受力计算如图 7-12 所示。

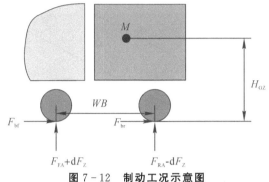

图 7-12 制动工况示意图

整车在惯性力作用下产生绕 Y 轴的旋转力矩,导致前、后轴轴荷变化,根据力矩平衡关系有公式

$$dF_z = \frac{Ma\,H_{GZ}}{WB} \tag{7-7}$$

式中:dF_z 为轴荷变化量(N);M 为整车满载质量(kg);a 为制动减速度[g(9.8m/s²)];H_{GZ} 为整车满载质心距离地面高度(m);WB 为车辆轴距(m)。

车辆制动时制动力由车轮与地面摩擦力提供,由于轴荷转移,制动时车轮对地面压力及地面制动力计算如下。

前轮对地压力:

$$F_{FA} + dF_z \tag{7-8}$$

后轮对地压力:

$$F_{RA} - dF_z \tag{7-9}$$

前轮制动力:

$$F_{BF} = (F_{FA} + dF_z)\varphi \tag{7-10}$$

后轮制动力:

$$F_{BR} = (F_{RA} - dF_z)\varphi \tag{7-11}$$

式中:F_{FA} 为整车静态满载前轴轴荷(N);F_{RA} 为整车静态满载后轴轴荷(N);φ 为 a/g,即制动减速度与重力加速度的比值。

同理,整车转向时在侧向加速度作用下产生绕 X 轴的旋转力矩,导致左、右侧轮荷转移。车辆转向时侧向力由轮胎侧向摩擦力提供,轮胎侧向力及轮胎对地压力计算方法参照制动工况。

2. 车架系统约束

对车轮接地点施加强制位移约束,模拟车轮与地面相对运动关系,约束点建立如图 7-13 所示。各轮端约束应体现各工况下车辆的正确运动姿态,同时保证车轮与地面间正确的运动关系,避免由于过约束或约束不足造成计算结果失真,通常约束各轮平动自由度。

计算时输出车轮接地点法向反作用力,检查模型的轴荷分配是否正确,从而进一步校核有限元模型的准确性。

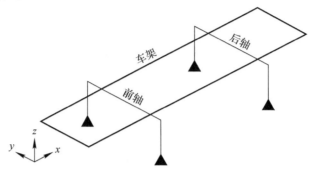

图 7-13 商用车车架垂向冲击工况强度分析约束示意图

7.3.2 车架强度分析结果评价

车架强度分析计算完成后,对结果可以通过应力和静态安全因子进行评价。

通过车架在各工况的强度分析得到结构的应力数据,结合零件材料属性进行判断,通常结构应力小于材料屈服极限表示结构强度合格,反之为不合格。

由于模型简化,在分析计算中常出现局部结果失真的情况,大多是形体缺口、结构突变、连接孔(点)等局部位置应力集中问题,与实际不符,该状态不能准确代表整体结构强度水平,直接采用计算应力进行评价过于严苛,导致评价不当。为合理过滤由于建模导致的局部失真,进一步提升分析结果的合理性,本节介绍一种采用静态过载安全因子(简称静态安全因子)的评价方法。

静态安全因子基于 Neuber 理论对局部的应力集中问题进行修正,当应力集中时,局部应力、应变与名义应力、应变的关系将不可再用弹性应力集中来描述,定义局部应力、应变集中系数为

$$\left.\begin{array}{l}K_\sigma=\sigma/S \\ K_\varepsilon=\varepsilon/e\end{array}\right\} \quad (7-12)$$

式中:K_σ 为局部应力集中系数;K_ε 为局部应变集中系数;σ 为局部应力(MPa);S 为名义应力(MPa);ε 为局部应变;e 为名义应变。

根据 Neuber 假设,有下列关系式:

$$K_\sigma K_\varepsilon = K_t^2 \quad (7-13)$$

式中:K_t 为弹性应力集中系数。

将式(7-12)代入式(7-13)可得

$$\sigma\varepsilon = K_t^2 eS \quad (7-14)$$

式(7-14)称为 Neuber 双曲线,当材料还没有达到完全屈服而处于局部屈服时,仍然满足应力-应变关系,将 Neuber 双曲线与材料应力-应变关系式联立求解局部应力 σ、应变 ε,如图 7-14 所示,两条曲线交点 B、D 即为 Neuber 理论解(即许用应力),其中 B 点为采用材料线性参数计算的解,D 点为采用材料应力-应变参数计算的解。静态安全因子是许用应力与计算应力的比值,即

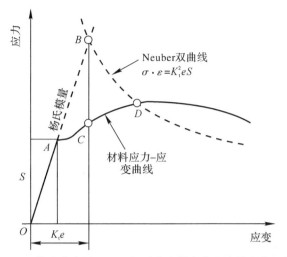

图 7-14 静态安全因子——相对应力梯度定义许用应力示意图

$$\mathrm{SF}=\frac{\sigma_{许用应力}}{\sigma_{分析应力}} \tag{7-15}$$

式中：SF 为静态安全因子；$\sigma_{许用应力}$为材料许用应力(MPa)；$\sigma_{计算应力}$为仿真计算的结构应力(MPa)。

用应力结果进行评价，一般需根据分析经验对应力失真点进行筛除，分析人员分析经验及能力不同，造成结果评价因人而异。而且车架模型所用材料种类较多，不同材料的性能水平不一致，因此不同部件评价指标不同，大大降低了结果评价的效率。为了提高分析效率并尽量减少人为因素对结果评价的影响程度，需建立统一的评价体系。静态安全因子将每个零件结构的应力与材料许用应力对应，理论上 $SF>1$ 即认为强度满足设计要求，解决了分析结果评价一致性的难题。静态安全因子使用 FEMFAT 软件进行计算，车架应力、静态安全因子分布云图如图 7-15 所示。

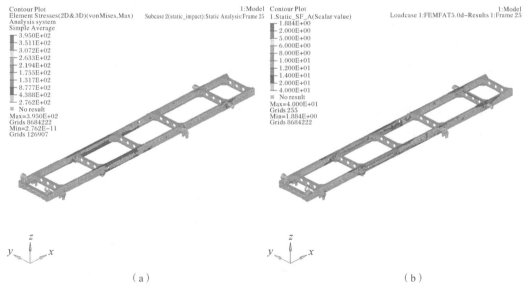

图 7-15 车架应力、静态安全因子分布云图
(a)应力云图；(b)静态安全因子云图

7.4 车架刚度分析

整车的刚度是车身、车架、悬架、副车架、货箱等结构体刚度共同作用的结果，合理匹配车架和上装其他部件的刚度将提升整车性能，并有利于整车的轻量化设计，本节重点讨论车架总成刚度性能。

车架刚度包括动刚度和静刚度。车架动刚度主要包括驾驶室悬置、转向机等车架关键安装点的动刚度，动刚度分析理论和方法见第 4 章 4.2.3 节原点动刚度分析，本章不赘述。车架静刚度包括弯曲刚度和扭转刚度，分别体现冲击、扭转等工况下车架保持原有结构形状的能力。

7.4.1 车架弯曲刚度分析

车架弯曲刚度可分为垂向弯曲刚度（见图 7-16）和侧向弯曲刚度（见图 7-17），垂向弯曲刚度反映车辆在正常行驶时车架抵抗垂向变形的能力，侧向弯曲刚度反映车辆转向时车架抵抗侧向变形的能力。通常梯形车架侧向弯曲刚度均满足设计要求，本节介绍垂向弯曲刚度。

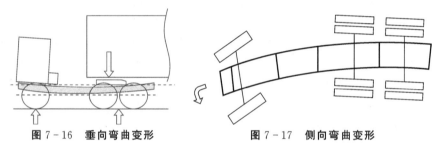

图 7-16　垂向弯曲变形　　　图 7-17　侧向弯曲变形

研究弯曲刚度时，将结构体简化为一根简支梁，支点为前后轴对应位置，在前轴与后轴的中心位置加载，计算车架的弯曲刚度，如图 7-18 所示。由于车架总成结构复杂，且整车各系统载荷分布不均，按照简支梁形式难以体现车架系统弯曲刚度性能，可用于车架性能横向对比。

根据汽车设计理论，通常要求车架满载状态最大弯曲挠度小于 10 mm，即整车垂向 1 倍重力作用下挠度小于 10 mm。

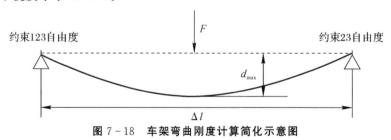

图 7-18　车架弯曲刚度计算简化示意图

车架满载状态弯曲刚度分析采用车架垂向工况强度分析模型及约束，加载垂向 1 倍重力，考查车架总成最大挠度。以某载货车车架为例，车架满载状态垂向弯曲刚度分析结果如

图 7-19 所示,由分析结果可知车架前后轴间最大挠度 $d_{\max} = 1.853$ mm,满足小于 10 mm 的设计要求。

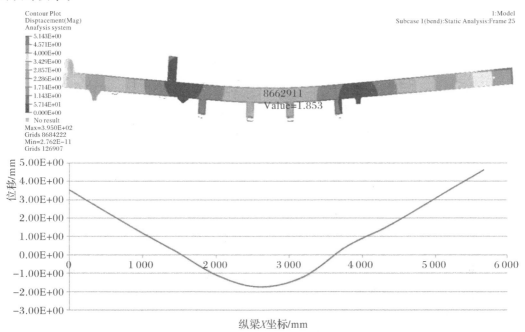

图 7-19 某载货车车架垂向弯曲刚度分析结果

7.4.2 车架扭转刚度分析

车架扭转主要包括两种情形:一是汽车通过崎岖不平路面时,车轮不在同一平面,使车辆出现扭转变形,如图 7-20 所示;二是汽车以较高速度在粗糙道路上行驶时,道路激励及惯性力的作用使车辆发生扭转变形。因此,车架必须具备一定的扭转刚度用于抵抗不同路况和激励时车架的扭转变形。

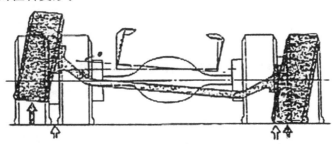

图 7-20 崎岖路面上汽车底盘扭转示意图

车架扭转刚度分析采用车架总成模型,以板簧悬架车型为例,分别在左、右侧前板簧支座中心施加方向相反的垂向力 F 形成力偶(见图 7-21),约束左、右侧后板簧支座中心的平动自由度,计算车架在前轴处的扭转角度 θ,根据下式(7-16)可得车架扭转刚度。

$$K_\theta = \frac{M}{\theta} \tag{7-16}$$

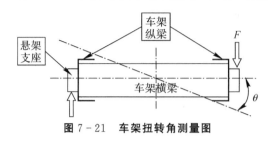

图 7-21 车架扭转角测量图

由于不同车型轴距不同,前、后板簧支座安装位置差异较大,所以为考虑加载点与约束点距离对扭转刚度的影响,便于车架之间横向对比,可将车架扭转刚度转化为扭转模量进行评价,计算见下式。

$$\mathrm{It} = \frac{ML}{G\theta} \tag{7-17}$$

式中:K_θ 为车架的扭转刚度(N·mm);M 为施加的扭矩(N·mm);θ 为 扭转角度(rad);It 为车架的扭转模量值(mm^4);L 为作用力距离(mm);G 为剪切模量(MPa)。

车架扭转刚度仿真分析采用车架总成模型,如图 7-22 所示,分别约束两侧后板簧前支座中心自由度 123、13,前横梁中点自由度 3,在前板簧后支座左、右侧中心分别施加方向相反的 Z 向力 10 000 N(此数值主要针对重型商用车,中轻型商用车建议减小加载的数值,加载要求扭转刚度分析过程中结构应力不超过材料的屈服极限),采用线性静力学分析。

车架扭转刚度分析计算结果如图 7-23 所示。不同种类车架扭转刚度范围推荐:牵引车 $1.5\times10^6 \sim 5\times10^6\ mm^4$,载货车 $2\times10^6 \sim 3\times10^6\ mm^4$,自卸车 $1\times10^7 \sim 1.3\times10^7\ mm^4$。

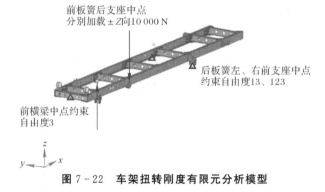

图 7-22 车架扭转刚度有限元分析模型

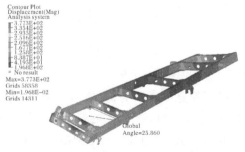

M	10 000×750 N·mm
L	2 150 mm
G	80 000 MPa
Θ	5.098×3.14/180 rad
It	2.25×10^6 mm^4

图 7-23 车架扭转刚度分析计算结果

7.5 车架疲劳分析

车辆在行驶过程中承受各种随机载荷,包括路面激励、发动机激励及其他工作装置激励,这些激励作用在车架上,可能会使车架局部结构发生疲劳破坏,影响车架寿命及整车的行驶安全。据统计,汽车行业90%以上的零部件失效为疲劳失效。在新产品开发中,应结合疲劳试验和仿真分析来预测车架结构的可靠性是否满足设计要求。

7.5.1 车架疲劳试验

车架疲劳试验分准静态疲劳试验和基于载荷谱的疲劳试验两类,准静态疲劳试验指车架在指定载荷下的弯曲、扭转疲劳试验。基于载荷谱的疲劳试验指在试验场道路或用户实际道路条件下考查车架的疲劳可靠性,包括垂向道路模拟疲劳试验和多轴道路模拟疲劳试验。

1. 车架弯曲、扭转疲劳试验

将车架装配在试验台架上,采用作动器加载,模拟汽车行驶中的车架弯曲变形和扭转变形,按照一定的加载方式进行循环试验。

(1) 车架弯曲疲劳试验。将车架总成水平安装在弯曲试验台上,用工装梁代替板簧,分别与前、后板簧支座采用销轴连接,对应车桥位置支撑在地坪上,前轴位置设置可前后移动,在集中载荷位置(如牵引车为鞍座位置、载货车为满载货物质心位置)通过作动器施加垂向力,使车架产生弯曲变形,试验50万次,考查车架疲劳寿命。试验时根据车型实际装载情况确定载荷参数,例如某车辆最大载荷为额定载荷的1.5倍,则载荷系数取1.5,试验时载荷从1倍逐渐增大到1.5倍,循环加载,如图7-24所示。通常不同车型载荷系数为1~3.5,载荷变化频率取1~2 Hz。

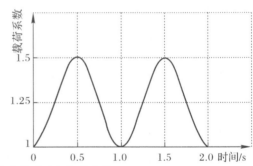

图7-24 车架弯曲疲劳试验与加载曲线

(2) 车架扭转疲劳试验。将车架总成水平安装在扭转疲劳试验台上,用工装梁代替板簧、前轴、后桥,按照实际装配关系连接,前轴中心通过销轴(销轴轴向为X向)与固定支架相连,作为扭转中心,如图7-25所示。伺服油缸通过关节轴承与前轴一侧连接,对车架施加往复垂向作用力,使车架前轴相对后轴产生扭转。通常扭转角从1~5°度逐步增大,每个角度扭转不少于10万次,总试验次数50万次,不同车型扭转疲劳加载工况见表7-5。

图 7-25 车架扭转疲劳试验

表 7-5 扭转疲劳试验工况

车型	扭转角度/(°)	次数/万次	频率/Hz	载荷
牵引车	1	10	1.3	按照对应扭转角度转换为加载点位移,采用正弦信号加载
	2	10	1.2	
	3	10	1.1	
	4	20	1	
载货车	2	10	1.2	
	3	10	1.1	
	4	10	1	
	5	20	0.9	

2. 车架垂向道路模拟疲劳试验

(1)垂向载荷是车辆行驶中的主要载荷,本试验是按实车道路试验采集的轴头垂向载荷谱进行车架垂向道路模拟疲劳试验,同时可考核车架的弯曲疲劳及扭转疲劳性能。试验台架如图 7-26 所示,车架装配悬架系统及车轴,可保证车架所受载荷的传递路径与整车一致,垂直布置的六支伺服液压缸与轴头相连,车架前端固定装置允许车架在受力状态下可自由变形。计算机控制伺服缸对轴头进行加载,将载荷通过车桥及悬架传递给车架,使车架产生弯曲、扭转变形。

(2)车架多轴道路模拟疲劳试验。车辆行驶中,多个方向的载荷通过车轮、车轴及悬架系统传递给车架,对车架造成疲劳损伤,而车架垂向道路模拟疲劳试验无法考核 X 向、Y 向载荷,因此需要通过多轴道路模拟疲劳试验进行更加充分的验证。如图 7-27 所示,车架多轴道路模拟疲劳试验台架由龙门架、三角臂、连杆、作动器等部件组成,其中作动器分别沿 X 向、Y 向、Z 向和斜向布置(在 XZ 和 YZ 平面内与 Z 轴成 45°夹角),可实现空间各方向载荷的加载。试验使用道路试验采集或虚拟得到的轮心载荷谱(见第 14 章)施加在轴头,在台架上全面模拟车架在实际工况下的受力,考查车架在实际路况下的结构耐久性。

车架弯扭疲劳试验的优点是方法简单、易实现,试验成本较低,利于对车架做横向对比,试验结果大致体现了车架的疲劳寿命水平;缺点是加载方式简化,与车辆实际运行工况有差异,无法涵盖车架所有受力边界,对车架的疲劳性能校核不充分。车架多轴道路模拟疲劳试验是目前比较完善的车架疲劳试验方案,可全面模拟车架的受力状态,考查其耐久性,试验有效性及准确性高;其缺点是要基于实车采集的载荷谱,在开发前期无法满足,而且试验难度大、周期长、成本高。垂向道路模拟疲劳试验准确性及成本居中。因此在工作中应根据具体试验需求和资源情况选择合适的试验方法。

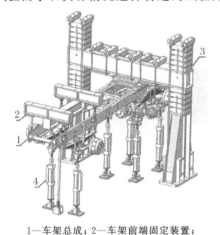
1—车架总成;2—车架前端固定装置;
3—龙门架及牵引座固定装置;4—作动器
图7-26 车架垂向道路模拟疲劳试验示意图

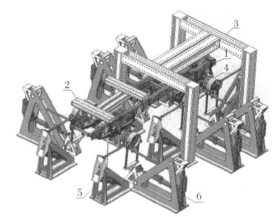
1—车架总成;2—前端固定支架;3—龙门架
4—轴头加载工装;5—水平作动器;6—斜向作动器
图7-27 某车架多轴道路模拟试验示意图

7.5.2 车架疲劳仿真分析

由于车架疲劳试验周期长、成本高,而且需要样件,所以仿真分析成为车架前期验证的必要手段和后期试验的有效补充。车架疲劳仿真分析工况与试验方法相对应,本节从准静态疲劳(车架弯曲、扭转疲劳)和基于载荷谱的疲劳两种类型分别对疲劳仿真分析进行介绍。

1. 基于准静态的车架疲劳分析

(1)仿真建模。车架弯曲、扭转疲劳仿真模型包括车架总成模型和试验台工装模型,车架总成模型包括车架和板簧支座等。

如图7-28所示,车架弯曲疲劳分析中建立板簧工装模型,按照实际装配关系将工装模型装配到板簧支座上,需释放销轴的轴向转动自由度。对应前轴安装处约束自由度23,对应后桥安装处约束自由度123。完成建模后,参照7.5.1节车架弯曲疲劳试验载荷进行加载,采用静力学计算。为了提高建模效率,试验台架模型也可采用近似的1D单元进行简化模拟,应保证板簧各连接硬点坐标及自由度正确。

车架扭转疲劳分析模型如图7-29所示,建立板簧、车轴工装模型,按照实际装配关系将车架与工装模型进行装配,释放销轴的转动自由度。板簧模型与车轴模型通过杆单元连接,释放杆单元与车轴连接端自由度456。约束前轴中点自由度12356,每组后桥与地板通过3根杆单元连接,释放杆单元两端自由度456。完成建模后,参照7.5.1节车架扭转疲劳试验载荷进行加载,采用静力学计算。

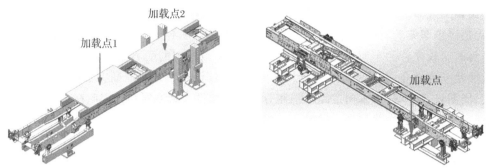

图 7-28 车架弯曲疲劳试验与仿真模型　　图 7-29 车架扭转疲劳试验与仿真模型

(2)分析结果评价。将弯曲疲劳工况计算的应力数据进行 50 万次循环,计算累积损伤结果。将扭转疲劳工况下不同扭转角度及循环周次对应累加,计算 50 万次累积损伤结果。如图 7-30 所示,疲劳分析累积损伤大于 1 的区域(圈内)存在疲劳失效的风险,应重点关注,需要时进行结构优化。

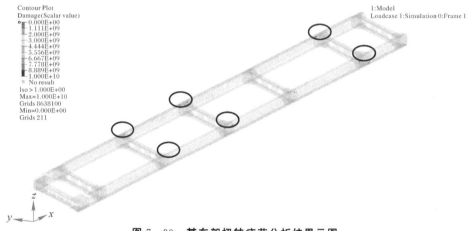

图 7-30　某车架扭转疲劳分析结果云图

2.基于道路载荷谱的车架疲劳分析

载荷谱数据来源于轴头六分力测量或虚拟迭代。路谱载荷虚拟迭代的详细原理讲解和数据处理方法见第 14 章,研发前期通常无载荷谱数据,可借用相近车型的载荷谱数据进行前期评估。

基于道路载荷谱的疲劳分析需要完整的车架系统有限元模型,包含车架总成、悬架、车轴和其他安装部件数模及质量信息,动力总成、驾驶室和前舱等子系统可用质点模拟,通过 RBE3 连接在车架上。在板簧支座、车轴限位块、推力杆等位置加载六个方向的单位力载荷,每个单位力采用单独的分析步加载,采用惯性释放法计算车架响应,输出每个分析步的应力结果,计算完成后,将应力结果导入疲劳分析软件中,与对应的载荷谱相乘,即为车架的真实应力时间历程,最后计算结构的疲劳寿命。如图 7-31 所示。疲劳分析输出损伤结果如图 7-32 所示,要求试验总里程下的疲劳累积损伤小于 1。

由于路试方案较为复杂,在全试验周期中各路况的循环次数往往并不一致,所以难以找到一个比较明确的循环周期,因此,建议对载荷谱进行分路段统计,在计算疲劳时按照单个路段的循环次数计算损伤,最后将所有路段的损伤进行叠加。

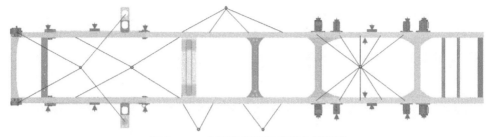

图 7-31 车架路谱载荷疲劳分析模型

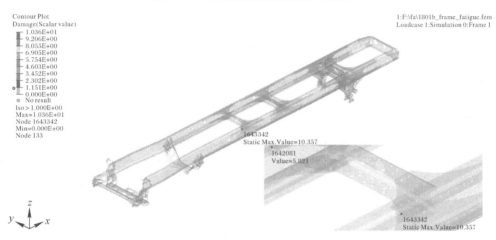

图 7-32 车架疲劳分析结果云图

7.6 车架模态分析

车架模态分析的目标是考查车架振动特性是否满足整车性能要求,通常以整车模态规划表为基准进行评判。在整车设计开发初期,车架方案基本确定时就应进行车架自由模态分析,初步判断方案的合理性,并为相关系统设计的局部模态解耦以及振动噪声控制提供依据。

车架自由模态分析模型为车架总成,如图 7-33 所示。梯形车架自由模态前三阶振型通常为一阶 X 向扭转,二阶 Y 向弯曲和三阶 Z 向弯曲,如图 7-34 所示。

图 7-33 车架自由模态分析模型

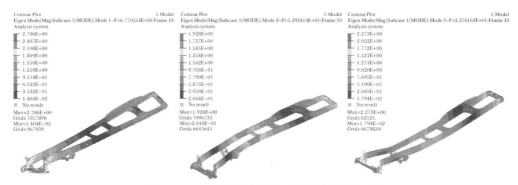

图 7-34 某牵引车车架前 3 阶自由模态振型

车架总成自由模态参数可通过试验获得,结合自由模态分析与试验结果对标,可以直观比较模态仿真分析与试验之间的对应关系和误差。表 7-6 为某牵引车车架自由模态仿真与试验结果的对比数据,车架各阶模态振型一致,模态频率差值均小于 5%,模态试验值与仿真值吻合度较好,说明分析结果及仿真建模的准确性较高。车架模态分析设置简单,分析精度高,结果可靠,可代替试验。

表 7-6 某车架自由模态的仿真分析结果与试验结果对比

阶次	频率/Hz		差值/%	模态振型
	仿真	试验		
一阶	6.671	6.834	2.38	X 向一阶扭转
二阶	12.527	12.125	3.32	Y 向一阶弯曲
三阶	22.518	21.759	3.49	Z 向一阶弯曲
四阶	29.860	29.436	1.44	X 向二阶扭转+Y 向二阶弯曲
五阶	31.120	30.349	4.72	前端局部模态
六阶	31.781	31.227	0.34	X 向二阶扭转+前端弯曲
七阶	56.758	56.885	0.22	Y 向三阶弯曲+X 向三阶扭转
八阶	61.131	59.270	2.24	复合模态

参 考 文 献

[1] 刘惟信. 汽车设计[M]. 北京:清华大学出版社,2001.

[2] 王霄锋. 汽车底盘设计[M]. 北京:清华大学出版社,2010.

[3] 冯晋祥. 专用汽车设计[M]. 北京:人民交通出版社,2013.

[4] 徐文雅,申娟,胡宏. 车架台架疲劳试验方法研究[J]. 时代汽车,2016,(8):44-45.

[5] 张磊,田朋涛,王博. 某重型商用车车架台架试验研究[J]. 汽车实用技术,2018(15):53-5.

第8章 转向系统分析

转向系统是汽车的一个重要组成部分,驾驶员通过对汽车方向盘的控制来达到操纵汽车运动方向的目的。转向系统另一个功能是驾驶员通过方向盘所受到的反力,来及时了解车辆及轮胎的运动和受力状况,即"路感",通过转向机内的路感阀实现。

商用车转向系统由转向操纵机构、传动机构和助力机构组成(见图8-1)。转向操纵机构包括方向盘、转向轴、转向管柱总成、伸缩轴、万向节和连接杆等。转向管柱总成用于进行转向机构前后、上下位置的调节,同时将转向轴连接到车身上,方向盘的转动通过转向轴、伸缩轴和万向节传递到转向机上。转向传动机构包括转向机、摇臂、直拉杆、转向节臂、梯形臂以及横拉杆等,节臂、梯形臂和横拉杆属于前轴部件,文中不做阐述。转向助力机构包括转向油泵、转向油罐、油管、助力缸、助力缸支架等。

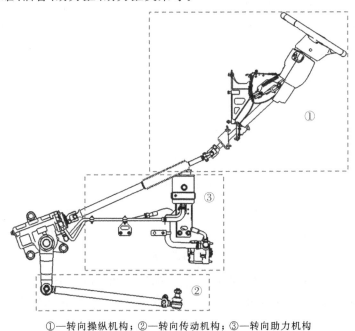

①—转向操纵机构;②—转向传动机构;③—转向助力机构
图8-1 转向系统构造图

转向系统要实现准确的转向,首先要保证系统的刚度与强度,需要对转向系统的强度进行校核。同时,为规避由于转向系统振动造成驾乘舒适性下降的问题,需对转向系统的模态和振动响应进行校核,保证转向系统模态与激励频率的有效隔离,合理设计振动激励传递路径,避免系统共振和激励信号的放大,以提升驾乘舒适性和安全性。

8.1 转向系统模态分析

当车辆行驶时,有时会出现方向盘"打手"现象,称为方向盘摆振。方向盘摆振是驾驶员可以直接感知到的敏感振动,是影响整车噪声、振动和声振粗糙度(NVH)性能的重要因素,它也会直接影响整车的操纵稳定性、行驶平顺性和驾乘体验等。

方向盘的摆振可分为低速摆振与高速抖动。低速摆振主要由汽车怠速状态或低速行驶时发动机的低频激励引起,高速抖动是汽车高速行驶时路面激励和车轮不平衡等因素造成的。

汽车怠速或低速行驶时,方向盘摆振主要取决于转向系统的固有属性和发动机激励,当转向系统的模态频率和发动机激振频率接近时,方向盘振动强烈,使车辆的操纵舒适性受到很大的影响,甚至产生结构破坏,造成安全事故。

方向盘高速抖动一般发生在直线行驶工况,高速抖动受到多重因素的影响,是个系统工程。汽车在高速行驶时,多种振动源产生的激励都可能通过不同的传递路径(见图 8-2),经过放大,传递至方向盘产生抖动现象。引起方向盘抖动的激励源多且复杂,主要包括车轮不平衡产生的动态力、路面激励、发动机和传动系统旋转部件不平衡产生的动态力,这些激励信号通过悬置、悬架等系统直接或间接地传到车架和车身,引起方向盘的抖动。

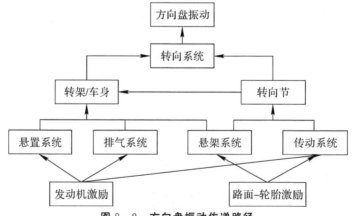

图 8-2 方向盘振动传递路径

因此,对于方向盘的摆振现象,要从源头、传递路径和响应三个方面进行控制。例如,优化悬置位置和刚度;降低发动机传递到车身或车架上的能量;提高车轮制造工艺,提高动平衡控制水平,降低由于车轮不平衡产生的路面-轮胎激励;提高传递路径隔振能力,降低激励源路面和发动机的激励能量;提高转向系统的模态频率。

转向系统模态是指与驾驶员接触部分的模态,即转向操纵机构。转向操纵机构除转向轴与转向机连接外,其他部分都是通过转向管柱支架固定在车身上的,因此转向管柱支架在车身安装点的刚度对模态的影响很大,模态分析要综合考虑转向操纵机构和车身的共同作用。

为避免方向盘发生摆振问题,在转向系统的概念设计阶段,应通过合理设计转向系统以及与车身的连接刚度来优化转向系统的模态频率,转向系统模态频率要与路面激励频率、发动机激励频率等避开,同时与其他系统的模态频率也要进行适当的隔离,避免共振造成整车操控舒适性的下降,引起驾驶员精神紧张和疲劳,甚至引发交通事故。对于商用车来说,必须保证转向系统主模态频率避开发动机怠速激励频率,且一阶模态频率不宜过低。模态频率应满足整车模态规划要求,最终实现整车的 NVH 性能目标。

8.1.1 输入数据需求

转向系统模态分析输入数据包括白车身数模(含车身管梁)、车身焊点数据、转向操纵机构数模和质量、材料参数(包括密度、弹性模量和泊松比)等。由于转向操纵机构位置是可调的,因此一般选用中间位置的数模状态作为模态分析的基础。白车身包括带前挡玻璃(BIP)和不带前挡玻璃(BIW)两种状态,根据分析经验,车身玻璃对转向系统模态影响很小,计算时采用 BIW。

8.1.2 有限元模型的建立

根据第 3 章有限元前处理的内容对三维模型进行前处理,白车身钣金件采用壳单元进行网格划分,网格大小为 10 mm,焊点焊缝根据实际要求进行创建,转向系统薄壁件用壳单元,网格平均尺寸为 10 mm,其他件采用实体四面体网格,网格平均尺寸 5 mm。转向系统的点火钥匙、安全气囊等附件形状不规则,建模困难,且对整体刚度无贡献,因此仅考虑这些附件质量对系统模态的影响,使用集中质量单元和柔性耦合单元进行模拟简化,柔性耦合单元对系统无附加刚度,满足建模要求。

转向系统前端通过螺栓实现转向管柱支架与车身前围、车身管梁等的连接,下端通过转向十字轴万向节实现转向系统与底盘的连接。由于转向系统模态计算不需考虑底盘的影响,所以转向传动轴下端约束,前端按照真实情况建立螺栓连接。

转向系统各部件之间按真实状态建立连接。转向操纵机构的连接关系如图 8-3 所示,方向盘与转向轴固定连接,转向轴与转向管柱之间相对转动,通过上、下两个转动轴承实现,在有限元中分别用两个转动副模拟上下轴承的转动关系。转向轴与伸缩轴、伸缩轴与连接杆之间通过万向节连接,以实现运动和力的顺畅传递,避免机构卡死。伸缩轴的轴管和轴之间是滑动副,允许驾驶室和底盘之间产生相对运动。在 Hyperworks 软件中,万向节十字轴连接方法如图 8-4 所示,由 4 个 Rbe2 单元分别连接万向节两端,用 4 个 BEAM 单元模拟十字轴,BEAM 一端连在十字轴中心,另一端连在 Rbe2 单元的主节点上,通过释放轴向转动自由度,模拟十字轴与万向节之间的转动,BEAM 单元的属性参照十字轴截面属性建立。滑动副用两个 Rbe2 单元+bar 单元进行模拟,其中一个 Rbe2 单元连接轴管,另外一个连接轴,两个 Rbe2 单元主节点之间用 bar 单元连接,通过释放轴向平动自由度模拟伸缩轴的轴向滑动(见图 8-5)。

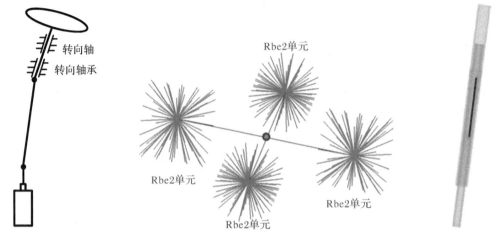

图 8-3 连接关系　　　　图 8-4 十字轴连接　　　　图 8-5 滑动副连接

转向系统的质量大小、质量分布和连接刚度直接影响其模态结果,因此模型连接完成后,要对每个部件的质量进行检查,确保质量和质心与实际情况相吻合,同时逐一检查连接,保证仿真模型的准确性。

8.1.3　转向系统模态分析及优化

约束白车身 4 个悬置点、转向系统与转向机连接点 X、Y、Z 三方向的平动自由度。计算 100 Hz 以内转向系统的约束模态。

根据模态分析理论,模态由系统的质量和刚度决定。转向系统的固有频率计算方法为

$$f=\frac{1}{2\pi}\sqrt{\frac{K}{m}} \tag{8-1}$$

式中:K 为转向系刚度(N/m);m 为转向系质量(kg)。

因此,提高转向系统模态固有频率的方法有两种,即减小系统质量或者加大转向系统的刚度。影响转向系统模态的主要因素是转向系统本身的质量和刚度以及安装位置的刚度,即转向管柱与车身前围连接刚度、与转向管梁连接刚度、车身前围安装点刚度等。因此为了提高转向系统的固有频率,工程上普遍采用的方法有优化结构,采用轻质材料(铸铝转向管柱、镁铝方向盘骨架等)以减小转向系统的质量,减小转向系统的悬臂长度以增大刚度,增大转向机构与白车身的连接刚度等。

8.2　转向操纵机构强度分析

转向操纵机构要保证将驾驶员的转向意图(转向角度和转向力)传递到传动机构,实现精确转向,转向操纵机构须具备一定的刚度和强度,以满足使用工况要求,避免出现转向延迟损失或结构失效导致安全事故。由于商用车驾驶室离地高度较大,转向操纵机构除实现

正确转向功能外,还兼具上车扶手的功用。为适应不同人员的驾乘习惯,转向操纵机构的位置可以在高度和前后方向进行调整。在助力失效时或转向轮卡滞时,转向操纵机构应能承受转向极限力矩。操纵机构设计时,还应考虑驾驶员在驾驶室内活动时(例如在高架箱取物)对操纵机构的影响。

转向系的各零部件尤其是长杆件都具有一定的弹性,即刚度,转向操纵机构对转向系统刚度的影响最大。由于刚度的影响,转向轮的实际转角小于理论转角(按转向系传动比换算到转向轮的转角),车辆有不足转向的趋势。转向系刚度不足,也会导致前轮侧偏刚度减小,造成车辆不足转向。过大的不足转向会使车辆的转向灵敏度变差。因此为了保证转向系统的灵敏度要求,转向系统应具备一定的刚度。

根据转向操纵机构的作用机理和使用要求,需对其进行刚度、强度工况分析,以考察结构设计的合理性,保证在满足结构强度和可靠性的前提下实现车辆的精确转向,满足车辆行驶要求。转向操纵机构校核部件包括方向盘骨架、转向管柱、管柱支架、转向轴和伸缩轴等。

8.2.1 方向盘分析

1. 方向盘性能要求

方向盘由骨架和方向盘塑料包覆层组成,骨架采用压铸生产,钢结构骨架由于重量大、结构复杂,逐渐趋于淘汰,目前骨架材质多为锌合金或铝合金,也有使用质量轻、成本低的镁合金。方向盘塑料包覆层采用发泡工艺,发泡材料在发泡机中生成,生产时骨架固定在发泡机中实现发泡。方向盘上根据需要还集成有组合开关、气囊、按钮等结构。

方向盘一般通过花键与转向轴相连,其功能是将驾驶员作用到方向盘轮缘上的力传递给转向传动轴。为满足转向力的正确传递,方向盘需具备一定的刚度和强度。方向盘的刚度主要由骨架提供,骨架由轮缘、轮毂、轮辐和花键套构成(见图 8-6),轮缘是驾驶员手直接操作的方向盘圆环部分,直接承受外力,轮毂是连接转向轴和方向盘的零件,轮辐是连接轮缘和轮毂的零件。骨架根据轮辐数量可分为单辐型、双辐型、三辐型和四辐型。

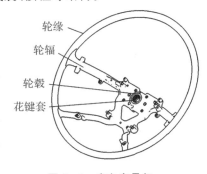

图 8-6 方向盘骨架

方向盘主要承受垂向弯曲力和扭转力的作用,因此方向盘结构设计要同时满足弯曲和扭转时的性能要求。

(1)方向盘弯曲性能。方向盘弯曲性能包括静态弯曲性能和弯曲可靠性。静态弯曲性能考察方向盘受垂向弯曲力作用时的力学性能,弯曲力一般与轮缘弧线面垂直。图 8-7 所示为弯曲试验。

静态弯曲性能:将方向盘(软质方向盘使用骨架)安装在图 8-8 所示的试验夹具上或方向盘疲劳试验台上,在轮缘最薄弱处加载 700 N,加载 5 min 后测量方向盘的弯曲变形值,要求变形值小于等于 80 mm;测量完毕立即卸去负荷,静止恢复 3 min,再次测量同一点方向盘的弯曲永久变形值,要求永久变形值小于等于 25 mm。

图 8-7 弯曲试验

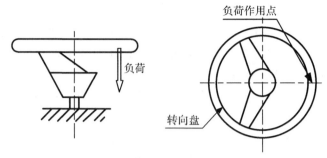
图 8-8 静态弯曲及疲劳示意图

弯曲可靠性：将方向盘总成安装在方向盘疲劳试验台上，载荷为 $-225\sim225$ N 的正弦波，试验频率为 $1\sim1.2$ Hz，经历 8 万次循环后，要求方向盘总成无破裂、损坏、焊缝脱开等现象。

（2）方向盘扭转性能。方向盘扭转性能包括静态扭转性能和扭转可靠性。图 8-9 所示为扭转试验。扭转性能是检测方向盘受扭转力作用时的力学性能，扭转力一般与轮缘弧线相切。

静态扭转性能：将方向盘（软质方向盘使用骨架）安装在图 8-10 所示的试验夹具上或方向盘疲劳试验台上，在轮缘上施加 220 N·m 的转矩，加载 5 min 后卸去负荷，静止恢复 3 min，测量方向盘的塑性变形角，要求变形角≤3°，且骨架无裂纹。

扭转可靠性：扭转疲劳性能测试安装条件同弯曲疲劳性能，试验扭矩为 $-40\sim40$ N·m 的正弦波，试验频率为 $1\sim1.2$ Hz，经历 8 万次循环后，方向盘总成无破裂、损坏、焊缝脱开现象。

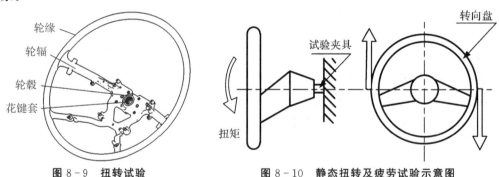
图 8-9 扭转试验　　　　　　　图 8-10 静态扭转及疲劳试验示意图

2. 方向盘结构分析

方向盘结构分析输入数据包括方向盘骨架数模、质量信息及材料属性，要考核结构塑性变形，因此需输入材料的应力-应变曲线以满足非线性计算的要求。由于方向盘骨架的模型相对较复杂，考虑到单元的协调性，骨架模型采用四面体单元进行网格划分，网格大小为 4 mm。由于塑料蒙皮均匀包覆在骨架上，所以一般将方向盘其他质量（塑料蒙皮）配到骨架上，根据质量相应增大方向盘骨架的密度。

弯曲工况：在方向盘轮毂花键位置建立约束，约束花键中心六方向自由度，在方向盘轮缘最薄弱处（12 点钟位置）加载垂向力 700 N。弯曲工况边界设置如图 8-11 所示。

扭转工况：约束方式同弯曲工况，在方向盘的3点和9点钟位置加载一对与轮缘弧线相切且方向相反的作用力 F。扭转工况边界设置如图8-12所示。根据加载的转矩（220 N·m）和方向盘直径计算切向力 F，切向力 F 计算公式为

$$F = \frac{M}{D} \qquad (8-2)$$

式中：M 为作用转矩（N·m）；F 为方向盘上切向力（N）；D 为方向盘直径（m）。

图8-11　弯曲工况边界设置　　　　　　图8-12　扭转工况边界设置

考虑材料的非线性特性，弯曲工况和扭转工况可采用 Abaqus/Standard 的 General Static 分析步进行分析计算。根据汽车方向盘骨架性能试验要求，建立两个分析步（以弯曲工况载荷设置为例），第一个分析步为正常加载分析步，实现轴向力从 0 N 到 550 N，然后维持稳定；第二个分析步为卸载分析步，实现轴向力从 550 N 降为 0 N，然后维持稳定。弯曲工况加载力曲线如图8-13所示。扭转工况加载与弯曲工况相似，加载力曲线如图8-14所示。

在弯曲工况分析中，分别读取第一个分析步和第二个分析步稳定时刻加载点的轴向变形量；要求第一个分析步方向盘骨架的轴向变形量≤80 mm，包含弹性变形；要求第二个分析步的轴向永久变形量≤25 mm，不包含弹性变形。

在扭转工况分析中，测量第二个分析步稳定时刻方向盘的塑性变形角，要求变形角≤3°，且骨架 Mises 应力≤材料抗拉强度，保证骨架无开裂失效。

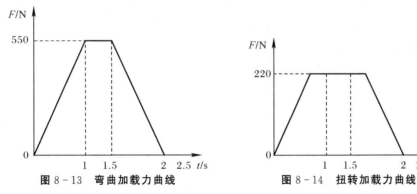

图8-13　弯曲加载力曲线　　　　　　图8-14　扭转加载力曲线

8.2.2　转向管柱总成分析

1. 转向管柱总成性能要求

转向管柱总成包括转向管柱、支架、传动轴、调节机构等。转向管柱总成是汽车转向系

统的重要组成部分,其作用是将转向操纵机构固定在车身上,把方向盘上的输入力矩传递到转向机输入轴,使驾驶员在转动方向盘时手感平顺、稳定,同时具备方向盘位置调节功能,满足不同驾驶员对舒适性的要求。转向系统要保证在车辆运行过程中机构稳定,避免机构失效导致转向功能丧失的情况,尤其是当汽车在高速行驶时,转向管柱总成有少许偏差,汽车都可能会产生急剧转向,如果驾驶员反应不及时,容易造成生命和财产的巨大损失。

转向管柱及支架是转向系统中重要的支撑和传力机构,实现转向系统与车身及转向管梁的有效连接,转向管柱调节机构安装在管柱支架上,松开锁紧机构(油缸),可以实现方向盘位置的调节。管柱上带有两个伸缩滑槽结构,实现管柱的上下调整,上支架上有一斜槽,管柱沿着斜槽以芯轴为旋转中心,可实现前后角度调整。

为保证转向功能的顺利实现,满足转向的安全性和位置调节要求,需对转向管柱总成进行刚度和强度分析。

2. 转向管柱总成分析

转向管柱总成结构分析输入数据包括方向盘和转向管柱总成数模、质量信息和材料属性。模型网格划分和连接同模态和方向盘分析。

(1)误操作工况。转向管柱总成在横向(车辆左右方向)和纵向(车辆前后方向)应具备一定的结构强度,满足野蛮操作或意外工况时总成不发生破坏,即结构总成Mises应力≤材料屈服极限。误操作工况考察模型为方向盘调节到最高位置的状态。

误操作工况是校核转向管柱总成抵抗横向和纵向两个方向作用力的能力,分别为工况1和工况2。两个工况约束边界一致,均约束转向管柱支架与车身或转向管梁等部件的连接处。工况1是在方向盘三点钟位置施加水平向右的载荷1 200 N,具体加载如图8-15所示。工况2是在方向盘6点钟位置施加水平向前的载荷1 200 N,具体加载如图8-16所示。

(2)上车工况。由于商用车驾驶室较高,转向系统兼具上车扶手功能,所以要求转向系统在上车工况下的结构总成Mises应力≤材料屈服极限。模型状态:方向盘调节到最高位置固定,方向盘逆时针旋转135°,保证施力处为方向盘的最薄弱点(即方向盘初始的12点位置,已逆时针转至7点半位置)。约束转向管柱支架与车身或转向管梁等部件的连接处,在方向盘7点半位置施加斜向下45°方向的载荷800 N,具体加载如图8-17所示。

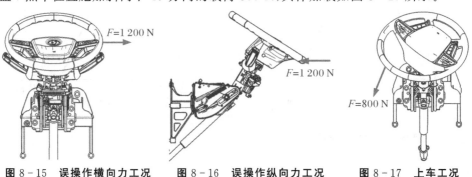

图8-15 误操作横向力工况　　图8-16 误操作纵向力工况　　图8-17 上车工况

(3)方向盘调节工况。为满足不同驾驶员的操作要求,方向盘高度和前后角度可以调节,机构设计需满足调节力的强度要求,结构总成 Mises 应力≤材料屈服极限。约束转向管柱支架与车身或转向管梁等部件的连接处。工况 1 将方向盘调节到最高位置固定,在方向盘中心沿方向盘平面垂直向下施加载荷 1 200 N,加载如图 8-18 所示。工况 2 将方向盘调节到最高、最前位置固定,在气缸轴线处对左右两边分别施加气缸力 3 000 N(横向),加载如图 8-19 所示。

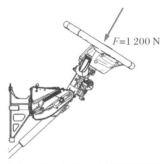
图 8-18 方向盘上下调节工况

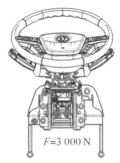
图 8-19 方向盘左右调节工况

(4)转向助力失效工况。商用车转向轴荷大,转向系统都存在助力,转向系统设计要满足在助力失效时依旧可以转向,保证转向功能,且满足结构总成 Mises 应力≤材料屈服极限。约束转向管柱支架与车身或转向管梁等部件的连接处,在方向盘 12 点钟位置施加水平向右的力 1 200 N,具体加载如图 8-20 所示。

(5)转向操纵机构刚度。为保证合理的不足转向特性及转向系统模态,转向系的刚度应满足一定要求。将方向盘调节到最高、最前位置固定,约束转向管柱支架与车身或转向管梁等部件的连接处,方向盘中心位置施加横向力 600 N,具体加载如图 8-21 所示。要求在不考虑初始间隙的情况下,转向轴与管柱下轴承处的径向位移变化量≤1 mm。

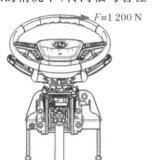
图 8-20 转向助力失效工况

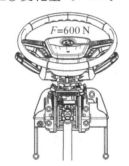
图 8-21 转向操纵机构刚度工况

8.3 转向传动机构强度分析

转向传动机构的作用是将转向机的作用力矩传递到两侧车轮,实现转向功能。根据转向桥的数目,转向传动可分为单前轴转向、双前轴转向和全转向,本章节以商用车型为基准,进行单前轴转向(4×2 车型、6×4 车型等)和双前轴转向(6×2 车型、8×4 车型等)的分析说明,如图 8-22 和图 8-23 所示。转向传动机构各部件应满足一定的强度要求,其强度校核内容包括转向摇臂、直拉杆(含球头)、助力缸支架、球销等。

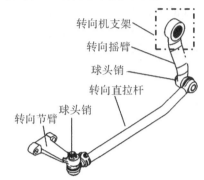

图 8-22 单前轴转向传动机构

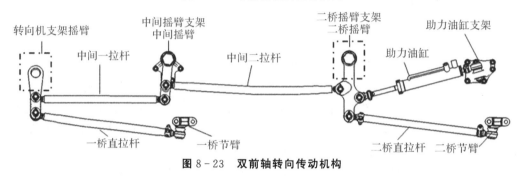

图 8-23 双前轴转向传动机构

8.3.1 输入数据需求及前处理

转向传动机构结构分析输入数据包括数模、质量信息和材料属性数据。模型包括转向轮在中间、左极限和右极限三种位置状态的数模。

单前轴转向有限元模型包含转向机支架、转向摇臂、球头销、直拉杆和转向节臂。转向机通过质量和柔性耦合单元作用在转向机支架上,摇臂与转向机之间是转动连接,直拉杆两端通过球头销分别与摇臂和转向节臂进行连接,摇臂与球头销是锥面固定连接,球头销与直拉杆是球铰连接,可以在一定的球面范围内转动。

双前轴转向有限元模型包含转向机支架、一桥直拉杆、一桥节臂、中间一拉杆和二拉杆、中间摇臂和支架、二桥摇臂和支架、二桥直拉杆、二桥节臂,油缸力直接施加,拉杆通过球头销实现与摇臂及节臂的连接。

按照第 3 章有限元前处理的内容对转向传动机构三维模型进行前处理,所有部件采用四面体网格,网格平均尺寸为 5 mm。根据转向传动机构的运动关系建立连接,连接方式主要是转动副、球铰和固定。

8.3.2 转向传动机构强度分析

转向传动系统一般通过两种状态进行校核:状态 A 是转向时转向轮遇到障碍物后不可以转动;状态 B 是转向时转向轮遇到障碍物,但此时转向轮依旧可以转动。由于转向空间位置的变化,状态 A 和状态 B 又分为转向中间位置、左极限位置和右极限位置 3 个工况,工况及评价标准见表 8-1。

表 8-1 转向传动机构分析工况及评价标准

A:转向撞到障碍物(方向盘不可以转动)			B:转向撞到障碍物(方向盘可以转动)		
工况	转向位置	评价标准	工况	转向位置	评价标准
工况 1	中间位置	应力≤材料抗拉极限	工况 4	中间位置	应力≤材料屈服极限
工况 2	左极限位置	应力≤材料抗拉极限	工况 5	左极限位置	应力≤材料屈服极限
工况 3	右极限位置	应力≤材料抗拉极限	工况 6	右极限位置	应力≤材料屈服极限

1. 受力计算

强度校核需要准确的系统受力。转向力计算有两种方法:一种是从方向盘、转向机到转向节臂的正向计算,根据手力、转向机输出扭矩、油缸助力来计算整个传动系统的受力;另一种是根据车轮转向实际受到的转向阻力来计算受力,比较真实,但是在实际应用中,路面条件、车型、轴荷、轮胎、四轮定位参数等条件不同,导致转向阻力的计算比较困难。因此本节选用第一种方法进行受力计算,也是转向设计通用方法。

根据转向传动机构作用机理,方向盘作用手力和转向液压助力共同推动摇臂实现转向轮转向。由方向盘直径、手力和转向机传动比计算手力输出转矩,手力输出转矩M_{handf}和转向机输出最大转矩M_{hydmax}叠加作用在转向机摇臂轴上,再根据转向传动机构的空间位置关系算出节臂上的作用转矩。

摇臂轴上作用转矩:

$$M_f = (M_{hydmax} + M_{handf})\alpha \tag{8-3}$$

$$M_{handf} = T_h R_{wheel} \delta \tag{8-4}$$

式中:M_f为摇臂轴作用转矩(N·m);M_{hydmax}为转向机输出最大转矩(N·m);M_{handf}为手力输出到摇臂轴上的扭矩(N·m);α为系数,状态 A 下,$\alpha=1.2$,状态 B 下,$\alpha=1$;T_h为手力,状态 A 下手力为 600 N,状态 B 下手力为 450 N;R_{wheel}为方向盘半径(m);δ为转向机传动比。

单前桥转向,根据M_f和转向传动机构空间位置关系计算出节臂上的作用转矩 M。

而对于双前轴转向受力计算,由于一桥和二桥节臂转矩均为未知,属于静不定状态。根据经验,一般假定一桥、二桥节臂上转矩比分别为 1:2 和 2:1,由M_f、液压助力和杆系空间位置关系算出二桥节臂处转矩M_2。

2. 边界条件

单前桥转向传动机构,全约束转向机支架与车架之间的连接孔,转向节臂与轮毂连接端全约束。在转向摇臂与转向机的转动副上施加沿摇臂轴向的顺时针转矩M_f。单前桥传动机构边界条件如图 8-24 所示。

双前桥转向传动机构,分别约束转向机支架、中间摇臂支架、二桥摇臂支架与车架的连接孔,全约束一桥转向节臂与轮毂连接端,转向摇臂与转向机转动副处施加逆时针转矩M_f,助力油缸处施加向前的油缸力 F,在二桥转向节臂上沿着主销轴线方向施加顺时针转矩M_2。如图 8-25 所示。

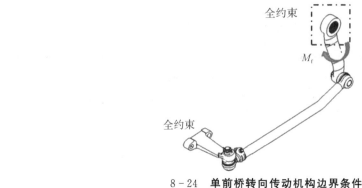

图 8-24 单前桥转向传动机构边界条件

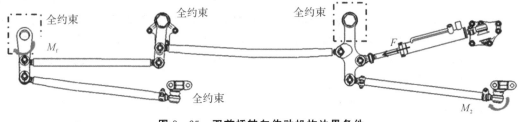

图 8-25 双前桥转向传动机构边界条件

参 考 文 献

[1] 陈家瑞.汽车构造[M].北京:机械工业出版社,2005.
[2] 刘惟信.汽车设计[M].北京:清华大学出版社,2001.
[3] 《汽车工程手册》委员会.汽车工程手册[M].北京:人民交通出版社,2001.
[4] 小林明.汽车工程手册:第二分册[M].北京:机械工业出版社,1984.
[5] 陈书明,王登峰,苏丽俐,等.转向系统NVH研究综述[J].汽车工程学报,2011(6):5-17.
[6] 徐守富,孙涛,宋桂霞,等.某型商用车方向盘高速抖动问题分析与优化[J].机械强度,2017,39(5):16-21.
[7] 郝君辉.方向盘扭转振动分析与优化[D].南京:南京航空航天大学,2013.
[8] 王成华.基于ABAQUS的汽车转向柱模态分析与研究[D].青岛:青岛理工大学,2013.

第 9 章 悬架系统分析

悬架系统是保证车轮(或车桥)与车架(或承载式车身)之间弹性连接并能传递载荷、缓和冲击、衰减振动、调节车辆行驶中车身位置等有关装置的总称。悬架系统主要由弹性元件、减振器装置和导向机构(纵、横向推力杆)三部分组成,图 9-1 为钢板弹簧悬架及前桥结构。

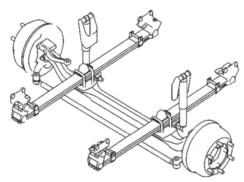

图 9-1 钢板弹簧悬架及前桥

悬架系统的主要作用:

(1)保证车辆的正常行驶,并具有足够的强度、刚度和寿命。把路面作用于车轮上的垂向力(支承力)、纵向力(驱动力和制动力)和侧向力以及这些力所形成的力矩传递到车架(或承载式车身)上。

(2)保证车辆的行驶平顺性。使悬架具有合适的刚度,保证悬架偏频在合理范围内;具有合适的减振性能(或阻尼特性),与悬架的弹性特性匹配,减小车身和车轮在共振区的振幅,快速衰减振动,缓和、抑制车辆驶过不平路面时所产生的振动和冲击;乘员在车中承受的加速度应该满足《机械振动与冲击 人体处于全身振动的评价——第一部分:一般要求》(ISO2631-1—1997)中规定的人体承受振动限值。

(3)保证车辆的操纵稳定性。要求汽车具有一定的不足转向特性;转向时,车身倾角比较小(当侧向加速度为 0.4g 时,货车车身倾角一般为 6°~7°);当车轮跳动时,使车轮定位参数具有合适的变化规律,同时车轮运动与导向机构相协调。

(4)汽车制动和减速时保证车身具有较小的俯仰角位移。

悬架是整车载荷传递路径的核心总成,而且对汽车的行驶平顺性、稳定性、通过性等整车性能都有重要影响,因此保持悬架结构性能稳定,对其进行结构分析显得尤为重要。本章通过对悬架系统进行简单介绍,阐述悬架及附件在车辆底盘系统中的作用,然后对悬架系统的分析验证进行介绍。

9.1 悬架结构

悬架系统结构种类繁多,通常按照导向机构、阻尼、刚度和弹性元件的形式进行分类。具体分类如图 9-2 所示。

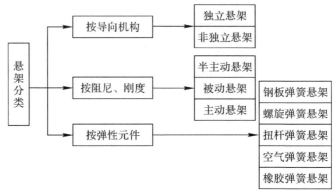

图 9-2 悬架系统分类

悬架系统按照导向机构的结构特点,可以分为非独立悬架和独立悬架两大类,如图 9-3 所示。非独立悬架系统具有一个连接两端车轮的刚性轴,即两侧车轮安装于一个整体式车桥上,一侧车轮受冲击时会直接影响另一侧车轮,车轮上下跳动时定位参数变化小。这种悬架的非簧载质量比较大,高速行驶时悬架受到的冲击载荷比较大,平顺性较差。其优点是结构简单,且工作可靠。独立悬架则没有非独立悬架中的刚性梁,左右车轮各自独立地与车架或车身相连或构成断开式车桥。独立悬架两侧车轮独立运动,有利于提高车辆的平顺性和舒适性。

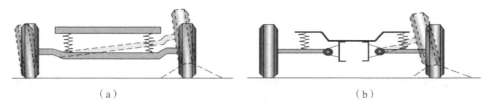

(a) (b)

图 9-3 非独立悬架与独立悬架

(a)非独立悬架;(b)独立悬架

按阻尼和刚度随行驶需求的调节形式,悬架分为被动悬架、主动悬架和介于两者之间的半主动悬架。被动悬架是传统的机械结构,刚度和阻尼都不可调,其优点是理论成熟、结构简单、性能可靠和成本相对低廉。主动悬架是在悬架系统中采用有源或无源控制的元件组成的一个闭环控制系统,根据车辆的运动状态和路面状况,由中央处理单元进行实时运算,主动控制悬架参数,使悬架始终处于最优减振状态,从而抑制和控制车身运动,其缺点是结构较为复杂,成本高,可靠性相对被动悬架低。半主动悬架分为刚度可调和阻尼可调两大类。目前,在半主动悬架的控制研究中,以阻尼可调控制的研究居多。

按弹性元件的不同,悬架可以分为钢板弹簧、螺旋弹簧、扭杆弹簧、气体弹簧(空气弹簧、油气弹簧)、橡胶弹簧悬架等,商用车弹性元件主要采用钢板弹簧、空气弹簧和橡胶弹簧。

典型的悬架结构由弹性元件及悬架附件构成,悬架附件主要包括减振器、推力杆和稳定杆等。

9.1.1 悬架系统弹性元件

弹性元件的主要作用是支撑悬架以上的质量,缓和传递给车架(或车身)的路面冲击载荷,作为悬架的主要部件之一,它的刚度对车辆行驶的安全性和乘坐舒适性有重要的影响。

橡胶弹簧利用橡胶体受压缩或受剪切产生弹性变形起到弹簧的作用,它具有非线性弹性特性,比其他弹性元件质量轻,适宜承受冲击性的大载荷,故多作为悬架的缓冲块应用于商用车悬架中。

钢板弹簧由若干片钢板组合在一起,即由金属单元层("叶片")叠加而成,如图 9-4 所示。由于钢板弹簧单位质量储能量低,所以材料利用率差,耗费大量的弹簧钢。但是由于钢板弹簧在悬架中可兼作导向机构,可使悬架结构大大简化,且保养维修方便,制造成本低,所以目前广泛应用在非独立悬架中。为了克服多片簧质量大、性能差(由于片间摩擦及本身特性影响)的缺点,目前应用较多的变厚断面少片钢板弹簧,利用叶片变厚断面来保持等强度特性,可以节省材料,减轻质量,同时减少了叶片间的摩擦力,有利于改善行驶平顺性。为了提高商用汽车的运输效率,采用多轴增大车辆装载质量,为保证承载车桥轴荷的一致性,多轴汽车双后桥多采用平衡悬架(见图 9-5)。

空气弹簧(见图 9-6)由车轮和车架之间的柱状充气室构成,利用空气压缩产生的弹力而制成的弹簧形式,一般可以分为囊式、膜式和复合式三种。空气弹簧的优点是单位质量的储能量很大,可以保证自身质量最小的同时提供足够的支撑力,可实现变刚度,而且寿命比钢板弹簧高很多,舒适性较好。其缺点是空气弹簧只能承受垂直载荷,需要导向机构来承受垂直载荷以外的力和力矩;结构比较复杂,密封环节多,容易漏气,可靠性相对较差。

油气弹簧(见图 9-7)以氮气作为弹性介质,用油液作为传力介质。简单的油气弹簧不带油气隔膜。目前,这种弹簧多用于重型汽车,在部分轿车上也有应用。

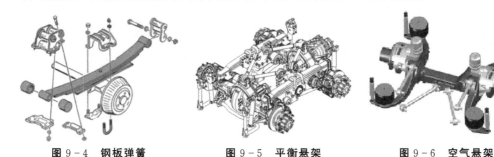

图 9-4 钢板弹簧　　图 9-5 平衡悬架　　图 9-6 空气悬架

螺旋弹簧(见图 9-8)主要应用在独立悬架中,优点是无需润滑,不忌油污,安装所需的纵向空间不大,弹簧本身质量小。螺旋弹簧本身没有减振作用,因此在螺旋弹簧悬架中必须另装减振器。此外,螺旋弹簧只能承受垂直载荷,因此螺旋弹簧同空气弹簧一样,必须增加导向机构以传递垂直载荷以外的各种力和力矩。

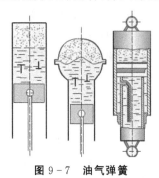 

图 9-7 油气弹簧　　　　图 9-8 螺旋弹簧

一般根据整车对悬架提出的结构和性能指标要求，综合考虑各种因素，选用相应的弹性元件匹配悬架结构形式。

9.1.2 悬架附件

悬架附件主要包括推力杆、横向稳定杆、减振器等，在悬架系统中起到导向、减振等作用。

推力杆是商用车悬架中用于连接车架与车桥（轴）的一种导向杆状总成，其主要作用是弥补悬架系统弹性元件只能传递垂向力而不能传递纵向力和横向力的不足，与橡胶弹簧、空气弹簧或非独立悬架钢板弹簧（即平衡悬架）等配合实现导向及承载；在转弯或通过凹凸路面时，避免桥和车架之间互相窜动，起到稳定车桥的作用；提供一定缓冲作用以降低整车振动及噪声，避免桥和车架横梁等关键零部件的冲击破坏。推力杆主要用在非独立悬架的单桥或平衡悬架双后桥的商用车上。

推力杆分为Ⅰ形推力杆和Ⅴ形推力杆。Ⅰ形推力杆由两个铰接头和一个杆身组成，也称直推力杆，图 9-9(a) 为两种常用的Ⅰ形推力杆结构。Ⅴ形推力杆是由球铰和杆身组成的一套复合杆系，在一个Ⅴ形端头上的球铰通过杆身分别与另外两个端头的球铰连接（铆接、焊接、锻造、螺纹等）而成，三个不同端头的球铰，相互间具有严格的尺寸关系，共同传递力和力矩，如图 9-9(b) 所示。

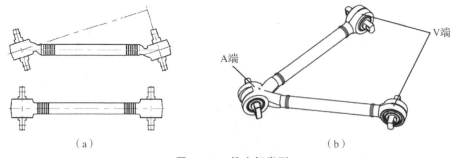

(a)　　　　　　　　　　　　　(b)

图 9-29 推力杆类型
(a) Ⅰ形推力杆；(b) Ⅴ形推力杆

横向稳定杆，又叫防倾杆、平衡杆，是车辆悬架中的一种辅助弹性元件，如图 9-10 所示。为改善行驶平顺性，选择垂向刚度小的悬架，导致车辆的侧倾角刚度变小，车辆转弯时会导致较大的车身侧倾,影响车辆的行驶稳定性。基于此,车辆大多都装有横向稳定杆来增大悬架的侧倾角刚度以改善车辆的行驶稳定性。当车身只做垂直运动时,两侧悬架变形相同,横向稳定杆不起作用。当车辆转弯时,车身侧倾,两侧悬架跳动不一致,外侧悬架会压向稳定杆,继而稳定杆被扭曲,侧壁受弯,起到了增大悬架侧倾角刚度的作用,从而使车身尽可能保持平衡。

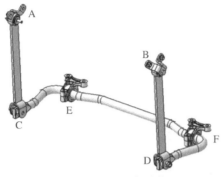

图 9-10　稳定杆结构

减振器是悬架中重要的减振装置,为悬架系统提供阻尼力,使振动快速衰减。商用车上常见的减振器利用液体在流经阻尼孔时孔壁与油液间的摩擦和液体分子间的摩擦形成对振动的阻尼,将振动能量转化为热能,进而达到衰减振动、改善行驶平顺性、提高车辆操纵性和稳定性的目的。

9.2　悬架系统分析

悬架系统在运行中常会出现两类问题:第一类是性能匹配问题,如悬架偏频、模态匹配不合理,造成悬架系统对地面振动吸收隔离较差;第二类是悬架系统的结构可靠性问题,如钢板弹簧断裂、推力杆变形或者断裂、减振器支架失效等,如图 9-11、图 9-12 所示。对于商用车,由于运行工况恶劣,可靠性问题更加突出。目前市场保有的商用车中,悬架系统多采用钢板弹簧。因此本节以钢板弹簧悬架为例对悬架系统在设计阶段需要的结构分析进行介绍。

图 9-11　推力杆套管弯曲及断裂现象　　　　图 9-12　钢板弹簧断裂

钢板弹簧作为悬架系统的重要减振和载荷传递部件,分析内容包括板簧刚度、强度和疲劳分析。

9.2.1　板簧刚度分析

悬架刚度是指悬架抵抗变形的能力,即悬架承受的载荷与该载荷引起变形的比值,是悬架系统的重要参数。汽车前后悬架与簧上和簧下质量组成的振动系统的固有频率对整车平顺性影响极大,而刚度直接影响固有频率。为了提高车辆行驶平顺性,要将悬架系统的固有频率控制在一定范围内。载货车前悬架的偏频一般为 1.5～2.1 Hz,后悬架的偏频为 1.7～2.1 Hz,前后悬架的簧下固有频率一般为 10～15 Hz。因此,在悬架设计之初,板簧刚度的选取十分重要,刚度值可由试验或仿真获得。

在刚度试验中,将钢板弹簧固定在台架上,两端用滚轮支撑,以释放板簧延展方向的自由度,对钢板弹簧进行 Z 向连续、缓慢加载,记录载荷和钢板弹簧的 Z 向变形量,如图 9-13 所示。采用最小二乘法将加载、卸载曲线进行线性拟合,拟合直线的斜率即为钢板弹簧刚度。

悬架的刚度仿真采用刚度试验类似方法进行分析,考虑支架对板簧刚度的影响。分析时取部分车架、钢板弹簧和板簧支架建立有限元模型,如图 9-14 所示。板簧、压板和垫块采用实体单元建模,在板簧片与片之间建立接触,摩擦因数选 0.2,约束车架两端,放开板簧卷耳、吊耳两端的转动自由度。

图 9-13 钢板弹簧刚度试验

图 9-14 钢板弹簧刚度分析模型

在实际板簧刚度试验中,都是先装配板簧,即用中心螺栓和两个 U 形螺栓把各片钢板夹持在一起形成板簧,预装在一起的过程中板簧受预应力的作用。因此在有限元模型中,为考虑预应力的影响,一般将加载分为两个载荷步:在第一个载荷步中,在垫块处加载预紧力,使各片板簧压紧,模拟板簧的装配过程;在第二个载荷步中,在垫块处施加垂直向上的载荷。进行非线性求解,输出位移随载荷变化的拟合曲线,如图 9-15 所示,曲线的斜率即为钢板弹簧的刚度。

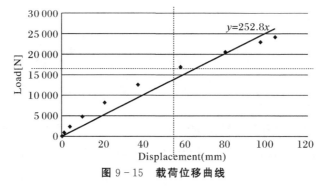

图 9-15 载荷位移曲线

9.2.2 板簧强度分析

钢板弹簧的实际受力复杂,为保证安全工作,需要在车辆垂向冲击、制动及侧倾等工况下对钢板弹簧强度进行校核,确保在各个工况下钢板弹簧的强度能够满足要求,即分析应力小于板簧材料的许用应力。车辆的工况与载荷应根据车辆的实际运行状况进行确定,表9-1的工况及载荷可供参考。

表 9-1 工况与载荷说明

工 况	载 荷
垂向冲击	垂向 3.5g(应考虑板簧限位的影响)
制动	垂向 1g,纵向 0.8g
侧倾	垂向 1g,横向 0.6g

在刚度模型基础上,有限元模型为满足加载需要而添加车桥和车轮模型,一般将桥和轮胎简化为刚体,车架两端全约束。同刚度分析类似,在加载前先对板簧进行预紧,体现预应力的影响。根据表9-1中的工况,在整车多体动力学模型中提取轮胎接地点载荷,施加在有限元模型上,图9-16、图9-17分别为制动工况和侧倾工况的有限元模型。分析结果如图9-18所示,该板簧悬架在紧急制动工况下产生制动纵扭,出现"S"变形,钢板弹簧上最大应力为1 307.5 MPa,出现在钢板弹簧后段偏后位置;由于侧倾工况轮荷转移,所以两边板簧应力分布不对称,单边最大应力为1 259 MPa。两种工况下的应力均小于板簧材料50CrVA的抗拉极限,结构强度符合要求。

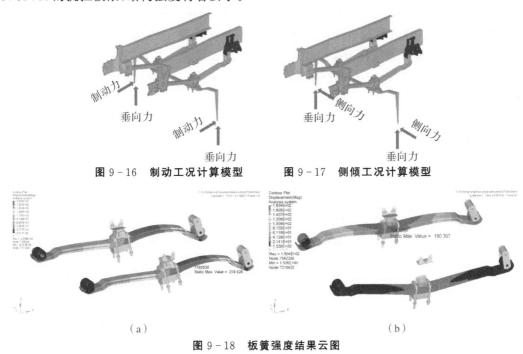

图 9-16 制动工况计算模型　　图 9-17 侧倾工况计算模型

(a)　　(b)

图 9-18 板簧强度结果云图

(a)制动工况;(b)侧倾工况

9.2.3 板簧疲劳分析

根据《钢板弹簧 技术条件》(GB/T 19844—2018)要求,多片钢板弹簧在应力幅为323.62 MPa、最大应力为833.5 MPa的试验条件下,要求钢板弹簧总成的疲劳寿命不低于

10万次。GB/T 19844—2018对钢板弹簧垂向疲劳性能及试验方法进行了规定。实际上在车辆运行过程中,钢板弹簧同时受到垂向、纵向和侧向力的作用。

根据车辆的实际运行工况,钢板弹簧疲劳试验分为垂向、纵向(制动)和侧向疲劳试验3种工况,分别用于考察车辆在垂向冲击、制动和转弯或侧向力工况下钢板弹簧的疲劳性能。疲劳试验如图9-19所示。疲劳试验参考刚度试验台架,各工况载荷施加于驱动位置。垂向疲劳试验施加空载至满载循环变化载荷,纵向疲劳试验施加幅值为0到最大制动力的循环变化载荷,侧向疲劳试验载荷垂直于钢板弹簧纵向方向,施加幅值为0到最大侧向力的循环变化载荷。要求10万次加载后板簧疲劳损伤值小于1。

图9-19 疲劳试验示意图

以垂直疲劳工况为例对钢板弹簧疲劳分析进行简要介绍。输入模型为板簧模型,与刚度有限元模型类似,一端卷耳约束自由度1234,另一端约束自由度234,放开板簧延展方向自由度和两端卷耳的转动自由度,片间建立摩擦接触,并进行预压。根据垂向疲劳试验要求,对板簧的有限元模型进行加载。载荷以某车型为参考,板簧空载载荷3 000 N,满载载荷9 000 N,以空、满载载荷作为最小值和最大值按照正弦波0.5 Hz加载,加载曲线及有限元模型如图9-20所示,分析结果如图9-21所示。图9-21体现的是板簧疲劳损伤值的对数结果,对数结果小于0合格,对应损伤值1。

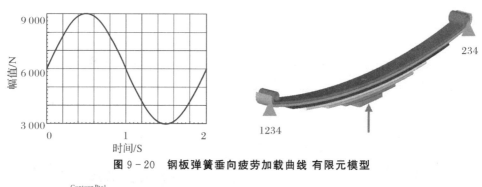

图9-20 钢板弹簧垂向疲劳加载曲线 有限元模型

图9-21 钢板弹簧疲劳分析结果

9.3 悬架附件分析

本书在 9.1.2 节中对悬架系统附件(横向稳定杆、推力杆、减振器等部件)的结构和功能做了介绍,它们在悬架系统中主要起导向和减振等作用,其性能会直接影响整车的平顺性以及底盘的可靠性。本节针对以上附件在悬架系统中的典型工况、结构分析方法和结果评判等进行介绍。

9.3.1 横向稳定杆结构分析

横向稳定杆是抑制车体在转弯时产生过量倾斜的主要部件,悬架稳定杆的两端与车架通过杆件相连接,当车体发生侧倾时悬架稳定杆会顺势产生扭转变形,稳定杆实际上是由一根可轴向扭转的杆状弹簧和杆臂组成的,扭杆的扭转刚度和杆臂的弯曲刚度决定了稳定杆的抗侧倾能力。稳定杆的性能包括侧倾刚度和疲劳性能,要求稳定杆侧倾角刚度满足设计指标,疲劳寿命大于 25 万次。

稳定杆刚度和疲劳试验如图 9-22 所示,将稳定杆通过轴承固定在台架上,两端采用液压缸以一定的频率进行加载,使其达到设定的转角。稳定杆仿真分析边界与试验一致,仿真模型包括稳定杆及轴承座。将轴承座总成全约束,轴承与稳定杆之间放开转动自由度,稳定杆一端加载 Z 向位移,另一端加载 -Z 向位移,保证设定转角,如图 9-23 所示,进行强度计算。

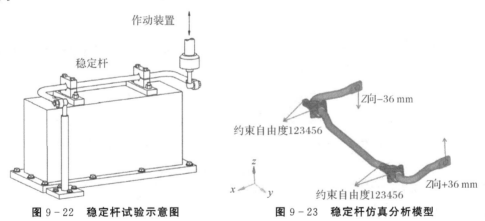

图 9-22 稳定杆试验示意图　　图 9-23 稳定杆仿真分析模型

仿真分析完成后,提取位移加载点的支反力,由支反力和位移可计算得到稳定杆的侧倾角刚度 C_φ,如图 9-24 所示,其计算公式为

$$C_\varphi = \frac{M}{\varphi} = \frac{FL^2}{2z} \tag{9-1}$$

式中:M 为扭矩;φ 为扭转角;F 为杆端加载力;L 为稳定杆长度;z 为杆端 Z 向位移。

根据强度分析结果,结合稳定杆材料的 S-N 曲线,可求得稳定杆的疲劳周次。

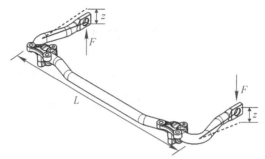

图 9-24 稳定杆刚度计算示意图

9.3.2 推力杆结构分析

推力杆与橡胶弹簧、空气弹簧或平衡悬架等弹性元件相互配合,实现准确导向及承载。推力杆主要承受纵向力和横向力,V形推力杆可以同时承受纵向力和横向力,而I形推力杆仅承受轴向力,根据I形推力杆作用方向不同,分为横向推力杆和纵向推力杆。推力杆的受力可以通过理论计算或多体动力学分析提载的方式得到。

以制动工况平衡悬架推力杆受力理论计算为例,如图9-25所示。平衡悬架在制动工况时,推力杆与平衡悬架共同实现车桥与车架间载荷的传递,此时推力杆主要承受X向力的作用,对推力杆的受力进行理论推导,作为推力杆结构分析的载荷边界。图9-26和表9-2为车辆相关参数。

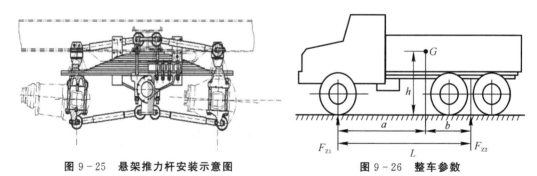

图 9-25 悬架推力杆安装示意图　　　　图 9-26 整车参数

表 9-2　整车推力杆结构分析参数

汽车重力	G	轴距	L
地面相对前轮的法向反作用力/N	F_{Z1}	上推力杆受力	F_1
地面对中后轴的法向反作用力/N	F_{Z2}	下推力杆受力	F_2
汽车质心到前轴中心线的距离/mm	a	下推力杆与车桥连接点到地面的距离	h_1
汽车质心到后轴中心线的距离/mm	b	上、下推力杆与车桥连接点高度差	h_2
汽车质心高度/mm	h	上、下推力杆安装夹角	$\alpha、\beta$
地面附着系数	ψ	上下坡地面坡度	i

根据车辆质量、质心和尺寸参数,可计算得到中后桥的 Z 向力:

$$F_{z2}=\frac{G(a-\psi gh)}{L} \quad (9-2)$$

中、后桥采用平衡悬挂,认为中、后桥受力相等。推力杆主要承受制动力的作用,制动力由中后桥提供的地面制动力或制动器制动力决定。

单桥的地面制动力 F_b 为

$$F_b = \psi \frac{F_{z2}}{2} \quad (9-3)$$

设单侧制动器摩擦力矩为 M,车轮滚动半径 r,则单桥制动器制动力为

$$F_b = \frac{2M}{r} \quad (9-4)$$

取式(9-3)和式(9-4)计算结果较小的 F_b 值作为单桥与地面之间的摩擦力。

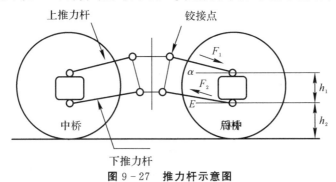

图 9-27 推力杆示意图

同理可认为中桥与后桥的上、下推力杆受力相同,则

$$F_1 \cos\alpha h_2 - F_b h_1 = 0 \quad (9-5)$$
$$F_2 \cos\beta h_2 - F_b (h_1 + h_2) = 0 \quad (9-6)$$

将 F_b 代入公式(9-5)、式(9-6)中,可求得上、下推力杆的受力 F_1 和 F_2,根据推力杆的形式施加约束和计算载荷,进行强度分析。V 形推力杆(上推)边界条件和分析结果见图 9-28 所示,杆臂端部与球销之间建立球铰,A 端球销约束 Z 向自由度,V 端球销全约束,要求推力杆的最大应力小于材料的屈服强度。

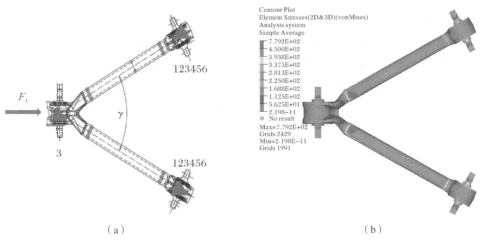

(a) (b)

图 9-28 推力杆边界及强度分析结果
(a)分析边界;(b)分析结果

9.3.3 减振器支架分析

减振器支架主要承受减振器的轴向力,包括压缩和复原阻力,复原阻力远大于压缩阻力。表 9-3 为某型号减振器不同工作缸直径的阻尼力范围。

在仿真分析时,截取一段车架,将减振器支架与车架采用螺栓连接,全约束车架两端,根据减振器的安装角度,在减振器支架连接点加载阻尼力,如图 9-29 所示。要求减振器支架的最大应力小于材料的屈服极限,计算结果如图 9-30 所示。

表 9-3 减振器额定阻尼力范围

工作缸直径/mm	复原阻尼力/N	压缩阻尼力/N
30	1 000~3 500	200~1 200
40	1 600~10 000	400~2 200
50	4 000~18 000	700~2 800

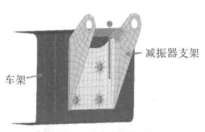

图 9-29 减振器支架模型

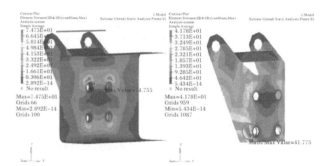

图 9-30 减振器支架分析结果

参 考 文 献

[1] 林逸. 汽车悬架系统新技术[M]. 北京:北京理工大学出版社,2017.
[2] 周长城. 车辆悬架设计及理论[M]. 北京:北京大学出版社,2011.
[3] 王霄锋. 汽车悬架和转向系统设计[M]. 北京:清华大学出版社,2015.
[4] STEVEN M. KARAMIHAS. Axle tramp contribution to the dynamic wheel loads of a heavy truck[J]. International Symposium on Heavy Vehicle Weights & Dimensions,1995.

第10章 动力总成悬置系统分析

动力总成作为商用车的"心脏",是整车的动力源,同时也是整车主要的振动与噪声源之一。动力总成悬置是动力总成与车架的连接系统,由弹性减振装置和连接支架构成,主要用于支承、保护动力总成(发动机或电机、变速器等),同时隔离或减少车辆行驶过程中动力总成向车架传递的振动能量。因此,动力总成悬置应满足一定的强度和隔振性能要求,需对其模态、解耦及支架强度进行分析。

10.1 动力总成悬置系统简介

动力总成悬置一般可分为橡胶悬置、液压悬置和主动悬置三类。橡胶悬置是应用最早的悬置类型,弹性部分为弹性橡胶。橡胶悬置结构简单,价格便宜,低频适应性好,使用寿命长,且性能稳定,是目前应用最为普遍的悬置类型。液压悬置出现于20世纪60年代,这种悬置能同时满足低频和高频时对刚度和阻尼的要求,性能优于橡胶悬置;其缺点是结构复杂、成本高,一般只应用于高级车上。主动悬置可根据振动情况实时改变系统刚度或阻尼,实现主动隔振,但需要额外增加控制系统和执行机构,成本高。本章若无特殊说明,所述悬置均指橡胶悬置。

动力总成悬置系统的主要功能如下:

(1)支承作用。动力总成悬置首先是一个支承元件,支持与定位动力总成,为发动机的输出扭矩提供反作用力,它必须能够承受所有工况下的动、静载荷,使动力总成不至于产生过大的应力和位移而影响其正常工作。

(2)限位作用。其指控制或限制动力总成的运动。动力总成在受到各种干扰(如制动、加速或其他动载荷)作用的情况下,悬置系统应该保证动力总成在所有方向上的位移处于可接受的范围内。

(3)吸振和隔振作用。作为车架与动力总成之间的连接件,悬置应具有良好的吸振、隔振作用。一方面,悬置系统应能减小由于路面不平而传递给动力总成的振动和冲击;另一方面,还要减小作为振源的发动机向车架传递的振动。对于整个车体来说,动力总成和悬置相当于一个动态吸振系统,可以缓解路面冲击对车体的影响。

动力总成悬置按照悬置点的数量可分为三点、四点、五点和六点悬置系统,悬置点的数量由动力总成的长度、质量、用途和安装方式决定。典型的布置形式如图10-1所示。

对于三点式悬置系统,三点决定一个平面,不受车架变形的影响,抗扭转振动效果好,与车架的顺从性最好。四点式悬置的稳定性好、能承受较大的转矩作用力,相对于三点式悬置扭转刚度较大,不利于隔离低频振动,但可以经过合理设计来满足整车使用要求,该布置方式在商用车上使用较多。在重型车上,由于动力总成质量和长度较大,为了避免后悬置载荷过大及变速器输出端位移过大,一般在变速器上增加一个或两个辅助支点,形成五点或六点悬置,由于增加的支承点距离动力总成质心最远,又是过约束点,因此为了避免因车架变形损坏变速器或悬置支点,辅助支点刚度不能太大。

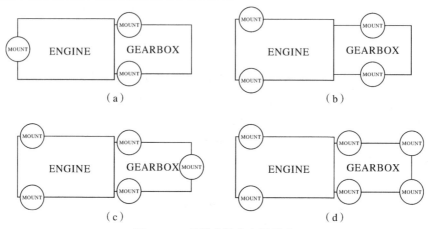

图 10-1 悬置安装点布置形式

(a)三点式悬置系统;(b)四点式悬置系统;(c)五点式悬置系统;(d)六点式悬置系统

10.2 动力总成悬置系统振动分析

动力总成悬置系统振动分析一般包括刚体模态、解耦、隔振率、响应及传递路径分析等。刚体模态、解耦、隔振率是设计阶段的主要关注点,刚体模态与系统激励频率是否分离决定了系统的共振情况,解耦率决定了系统各个方向振动耦合程度,隔振率决定了振动能量传递的衰减程度,这些指标对系统的 NVH 性能起着决定性影响。下面分别针对动力总成悬置刚体模态、解耦、隔振等分析进行详细阐述。

10.2.1 动力总成悬置系统刚体模态分析

动力总成具有 6 个方向的低频刚体模态,包括前后、左右、上下的平动(Fore-Aft、Lateral、Bounce)和绕着纵向、横向、垂向三个轴的转动(Roll、Pitch、Yaw)。动力总成悬置系统分析模型中一般包括弹性减振垫、连接支架及发动机(或电机)、离合器、变速器等。

图 10-2 为动力总成悬置系统的一般简化模型,假定有 n 处非对称的支承端,每个支承端的橡胶垫简化为 3 个有弹性轴(此 3 轴称为橡胶垫的弹性主轴 p、q、r)的弹簧,忽略橡胶垫 3 个弹性主轴方向的扭转刚度;发动机(电机)、离合器、变速箱及其结合部分都为刚体,其位置可用质心 O 处的直角坐标系 $OXYZ$ 3 个方向的位移 x、y、z 及 3 个坐标轴的转角 θ_x、θ_y、θ_z 表示。根据拉格朗日方程可得系统振动微分方程:

$$M\ddot{q}+Kq=0 \tag{10-1}$$

式中:质量矩阵

$$M=\begin{bmatrix} m & 0 & 0 & 0 & 0 & 0 \\ 0 & m & 0 & 0 & 0 & 0 \\ 0 & 0 & m & 0 & 0 & 0 \\ 0 & 0 & 0 & I_x & -I_{xy} & -I_{zx} \\ 0 & 0 & 0 & -I_{xy} & I_y & -I_{yz} \\ 0 & 0 & 0 & -I_{zx} & -I_{yz} & I_z \end{bmatrix}$$

刚度矩阵

$$K=\begin{bmatrix} K_{11} & \cdots & K_{16} \\ \vdots & \ddots & \vdots \\ K_{61} & \cdots & K_{66} \end{bmatrix}$$

广义坐标矢量

$$q^{\mathrm{T}}=\begin{bmatrix} x & y & z & \theta_x & \theta_y & \theta_z \end{bmatrix}$$

式中:m 为动力总成质量;I_x、I_y、I_z 为动力总成转动惯量;I_{xy}、I_{yz}、I_{zx} 为动力总成惯性积。

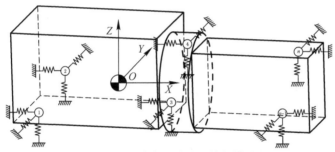

图 10-2 动力总成悬置简化模型

布置支承橡胶垫后,任意支承端 s 处的橡胶垫的弹性主轴与坐标系 $OXYZ$ 的方向余弦见表 10-1。

表 10-1 弹性橡胶垫的弹性主轴方向余弦

弹性主轴	坐标系 $OXYZ$		
	X	Y	Z
p	l_{s1}	m_{s1}	n_{s1}
q	l_{s2}	m_{s2}	n_{s2}
r	l_{s3}	m_{s3}	n_{s3}

将任意支承端 s 处的橡胶垫刚度转化为 $OXYZ$ 坐标系方向的刚度为

$$\left.\begin{aligned} (k_{11})_s &= k_{sp}l_{s1}^2 + k_{sq}l_{s2}^2 + k_{sr}l_{s3}^2 \\ (k_{12})_s &= (k_{21})_s = k_{sp}l_{s1}m_{s1} + k_{sq}l_{s2}m_{s2} + k_{sr}l_{s3}m_{s3} \\ (k_{22})_s &= k_{sp}m_{s1}^2 + k_{sq}m_{s2}^2 + k_{sr}m_{s3}^2 \\ (k_{23})_s &= (k_{32})_s = k_{sp}m_{s1}n_1 + k_q m_2 n_2 + k_r m_3 n_3 \\ (k_{31})_s &= (k_{13})_s = k_{sp}l_{s1}n_{s1} + k_{sq}l_{s2}n_{s2} + k_{sr}l_{s3}n_{s3} \\ (k_{33})_s &= k_{sp}n_{s1}^2 + k_{sq}n_{s2}^2 + k_{sr}n_{s3}^2 \end{aligned}\right\} \quad (10-2)$$

式中：$(k_{11})_s$ 为任意支承端 s 处的橡胶垫 X 向刚度；$(k_{22})_s$ 为任意支承端 s 处的橡胶垫 Y 向刚度；$(k_{33})_s$ 为任意支承端 s 处的橡胶垫 Z 向刚度；$(k_{12})_s$、$(k_{21})_s$、$(k_{13})_s$、$(k_{31})_s$、$(k_{23})_s$、$(k_{32})_s$ 为任意支承端 s 处的橡胶垫 X、Y、Z 向两两耦合刚度；k_{sp} 为任意支承端 s 处的橡胶垫弹性主轴 p 向刚度；k_{sq} 为任意支承端 s 处的橡胶垫弹性主轴 q 向刚度；k_{sr} 为任意支承端 s 处的橡胶垫弹性主轴 r 向刚度。

式(10-1)中矩阵 K 中各元素 K_{11}、K_{12}、$\cdots$ 的计算公式如下为

$$\left.\begin{aligned}
K_{11} &= \sum_{s=1}^{n} (k_{11})_s \\
K_{22} &= \sum_{s=1}^{n} (k_{22})_s \\
K_{33} &= \sum_{s=1}^{n} (k_{33})_s \\
K_{44} &= \sum_{s=1}^{n} [(k_{22})_s c_s^2 + (k_{33})_s b_s^2 - 2(k_{23})_s b_s c_s] \\
K_{55} &= \sum_{s=1}^{n} [(k_{33})_s a_s^2 + (k_{11})_s c_s^2 - 2(k_{13})_s a_s c_s] \\
K_{66} &= \sum_{s=1}^{n} [(k_{11})_s b_s^2 + (k_{22})_s a_s^2 - 2(k_{12})_s a_s b_s] \\
K_{12} &= \sum_{s=1}^{n} (k_{12})_s \\
K_{14} &= \sum_{s=1}^{n} [(k_{13})_s b_s - (k_{12})_s c_s] \\
K_{15} &= \sum_{s=1}^{n} [(k_{11})_s c_s - (k_{13})_s a_s] \\
K_{23} &= \sum_{s=1}^{n} (k_{23})_s \\
K_{24} &= \sum_{s=1}^{n} [(k_{23})_s b_s - (k_{23})_s c_s] \\
K_{25} &= \sum_{s=1}^{n} [(k_{12})_s c_s - (k_{23})_s a_s] \\
K_{13} &= \sum_{s=1}^{n} (k_{13})_s \\
K_{34} &= \sum_{s=1}^{n} [(k_{33})_s b_s - (k_{23})_s c_s] \\
K_{35} &= \sum_{s=1}^{n} [(k_{13})_s c_s - (k_{33})_s a_s] \\
K_{16} &= \sum_{s=1}^{n} [(k_{12})_s a_s - (k_{11})_s b_s] \\
K_{26} &= \sum_{s=1}^{n} [(k_{22})_s a_s - (k_{12})_s b_s] \\
K_{36} &= \sum_{s=1}^{n} [(k_{23})_s a_s - (k_{13})_s b_s] \\
K_{45} &= \sum_{s=1}^{n} \{[(-k_{12})_s c_s + (k_{23})_s a_s + (k_{13})_s b_s] c_s - (k_{33})_s a_s b_s\} \\
K_{56} &= \sum_{s=1}^{n} \{[(k_{12})_s c_s - (k_{23})_s a_s + (k_{13})_s b_s] a_s - (k_{11})_s b_s c_s\} \\
K_{46} &= \sum_{s=1}^{n} \{[(k_{12})_s c_s + (k_{23})_s a_s - (k_{13})_s b_s] b_s - (k_{22})_s a_s c_s\}
\end{aligned}\right\} \quad (10-3)$$

式(10-3)中 a_s、b_s、c_s 如图 10-3 所示。可通过 MATLAB 软件编程对式(10-1)进行求解，得到动力总成悬置系统刚体模态。

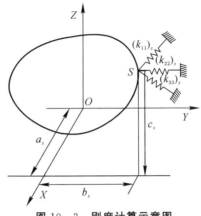

图 10-3 刚度计算示意图

传统内燃机车辆动力总成悬置系统的主要激励是发动机的点火激励。商用车常用发动机为直列 4 缸或 6 缸发动机，布置形式为纵置式，忽略发动机曲轴中心线和整车 X 轴的夹角（一般为 2.5°或 3°），在发动机运行过程中，作用在发动机上的激振力主要为沿整车 Z 轴的惯性力 F_z 和绕 X 轴的惯性力矩 M_x。

1. 惯性力 F_z

通过对发动机曲柄连杆机构运动分析，可得直列 4 缸发动机的惯性力 F_z 为

$$F_z = -4m_s r\omega \lambda_p \cos(2\omega t) \tag{10-4}$$

式中：m_s 为活塞、活塞环、活塞销质量；r 为曲轴半径；λ_p 为曲轴半径与连杆长度比；ω 为曲轴角速度；t 为时间。

根据式(10-4)可知，在直列 4 缸发动机上，二阶惯性力是影响整车舒适性的主要激振力。为了减小这种影响，发动机加装有转速为曲轴转速 2 倍的平衡轴，通过平衡轴来抵消发动机二阶惯性力。直列 6 缸发动机的点火间隔为 120°，各缸之间惯性力相互抵消，故其总惯性力为零。

2. 惯性力矩 M_x

通过对发动机曲柄连杆机构运动的分析，可得直列 4 缸发动机的惯性力矩 M_x 为

$$M_x = -4m_s r^2 \omega^2 \lambda_p [0.5\sin(2\omega t) + (0.5\lambda_p)^2 \sin(4\omega t)] \tag{10-5}$$

直列 6 缸发动机的惯性力矩 M_x 为

$$M_x = -4.5m_s r^2 \omega^2 \lambda_p \sin(3\omega t) \tag{10-6}$$

根据式(10-5)、式(10-6)可知，在直列 4 缸发动机运行中，主要存在的是二阶和四阶惯性力矩 M_x。直列 6 缸发动机运行中，主要存在的是三阶惯性力矩 M_x。

车辆在行驶时，发动机的主要激励频率范围为怠速点火频率到最高转速点火频率。根据隔振原理，要求动力总成悬置系统的刚体模态频率低于发动机怠速激励频率的 $1/\sqrt{2}$ 倍；动力总成悬置系统的刚体模态应高于底盘垂向和俯仰频率的 1.5~2.0 倍，即大于 5 Hz；动力总成刚体模态各相邻模态的频率差值大于 0.5 Hz，且在常用车速范围内避开传动轴的二阶激励频率。除此之外，动力总成悬置系统各个方向的模态频率还应满足如下要求：

(1) 动力总成在 X 方向上的振动容易与 RY 方向上的俯仰模态产生振动耦合。因此，X 向的模态频率应避开 RY 向 2 Hz 以上。

(2) 整车以 Z 方向的振动为主，因此动力总成悬置系统的 Z 向模态应该避开整车一阶弯曲模态频率，且远离整车垂向振动和车轮跳动的固有频率。发动机最主要的激励（扭矩波动）在 RX 方向，要求动力总成 Z 向与 RX 向模态频率间隔大于 2 Hz。同时，为了避开人体敏感频率 4~8 Hz，要求 Z 向模态频率大于 8 Hz。

(3) 直列六缸四冲程发动机主要的激励为绕曲轴 RX 方向的三阶惯性力矩。为了获得良好的隔振效果，要求动力总成悬置系统 RX 方向的模态频率小于发动机怠速频率的 1/2.5。

(4) 动力总成悬置系统的俯仰模态 RY 与整车的俯仰模态容易发生振动耦合，因此要求动力总成悬置系统的俯仰模态频率应该与整车俯仰模态频率避开至少 2 Hz。

在进行动力总成悬置系统模态分析时，可以将各阶模态频率指标要求设置为优化目标，采用 MATLAB 等软件对悬置刚度进行优化设计。

与传统内燃机车辆相比，纯电动汽车动力总成产生的振动和噪声明显降低。由于驱动电机工作原理、结构及动力传递路线的不同，所以纯电动汽车动力总成悬置系统受到的激励主要包括以下几种：

(1) 转子机械不平衡（包括静不平衡、动不平衡和混合不平衡）产生的振动，该激励的幅值和电机的工作转速有关，转速越高，激振作用越明显。

(2) 电机定子、转子气隙中的电磁力作用产生的电磁振动，该振动激励与电机气隙内谐波磁场及由此产生的电磁力幅值、频率、极对数以及定子本身的固有特性有关。

(3) 定子、转子偏心引起的振动，该激励是由制造和装配精度不够引起的。

(4) 现阶段，纯电动汽车的驱动系统通常会配有一个齿轮箱（一般是固定速比变速器或具有 2~3 个挡位的机械式变速器），齿轮箱的制造和装配精度不够，也会引起整车动力系统的振动，这一点在电机高速工作时表现更为突出。

(5) 电机输出扭矩的反作用简谐扭矩。

(6) 路面不平引起的激励。

(7) 传动轴的二阶激励。

综上所述，纯电动汽车驱动电机动力总成的激励 (6)、(7) 与传统内燃机动力总成基本一致，其他激励源则完全不同。

由图 10-4、图 10-5 可知，恒电压恒功率控制下的电机外特性曲线，与发动机的外特性曲线有着明显的区别。纯电动车辆驱动电机的瞬间（不超过 20 ms）启动输出扭矩较大，且在不超过额定转速的行驶工况下，驱动电机以最大"恒"转矩进行动力输出。该工况下由于电机转速不是很高，转子不平衡离心力和力矩（见图 10-6、图 10-7）带来的车辆振动很小，基本可以忽略，因此，该阶段的主要激励来源于电机输出的简谐扭矩（中低频）。对于纵向布置的动力总成，该扭矩作用在动力总成坐标的 X 轴上。当电动车高速行驶时，由于电机转速很高，输出扭矩较小，因此，该工况下动力总成受到的内部激励主要来自转子的不平衡振动（高频），该激励可以分解在 Y 轴和 Z 轴方向上。

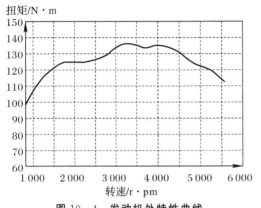

图 10-4　发动机外特性曲线

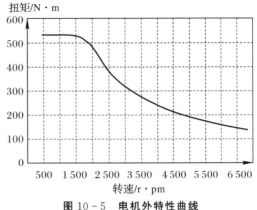

图 10-5　电机外特性曲线

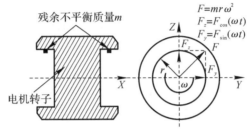

图 10-6　不平衡质量引起的激励力作用

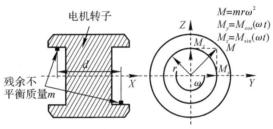

图 10-7　不平衡质量引起的激励扭矩作用

与传统内燃机车辆一样，纯电动车辆在急加速、紧急制动和急转弯等行驶工况下，动力总成会产生较大的惯性力，从而使悬置元件在短时间内受到较大的冲击载荷，如果悬置元件刚度不足，则会使悬置元件在短时间内发生较大变形，从而导致动力总成发生较大位移，撞击到周围的零部件而产生振动或破坏，上述工况下的惯性力主要集中在 X 和 Y 轴方向上。

对于纯电动城市物流车辆，由于城市道路路面不平度一般都比较小，路面不平度带来的低频随机振动激励经过悬架的衰减、过滤之后，其有效作用频率范围会降低到 5 Hz 以下，所以可以不考虑这一部分激励产生的振动影响。但是在动力总成极限工况时，需要考虑垂直方向的回弹或冲击惯性力（瞬态激励）。

综上所述，纯电动车辆在进行动力总成悬置系统分析计算时，主要考虑动力总成扭矩影响，即悬置系统应具备足够的抗扭限位能力，以确保动力总成在大扭矩作用下位移控制在合理的范围内，且悬置刚度应满足模态及解耦要求。由于抗扭限位要求，纯电动车辆悬置橡胶垫的刚度相对较大，其刚体模态频率高于同级别的内燃机车辆。一般建议 X、Y、Z 三个方向的平动模态频率小于 20 Hz；RX、RY、RZ 三个转动方向的模态频率控制在 20～40 Hz（避开常用车速下传动轴的二阶激励频率），同时避开蠕行时电机的一阶、二阶谐频。当空调压缩机集成在动力总成上时，还应避开空调压缩机的工作频率。

10.2.2 动力总成悬置系统解耦分析

由式（10-1）动力总成悬置系统振动微分方程可知，动力总成六个方向的振动通常是相互耦合的。一般来说，耦合会导致振动振幅加大，振动频率范围过宽，不利于对系统的振动进行控制。因此，在悬置系统开发设计过程中，需要对动力总成悬置系统各个方向的振动实现解耦。性能良好的悬置系统除了要选择合适的布置方式之外，还要对悬置点的安装位置、悬置刚度进行合理的匹配，确保悬置系统实现振动解耦。

进行动力总成悬置系统设计时，悬置点安装位置可通过打击中心理论、扭矩轴理论进行确定。打击中心理论主要用于选择悬置点的前后位置，把动力总成视为刚体，前后悬置点位置如果处于互为打击中心的位置上时，当一个悬置受到干扰或冲击时，另一个悬置上的响应为零。按照打击中心理论，前后悬置点的位置需要满足：

$$ML_FL_R = J_y \tag{10-7}$$

式中：M 为动力总质量；L_F 为前悬置点距离动力总成质心的纵向距离；L_R 为后悬置点距离动力总成质心的纵向距离；J_y 为动力总成绕 Y 轴的转动惯量。

扭矩轴理论主要用于动力总成悬置系统的扭转振动解耦。商用车动力总成一般为纵向布置，发动机输出扭矩为绕曲轴的方向，曲轴方向一般与动力总成纵向主惯性轴不重合，有一定的夹角，当发动机运行时，动力总成便会绕曲轴与纵向主惯性轴之间的一条轴线振动，这条轴线便是扭矩轴。扭矩轴取决于施加扭矩的方向、动力总成的惯性特征以及外界的约束条件。自由扭矩轴是指动力总成在没有外界约束时的扭矩轴，它总是通过动力总成质心。如果扭矩轴线垂直于前、后悬置的对称平面，并且系统的弹性中心落在扭矩轴上，那么就可以实现动力总成的横向振动、垂直振动和绕扭转轴的扭转振动相互解耦。

在实际中，由于动力总成悬置存在较多的约束，且受到整车布置空间的限制，所以动力总成悬置系统完全解耦难以实现，通常采用能量解耦法判断动力总成悬置系统解耦是否达到设计要求。从能量的角度来讲，系统沿某一个方向的力或力矩所做的功将转化为系统沿多个广义坐标上的动能和势能，而动能和势能之间又可以相互转化，其总和不变，因此可以用最大动能（或者势能）来表示系统沿某个广义坐标的总能量。能量解耦法采用悬置系统模态动能的百分比来表示 6 个方向的解耦程度，即当悬置系统作某一阶主振动时，假设悬置系统的全部动能都分布在 6 个广义坐标方向上，振动占优方向的振动能量占总能量的百分比就表示悬置系统在该方向的解耦程度。

当悬置系统作第 i 阶主振动时，第 j 个广义坐标分配的振动能量计算公式为

$$T_j = \frac{1}{2}\omega_i^2 \sum_{k=1}^{6} m_{jk}(\Phi_i)_j(\Phi_i)_k \tag{10-8}$$

式中：$(\Phi_i)_j$、$(\Phi_i)_k$ 为系统第 i 阶主振型的第 j 和第 k 个元素；m_{jk} 为系统质量矩阵第 j 行第 k 列元素；$i,j,k=1,2,\cdots,6$。

系统总能量为

$$T = \frac{1}{2}\omega_i^2 \sum_{j=1}^{6}\sum_{k=1}^{6} m_{jk}(\Phi_i)_j(\Phi_i)_k \tag{10-9}$$

第 j 个广义坐标上分配的动能所占系统总动能的百分比,即第 j 个广义坐标方向的解耦率为

$$p_j = \frac{T_j}{T} \times 100\% = \frac{\sum_{k=1}^{6} m_{jk}(\Phi_i)_j(\Phi_i)_k}{\sum_{j=1}^{6}\sum_{k=1}^{6} m_{jk}(\Phi_i)_j(\Phi_i)_k} \times 100\% \tag{10-10}$$

要提高系统某个广义坐标方向的解耦程度,可通过改变系统悬置点的位置、倾角及刚度,使其解耦率的值提高并尽量接近 100%。用能量方法考察动力总成悬置系统解耦程度,较其他方法有以下优点:

(1) 可以在原坐标系统上对系统进行解耦设计。

(2) 仅需要对动力总成悬置系统进行自由振动分析,求得刚体模态参数即可。在一定程度上脱离了发动机类型及布置形式的具体特点,具有普遍的适用性。

(3) 模态解耦法一般解耦率区间为 (0,100%),可以使优化计算保持较好的数值稳定性,便于计算机优化。

一般动力总成悬置系统在设计时,要求 Z 方向和 RX 方向的模态解耦率大于 85%,其他方向模态解耦率大于 80%。在进行动力总成悬置分析优化时,可通过将解耦率指标要求设置为优化目标,采用 MATLAB 等软件对悬置刚度进行优化设计。

10.2.3 动力总成悬置系统隔振分析

隔振性能分析模型同动力总成悬置系统的模态分析模型,悬置动刚度值用 1~100 Hz 的动刚度曲线;在动力总成质心处施加 1~100 Hz 幅值为 1 N 的扫频激励,以车架侧悬置安装点的力作为响应。提取动力总成质心处的激励力和车架侧悬置安装点的力,来计算隔振性能。

隔振性能一般用隔振率和隔振量来表示,计算公式如下:

$$\eta = \left(1 - \frac{A}{B}\right) \times 100\% \tag{10-11}$$

$$\theta = -20\lg\left(\frac{A}{B}\right) \tag{10-12}$$

式中:η 为隔振率(%);A 为车架侧的振动力(N);B 为发动机侧的振动力(N);θ 为隔振量(dB)。

对于传统内燃机车辆,要求在发动机怠速点火频率至最高转速点火频率范围内,动力总成悬置系统的最小隔振量 $\geqslant$ 15 dB。由于纯电动车辆运行时,其动力总成产生的振动远低于传统内燃机车辆,因此,纯电动车辆对动力悬置系统的隔振可以不做要求。

10.2.4 悬置支架固有频率分析

在商用车动力总成悬置系统中,上支架与发动机连接,下支架与车架连接,上下支架间为弹性橡胶垫。上支架、弹性橡胶垫、下支架组成了一个隔振系统。实际中悬置支架并非绝

对刚性,具有一定刚度,因此,该隔振系统的刚度为上下支架与悬置橡胶垫串联后的总刚度,总刚度的计算公式为

$$\frac{1}{K} = \frac{1}{K_u} + \frac{1}{K_s} + \frac{1}{K_d} \qquad (10-13)$$

式中:K 为隔振系统总刚度;K_u 为悬置上支架刚度;K_s 为弹性橡胶垫刚度;K_d 为悬置下支架刚度。

根据式(10-13)可知,只有当上下悬置支架刚度趋于无穷大时,悬置系统的总刚度才是所设计的弹性橡胶垫的刚度;当支架的刚度过低时,悬置系统总刚度明显小于设计刚度。因此,为了确保悬置系统的隔振效果,通常要求上、下悬置支架刚度达到悬置橡胶垫刚度的6~10倍以上,在质量一定的情况下,刚度越大,模态频率越高,对商用车一般要求动力总成悬置支架自由模态频率大于600 Hz,同时约束模态频率应超出发动机最高主激振频率20%以上。

仿真分析时,通过对悬置系统上、下支架进行自由模态分析,求得支架固有频率,判断其一阶模态频率是否满足上述要求。

10.3 动力总成悬置支架强度及疲劳分析

动力总成悬置系统强度和疲劳分析的主要对象是上、下悬置支架。通常,重卡动力总成悬置支架为铸造结构,中轻卡、特种底盘动力总成悬置支架等为板材焊接结构,在进行有限元仿真分析时,铸件采用体单元进行网格划分,板材焊接件采用面单元进行网格划分,具体网格划分原则及质量要求见第3章。

悬置支架强度分析工况见表10-2,通过7种工况对悬置支架静强度进行综合分析,考察各工况下悬置支架的应力分布情况。采用材料屈服强度或静态安全因子对计算结果进行评价,一般要求最大应力小于材料屈服强度或最小静态安全因子大于材料强屈比。图10-8为某商用车动力总成悬置支架工况1强度分析计算结果,图(a)为应力云图,图(b)为静态安全因子云图,从图中可以看出,两者趋势是一致的。

表10-2 悬置支架强度分析工况

工况	重力	X向	Y向	Z向	扭矩
1	$1g$			$+6g$	
2	$1g$			$-6g$	
3	$1g$	$+4g$			
4	$1g$	$-4g$			
5	$1g$		$+3g$		
6	$1g$		$-3g$		
7	$1g$				$1.4T_{max}i_{max}$

注:T_{max} 为发动机最大输出扭矩,i_{max} 为变速器最大传动比。

第 10 章 动力总成悬置系统分析

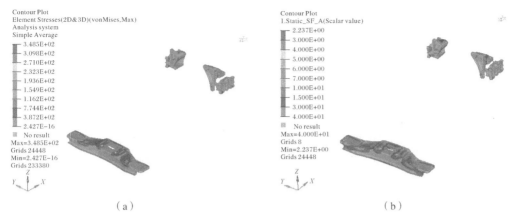

(a)　　　　　　　　　　　　　　　　　(b)

图 10-8　某商用车动力总成工况 1 计算结果云图

(a)应力云图；(b)静态安全因子云图

悬置支架疲劳分析有限元模型与强度分析模型相同,疲劳分析工况见表 10-3。在有限元软件中完成疲劳工况载荷设置,并计算结果,然后将结果导入疲劳分析软件进行疲劳周次分析,判断悬置支架疲劳寿命是否满足设计要求。

表 10-3　悬置支架疲劳分析工况

工况	X 向	Y 向	Z 向
1	±1.5g		
2		±1.5g	
3			±1.5g
4	±0.75g	±0.75g	±0.75g

参 考 文 献

[1] 刘显臣.汽车 NVH 综合技术[M].北京:机械工业出版社,2014.

[2] 刘延柱.振动力学[M].北京:高等教育出版社,1998.

[3] 郭荣,章桐.汽车动力总成悬置系统[M].上海:同济大学出版社,2013.

[4] 黄显利.卡车的噪声与振动及其控制策略[M].北京:北京理工大学出版社,2018.

[5] 韦小田.纯电动汽车动力总成悬置系统振动分析和优化设计[D].重庆:重庆大学,2015.

第 11 章　传动轴系统分析

汽车传动轴是汽车传动系中传递动力的重要部件,与变速箱、驱动桥协同工作,将发动机的动力传递给车轮,使汽车产生驱动力。

如图 11-1 所示,传动轴连接动力总成和驱动桥。动力总成(发动机、离合器、变速器等)安装在车架上,驱动桥通过悬架与车架弹性连接,悬架上下跳动造成驱动桥与变速箱的相对位置发生变化,引起传动轴长度、夹角的改变,因此采用万向传动轴实现动力的准确传递。

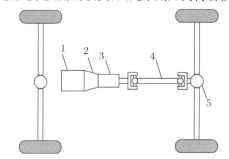

1—发动机；2—离合器；3—变速箱；4—传动轴；5—驱动桥
图 11-1　汽车中的万向传动轴

汽车传动轴主要由万向节、轴管、轴叉、花键套等零件组成,如图 11-2 所示。万向节由万向节叉、十字轴带滚针轴承总成及定位零件(卡环、轴承压板等)组成。万向节按其在扭转方向是否有明显的弹性变形,可分为刚性万向节和柔性万向节,柔性万向节在扭转方向有明显的弹性变形,而刚性万向节无明显变形。

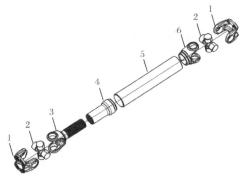

1—凸缘叉；2—十字轴总成；3—轴叉；4—花键套；5—轴管；6—万向节叉
图 11-2　传动轴示意图

在长轴距汽车上,常将传动轴设计为分段式(两段或三段),以缩短每一段传动轴的长度,提高刚度,从而提高传动轴的临界转速。当对传动轴分段时,需要增加中间支承,中间支承的位置如图 11-3 所示。中间支承一般安装在车架横梁上或车身底架上,其内部的橡胶弹性元件能够吸收传动轴的振动,并允许中间传动轴相对车架存在微小窜动。

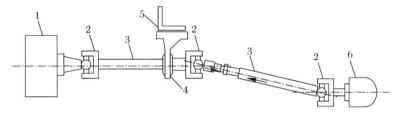

1—变速器;2—十字万向节;3—传动轴;4—中间支承;5—支承角板;6—驱动桥

图 11-3　多段式传动轴示意图

如图 11-4 所示,多段式传动轴的主动轴与从动轴之间存在夹角 α,由于主、从动轴上的转矩 T_1、T_2 作用在不同平面上,两者之间无法直接实现力矩平衡,所以万向节上有附加弯矩 T_1'、T_2' 的作用。附加弯矩在万向节主、从动轴支承上引起周期性变化的径向脉冲载荷,会激起中间支承的振动。因此,在传动轴设计阶段,应考虑传动轴本体的强度、刚度、耐磨等性能,还需关注传动轴的振动噪声以及中间支承的结构强度。本章主要针对传动轴的静扭、疲劳、模态以及支承角板的静强度等常用工况进行阐述。

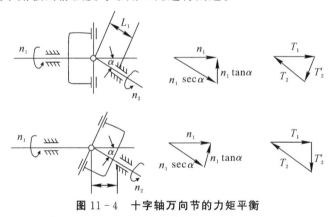

图 11-4　十字轴万向节的力矩平衡

11.1　传动轴强度分析

传动轴在运转过程中主要承受扭转载荷的作用,且载荷随着运行工况不断变化,受力情况较复杂。当传动轴输入扭矩超过万向节、轴管等极限扭矩时,其危险截面处的应力超过材料的极限应力,会造成十字轴断裂、轴管变形开裂等失效,如图 11-5 所示。根据轴类结构的受力特性,传动轴疲劳失效模式主要为弯曲、扭转以及轴向疲劳。本节针对传动轴的静扭和疲劳工况进行阐述。

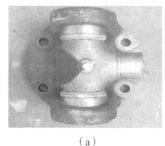
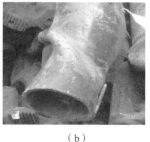

图 11-5 失效照片

(a)十字轴断裂;(b)轴管扭转变形

1. 静扭工况

传动轴静扭试验按照《汽车传动轴总成 台架试验方法》(QC/T 523)进行,如图 11-6 所示,传动轴固定在扭转试验机上,试验机采用额定负荷进行加载。

根据发动机最大扭矩和轮胎最大附着力分别计算扭矩值(M_g、$M_{\psi\max}$),取二者中较小值 $M_{e\min}$ 作为传动轴的额定扭矩,计算方法如下。

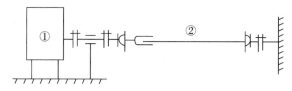

1—加载及检测装置;2—试件

图 11-6 扭转试验机示意图

按发动机最大扭矩计算:

$$M_g = M_{e\max} i_{kl} i_{pl}/n \tag{11-1}$$

式中:M_g 为作用到传动轴上的扭矩(N·m);$M_{e\max}$ 为发动机最大扭矩(N·m);i_{kl} 为变速箱 1 挡速比;i_{pl} 为分动器低挡速比;n 为使用分动器时输出的传动轴数目。

按轮胎最大附着力计算:

$$M_{\psi\max} = Gr_k\psi/i_o \tag{11-2}$$

式中:$M_{\psi\max}$ 为作用到传动轴上的扭矩(N·m);G 为满载时驱动桥上的负荷(N);r_k 为车轮半径(m);ψ 为轮胎与地面的附着系数(在良好的沥青路面上一般取 $\psi=0.8$);i_o 为驱动桥速比。

传动轴有限元仿真分析与试验方法保持一致。仿真分析模型包括万向节、轴管、轴叉、花键套、中间支承以及支承角板等,网格划分方法及要求详见第 3 章,本节主要针对传动轴连接、加载及约束进行详细说明。

搭建仿真模型时,必须保证传动轴连接对的轴线对中性。同时,要保证连接位置自由度的正确设置,与实际状态保持一致,否则会使得

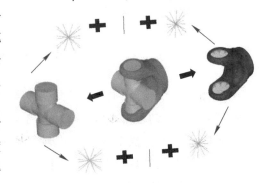

图 11-7 十字轴与凸缘叉连接示意图

扭矩传递与实际不符,导致局部应力过大,影响计算结果。十字轴与凸缘叉连接时,应确保十字轴端部外圆柱面与凸缘叉连接孔内圆柱面保持轴线对中,同时需保证连接二者的刚性单元沿轴线无相对平动,并释放其转动自由度456,从而实现万向节在空间上 XYZ 三个方向的转动,连接方式如图 11-7 所示。

加载边界条件与传动轴实际运转时一致。约束传动轴中间支承与车架的连接点以及传动轴与驱动桥的连接点,六自由度全约束,传动轴的输入端只释放凸缘叉轴向转动自由度;在传动轴与变速箱连接点施加扭矩 M_{emin}。在传动轴台架试验过程中,扭矩直接加在传动轴输入端凸缘叉的前端面上。图 11-8 所示的传动轴,其凸缘叉轴线与整车坐标系 X 向平行,为在仿真中准确模拟扭矩输入,在凸缘叉端面选用刚性单元抓取端面节点,在该刚性单元中心点沿着凸缘叉前端面法线方向施加额定扭矩 M_{emin}。

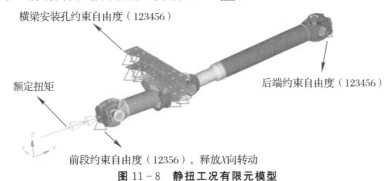

图 11-8 静扭工况有限元模型

静扭模型计算完成后,查看传动轴各部位的静态安全因子,要求各个部位的安全因子应大于材料的安全因子评价标准(强屈比)。图 11-9 所示为某两段式传动轴的静态安全因子计算结果,最小安全因子在轴管上,靠近轴叉连接端。

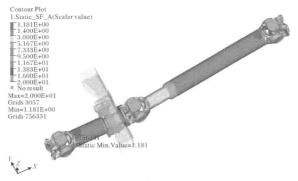

图 11-9 安全因子分布云图

11.1.2 疲劳工况

轴类零件载荷以扭转载荷居多,对于扭转疲劳断裂,裂纹经常出现在最大剪应力平面或最大正应力平面上。图 11-10 所示一种传动轴,在距离端部约 25 mm 花键处发生断裂。传动轴断口断面宏观上平坦、细腻,可以看到明显的疲劳弧线,如图 11-11 所示。对于此类结构,在静力扭转的工作状态下,研究其应力分布以及疲劳损伤分布具有重要意义。

图 11-10 传动轴外观形貌　　　　　图 11-11 传动轴的裂纹及断口形貌

按照《汽车传动轴总成　台架试验方法》,使用扭转疲劳试验机(见图 11-6)进行疲劳加载,对传动轴施加非对称循环交变扭矩,交变扭矩最大值为额定扭矩 M_{emin}(额定扭矩计算方法详见 11.1.1 节),最小值为额定扭矩 M_{emin} 的 30%,交变频率为 0.5 Hz。交变扭矩幅值计算方法为

$$M_a = \frac{M_{max} - M_{min}}{2} \tag{11-3}$$

式中:M_a 为交变扭矩幅值(N·m);M_{max} 为交变扭矩最大值(N·m);M_{min} 为交变扭矩最小值(N·m)。

传动轴疲劳工况的有限元模型、约束和加载方式同静扭工况(见图 11-8)类似,如见图 11-12 所示。

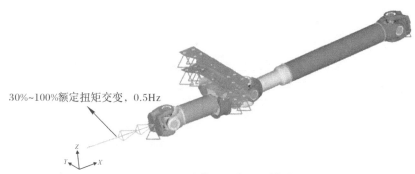

图 11-12 疲劳工况有限元模型

计算完成后,查看最小疲劳次数以及出现位置,要求最小疲劳次数应大于最低循环次数(15 万次)。最小疲劳周次一般出现在十字轴、凸缘叉等部位,对这些部位着重进行观察。图 11-13 为某两段式传动轴的扭转疲劳分析结果。

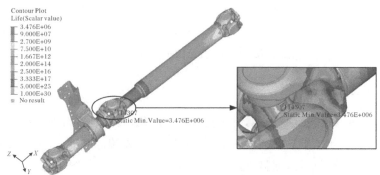

图 11-13 疲劳次数分布云图

11.2 传动轴约束模态

传动轴系统的约束模态是指其工作过程中的固有特性，包含模态频率及振型。如果传动轴系统模态没有得到很好的控制，与自身以及外界的激励产生耦合，就易导致传动轴振动和断裂等问题，因此对传动轴进行模态分析是十分必要的。影响传动轴系统模态的因素有很多，如结构形式、传动轴长度、传动轴当量夹角、中间支承刚度以及材料等。

根据系统隔振理论可知，隔振效果取决于振动传递率 T_A 的大小。T_A 越小，表明通过隔振系统传递的力或运动越小，隔振效果越好。T_A 取决于系统刚度 K、系统阻尼系数 C、系统阻尼比 ζ。图 11-14 为线性振动系统的各种阻尼比 ζ 下传递率 T_A 随频率比变化的曲线。

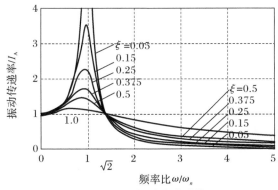

图 11-14　振动传递特性

图中：ω_n 表示系统的固有频率，ω 为激振频率。从图中可以看出，无论阻尼比 ζ 为何值，只有当频率比 $\omega/\omega_n > \sqrt{2}$ 时，$T_A < 1$ 隔振系统才能真正起到隔振作用，并且 ω/ω_n 越大，T_A 越小，隔振效果越好(考虑到弹性元件的刚度，ω_n 不可过小)。

根据以上理论，为避免传动轴产生严重的共振问题，传动轴的第一阶模态频率应高于发动机最高转速对应频率的 115%。对于多段式传动轴，其横向和垂向弯折模态(中间支撑橡胶刚度引起的模态)频率应与动力总成刚体模态最高频率 f_1、常用车速下传动轴 2 阶激励频率 f_2 无耦合。

f_1 和 f_2 的估算方法：

动力总成刚体模态最高频率 f_1 以实际数据为主，缺乏实际数据时可下式按进行估算：

$$f_1 = \frac{f_0}{\sqrt{2}} \tag{11-4}$$

式中：f_0 为怠速频率(Hz)；

常用车速下传动轴 2 阶激励频率 f_2，可按下式进行估算：

$$f_2 = \frac{v}{3.6} \times \frac{i_0}{2\pi r_k} \times 2 \tag{11-5}$$

式中：v 为车速(km/h)；r_k 为车轮半径(m)；i_0 为驱动桥速比；f_2 为最低常用车速。

在对传动轴进行模态分析时，有限元模型及约束方式同静扭工况，计算传动轴前 20 阶模态。传动轴模态分析有限元模型如图 11-15 所示。

图 11-15　约束模态有限元模型

图 11-16 为某两段式传动轴各阶模态计算结果。传动轴的一、二阶整体模态为中间支承,作为弹性体的横向、垂向弯折模态,振动频率分别为 23.6 Hz、27.98 Hz。如果中间支承刚度设计不当,那么将会引起传动轴共振。

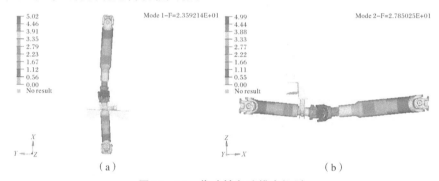

图 11-16　传动轴各阶模态振型

(a)横向弯折(23.6 Hz); (b)垂向弯折(27.9 Hz); (c)X 向扭转(203.1 Hz)
(d)Z 向弯曲(235.5 Hz); (e)Y 向弯曲(235.5 Hz)

11.3　传动轴支承角板静强度

分段式传动轴与车架横梁通过中间支承以及传动轴支承角板(见图 11-3)实现连接,传动轴中间支承一般由金属冲压件和橡胶件构成。由于分段式传动轴轴间存在一定的夹角,质量发生偏心,会对支承角板以及安装横梁产生额外冲击,所以需对传动轴的支承角板进行静强度分析。

在车辆行驶过程中:一方面,传动轴支承角板受到传动轴质量引起的冲击载荷,冲击载荷可根据车辆运行特点确定;另一方面,由于传动轴间夹角带来的附加弯矩的影响,在万向节主、从动叉支承上产生周期载荷,并传递到传动轴支承角板上。该载荷通过多体动力学分析提取(详见 14.4 节)。

多体动力学分析得到某传动轴中间支承处 X、Y、Z 三个方向上的载荷时域曲线,如图 11-17 所示,一般将各向力达到极大值的点作为静强度计算边界。如 t 时刻,中间支承 X 向受力达到最大值 $F_{x_{\max}}$,则 t 时刻中间支承三向受力为($F_{x_{\max}}$、F_y、F_z),并将此时刻受力作

为 X 向极限工况的载荷边界。$(F_x,F_{y_{\max}},F_z)$、$(F_x,F_y,F_{z_{\max}})$ 的提取方式与 $(F_{x_{\max}},F_y,F_z)$ 类似,且这两组三向力分别为 Y 向、Z 向极限工况的载荷边界。

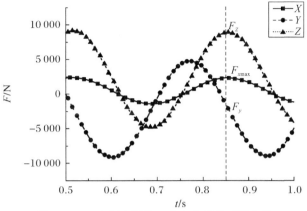

图 11-17 中间支承处三个方向载荷时域曲线

对支承角板进行静强度分析,主要关注支承角板及相连横梁的强度是否满足设计要求。为简化有限元模型,模型只包含支承角板和车架横梁等部件,传动轴采用等效质量代替。支承角板静强度分析有限元模型如图 11-18 所示,约束横梁安装孔自由度,同时在等效质量点(R 点)上施加载荷(见表 11-1)。支承角板和横梁的安全因子(强屈比)应大于 2。图 11-19 为某传动轴支承角板静强度 Z 向工况的计算结果,风险点一般位于支承角板折弯处或焊接处,应重点关注。

表 11-1 支承角板强度分析工况汇总

极限工况	多体提载/N	冲击载荷
X 向	$(F_{x_{\max}},F_y,F_z)$	X 向 $\pm 1g$
Y 向	$(F_x,F_{y_{\max}},F_z)$	Y 向 $\pm 0.8g$
Z 向	$(F_x,F_y,F_{z_{\max}})$	Z 向 $\pm 6g$

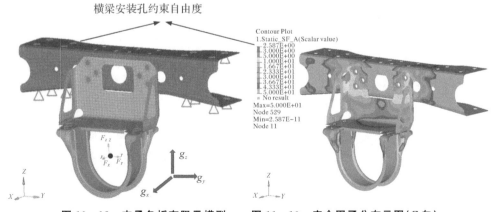

图 11-18 支承角板有限元模型   图 11-19 安全因子分布云图(Z 向)

参 考 文 献

[1] 龚志坚,陈扼西,付小科等.汽车细长传动轴类零件的加工工艺[J].机电技术,2005(2):69-72.

[2] 史倩慧,黎敏,李少敏,等.中重型商用车传动轴万向节的研究[J].重型汽车,2017(6):12-13.

[3] 刘丽玉,戴锦楼,宋伟伟,等.发动机传动轴断裂模式分析[J].失效分析与预防,2015(4):248-252.

[4] 王延安,陈德利.重卡传动轴模态分析[J].大众汽车,2013,19(3):58-60.

[5] 刘惟信.汽车设计[M].北京:清华大学出版社,2001.

[6] 刘显臣.汽车 NVH 综合技术[M].北京:机械工业出版社,2014.

[7] 倪计民.汽车内燃机原理[M].上海:同济大学出版社,1997.

[8] 陈静,陈晓梅,魏德永.重型汽车传动轴模态分析与中间支承刚度设计研究[J].汽车技术,2014(1):7-10.

[9] 孙庆义.基于轻卡某重载版车型万向传动轴设计分析[J].汽车实用技术,2017(21):62-64.

[10] 金磊,夏慧琴.扭转疲劳试验的探索性研究[J].材料工程,1997(6):34-35.

第 12 章 车架接附件分析

车架接附件指安装在车架上的功能系统,包括油箱、电瓶箱、尿素箱、储气筒、备胎、尾灯、进气系统、排气系统、冷却系统及空气处理单元等,所有的接附件都是通过中间支架安装在车架上的。

在车辆运行过程中,要保证车架接附件具有足够的强度、刚度以及适合的模态频率,以防止断裂、疲劳和噪声、异响等情况的发生。因此,对接附件进行强度、模态和疲劳分析显得尤为重要。图 12-1 和图 12-2 为尿素箱和电瓶箱在实际使用过程中出现破坏的情况。

本章首先介绍接附件承受的主要激励源及其特点,包括轮胎激励、路面激励、发动机激励等;其次介绍模态分析,包括模态评价指标的设定,液体对结构模态的影响及分析方法;再次介绍接附件强度分析,包括三种典型工况的载荷设定和考虑液体影响的结构强度分析方法;最后介绍三种典型结构的疲劳分析方法。

图 12-1 尿素箱破坏

图 12-2 电瓶箱破坏

12.1 车架接附件的激励源

车架接附件的激励源主要有三种,包括轮胎激励、路面激励和发动机激励。其中,轮胎激励和路面激励属于低频激励,相对于轮胎和路面激励,发动机激励属于高频激励。

一般情况下,发动机激励频率高于轮胎激励和路面激励频率。高等级路面的激励频率低于轮胎激励频率;差路面的激励频率一般高于轮胎激励频率。

12.1.1 轮胎激励

由于轮胎的质量不平衡、几何变动及刚度不均匀,造成轮胎在车辆运行过程中产生跳动、横摇和纵摇,从而成为激励源,并将激励传递给车架产生振动。例如车速达到某个特定区间时,方向盘或车身出现明显的抖动或摆动,当车速离开这个速度区间后车辆抖动现象又逐渐消失,这就是典型的轮胎不平衡激励。

轮胎动平衡指两个方面:一方面,轮胎静不平衡,指轮胎在垂直平面内轮胎圆周质量分布不均匀,当轮胎上某一点的质量与另一侧相同位置的质量不相同时,轮胎上质量较大的一侧会有不平衡的离心力,随着车速增加,会引起车轮周期性跳动,从而带动方向盘和车身抖动;另一方面,轮胎动不平衡,指轮胎的内边缘和外边缘在水平面内圆周上质量分布不均匀,轮胎旋转产生的力矩无法抵消,从而导致轮胎左右摆动。

试验表明,车轮直径为 1.2 m 的车辆以 100 km/h 的速度行驶时,轮胎激励频率约为 7.4 Hz。

12.1.2 路面激励

路面激励是车辆行驶中最重要的激励源,是接附件故障问题的主要原因。车辆实际运行工况复杂,在车型开发过程中,一般以道路耐久测试作为整车耐久性能的评价标准。标准的耐久路面种类较多,频率成分较宽,比如比利时路、石块路等频率较高,而长波路、扭曲路等频率较低。试验过程中,可采用加速度传感器采集车架接附件根部的加速度信号,然后通过信号处理将其转换为加速度功率谱密度(PSD)谱,通过 PSD 谱可看出每种路面的主要频率成分及能量大小。

图 12-3 为某车型在比利时路面车架前端的 Z 向加速度谱及 PSD 谱,图 12-4 为该车型在整个耐久路段单圈加速度谱及等效 PSD 谱。

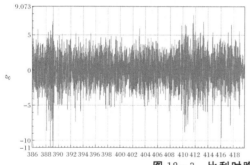 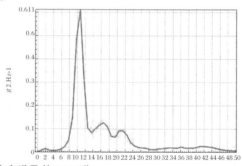

图 12-3 比利时路加速度谱及其 PSD 谱

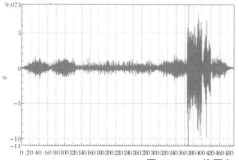 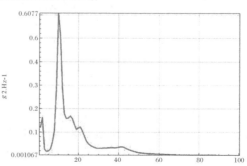

图 12-4 单圈加速度谱及其等效 PSD 谱

从图 12-3 和图 12-4 可以看出,该耐久路面激励频率集中在 0～22 Hz,其中比利时路的振幅最高,能量主要集中在比利时路所在的频率段。车辆响应的频率成分和振幅与试验场状态、车辆类型、车辆载荷和行驶车速等都具有相关性,因此分析时需要现场采集加速度谱,数据采集及处理流程可参考本书第 14 章内容。

12.1.3 发动机激励

商用车大多采用四冲程发动机,每个工作循环由进气行程、压缩行程、做功行程和排气行程组成。

汽油机是将空气与汽油以一定的比例混合成良好的混合气,在进气行程被吸入汽缸,混合气经压缩点火燃烧而产生热能,高温高压的气体作用于活塞顶部,推动活塞做往复直线运动,通过连杆、曲轴飞轮机构对外输出机械能。四冲程汽油机在进气行程、压缩行程、做功行程和排气行程内完成一个工作循环。

四冲程柴油机和汽油机一样,每个工作循环也是由进气行程、压缩行程、做功行程和排气行程组成的。由于柴油机以柴油作为燃料,与汽油相比,柴油自燃温度低、黏度大不易蒸发,因而柴油机采用压缩终点自燃着火。

对于单缸发动机来说,其转速不均匀,发动机工作不平稳,振动大。这是因为四个行程中只有一个行程是做功的,其他三个行程是消耗动力为做功作准备的行程。为了解决这个问题,飞轮必须具有足够大的转动惯量,导致整个发动机质量和尺寸增加。采用多缸发动机可以弥补上述不足,现代汽车多采用四缸、六缸和八缸发动机。

曲柄连杆机构带动活塞运动,活塞在气缸内经过四个行程,形成一个循环。发动机在一个循环内发生一次点火燃烧,燃烧爆炸时将产生巨大的激励,这样就形成一个"阶次"特征。对于一个气缸来说,在一个循环内点火一次,就产生"一阶"激励。四缸发动机每转一圈,就点火两次,因此四缸发动机的发火阶次是"二阶",以此类推,六缸和八缸发动机的发火阶次是"三阶"和"四阶"。

发动机激励频率与转速有关,商用车急速转速一般为 600～800 r/min,常用工作转速为 1 000～1 600 r/min,不同转速、阶次和频率之间存在如下关系:

$$f = \frac{\text{转速}}{60} \times \text{阶次} \tag{12-1}$$

发动机激励通过发动机悬置与车架相连,最终传递到车架接附件上,因此接附件的一阶模态要尽量避开发动机急速主阶次激励频率,而且保证尽可能少的高阶模态留在发动机常用工作转速对应的频率范围内。

12.1.4 传动轴激励

传动轴连接动力总成和驱动桥,传动距离过长时必须对传动轴进行分段并在传动轴之间增加中间支承装置。在整车运动过程中,驱动桥受到来自路面的激励不断跳动,造成动力总成和驱动桥之间的距离和角度不断变化,工程上采用万向节以满足这一工况要求。传动轴布置与总成结构如图 12-5 所示。

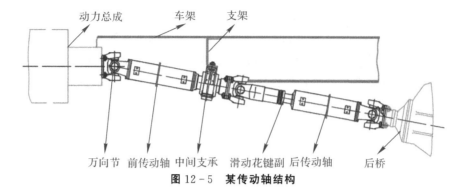

图 12-5　某传动轴结构

十字轴结构的万向节在运动的过程中有一个很重要的特性——不等速性,假设主动叉转速恒定,如果主动叉与从动叉之间存在角度,万向节从动叉的转角、转速和角加速度会呈现波动的特性。图 12-6 为十字轴结构万向节运动简图,下面对其运动关系做简要说明。

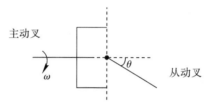

图 12-6　十字轴结构万向节运动简图

当传动轴万向节在初始位置时。主动叉与从动叉转角的运动关系为

$$\tan \varphi_1 = \tan \varphi_2 \cos\theta \tag{12-2}$$

式中:φ_1 为主动叉转角;φ_2 为从动叉转角;θ 为万向节夹角。

根据式(12-2),可推导主、从动叉的转角差 $\Delta\varphi$ 近似表达为

$$\Delta\varphi = \varphi_1 - \varphi_2 = \Delta\varphi_{max} \sin 2\varphi_1 \tag{12-3}$$

其中,$\Delta\varphi_{max}$ 是 $\Delta\varphi$ 的最大值,且

$$\Delta\varphi_{max} = \frac{\theta^2}{4} \tag{12-4}$$

将式(12-4)代入式(12-3)得:

$$\Delta\varphi = \frac{\theta^2}{4}\sin 2\varphi_1 \tag{12-5}$$

主动轴和从动轴角速度关系为

$$\frac{\omega_2}{\omega_1} = \frac{\cos\theta}{1 - \sin^2\theta \cos^2\varphi_1} \tag{12-6}$$

式中:ω_1 为主动轴角速度;ω_2 为从动轴角速度。

式(12-6)表明,当万向节的输入与输出之间存在角度差时,如果主动轴匀速转动,从动轴的角速度将会产生周期性变化,其变化如图 12-7 所示。

传动轴激励频率可表达为转速频率的 2 倍,因此也被称为二阶激励,见下式:

$$f = \frac{转速}{60} \times 2 \tag{12-7}$$

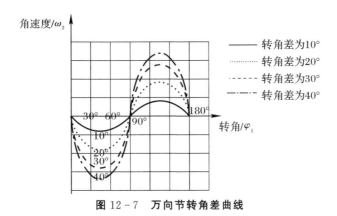

图 12-7 万向节转角差曲线

12.2 接附件模态分析

由第 12.1 节内容可知,车辆上常见的激励源有路面激励、轮胎不平衡激励、发动机激励以及传动轴激励等,这些是接附件破坏的主要原因。在设计阶段,可以通过模态分析,识别接附件的动态特性,有效避开激励频率,最大程度减小后期接附件的损坏。

12.2.1 模态指标设定

车架是汽车的主要载体,车架的接附件都是通过支架"挂"在车架上,这些相互关联的结构有其自身的模态,如果它们的模态频率相同或者接近,就会产生共振,从而引起振动噪声、异响和疲劳断裂。在车辆运行过程中,路面载荷或发动机载荷等振动通过车架传递到接附件上,如果接附件的模态频率和激励源频率相同或者接近,同样也会引起共振,造成接附件的损坏。

因此一般在产品设计之初进行整车模态规划,绘制模态分布表,列出所有相关系统的频率,并对人体敏感频率和激励频率进行标注,一般要求接附件固有频率与激励频率避开 10% 以上,而且相邻系统的模态频率也应尽量避开 10%。通过模态分布表,是否存在相邻系统模态耦合以及是否与激励源重叠就会一目了然。

图 12-8 为某商用车的模态分布,其纵列为系统,横列为频率,将激励频率、人体敏感频率用涂色标识出来,各系统的固有频率离散标识在表格中。激励频率包括发动机怠速激励频率(30~35 Hz)和常用转速激励频率(50~70 Hz),人体敏感频率一般为 4~8 Hz。

车架模态频率较低(5~8 Hz),车架接附件与车架之间一般不存在模态耦合,只需避开激励频率,同时考虑轻量化。因此设置接附件的一阶模态频率在 10~30 Hz 的范围内,若接附件安装在距离发动机较近的区域,接附件高阶模态还应尽量避开发动机常用转速激励频率。

根据支架重要程度、在车架上的安装位置和支架受到的激励程度,将车架接附件分为强激励支架、一般激励支架和弱激励支架,同时考虑路面情况,一阶模态指标见表 12-1。

系统/部件	模态名	频率(Hz)
前保险杠	前保险杠局部扭	
	前保险杠局部弯	
	前保险杠二扭	
前面罩	前面罩一阶弯曲	
	前面罩一阶扭转	
上车踏步	上车踏步一阶扭转	
	上车踏步对角扭转	
	上车踏步Y向摆动	
水箱	水箱绕X轴转动	11.40
	水箱绕Z向平动	13.20
	水箱Y向平动	8.70
进气系统	空滤器X向摆动	
	空滤器Y向摆动	
	进气肩管X向摆动	
	进气管管Y向摆动	
排气系统	排气系统Z向摆动	
	排气系统Y向摆动	
压缩空气瓶	后气瓶前后摆动	
	前气瓶前后摆动	
电池箱	电池箱Z向摆动	25.59
	电池箱X向摆动	27.34
尿素箱	尿素箱X向摆动	6.78
	尿素箱Z向摆动	11.69
后处理箱	后处理箱X向摆动	58.70
	后处理箱Z向摆动	51.96
700L油箱	油箱Z向摆动	16.40
	油箱X向摆动	43.00
300L油箱	油箱Z向摆动	33.70
	油箱X向摆动	46.30
备胎	备胎X向平动	8.03
	备胎Y向平动	46.31
	备胎Z向平动	27.73
尾灯	左后尾灯X向摆动	
	左后尾灯Z向摆动	
	右后尾灯X向摆动	
	右后尾灯Z向摆动	
挡泥板	挡泥板X向摆动	
	挡泥板Z向摆动	

图 12-8 某商用车模态分布表

表 12-1 商用车附件常见一阶模态指标

支架种类	支架描述	支架举例	模态指标（恶劣路况）/Hz	模态指标（一般路况）/Hz
强激励支架	直接安装在发动机本体上或发动机附近的支架，振动和噪声关键传递路径上的支架，布置在强激励区域的支架以及对结构强度要求较高的支架	动力总成悬置支架、驾驶室悬置支架、传动轴吊挂、动力电池支架，尾灯支架、保险杠支架、挡泥板支架等	30	25
一般激励支架	安装在车架弱激励区域，受发动机激励影响小的支架	进排气系统支架、电瓶箱支架、空调压缩机支架、控制器支架、油箱支架、后视镜支架、尿素箱支架等	20～25	15～20
弱激励支架	安装在车身内部或者车架上非关键承载力的支架	辅助支撑支架、线束及管路固定支架等	15	10

表 12-1 所列强弱激励区域可根据接附件与激励源的物理距离以及车架激励幅值进行划分，车架激励幅值可根据平均自由度位移法进行确定。

12.2.2 平均驱动自由度位移法

根据模态分析理论，假设激励为单点激励，且当激励的频率为 ω 时，测试点 l 和激励点 p 之间的传递函数近似有：

$$H_{lp}(\omega) = \sum_{r=1}^{N} \frac{\varphi_{pr}\varphi_{lr}}{M_r[(\omega_r^2 - \omega^2) + 2j\xi_r\omega_r\omega]} \quad (12-8)$$

式中：φ_{pr} 为 p 点的第 r 阶模态振型；φ_{lr} 为 l 点的第 r 阶模态振型；M_r 为模态质量矩阵；ξ_r 为模态阻尼矩阵；ω_r 为第 r 阶模态频率；ω 为激励频率；j 为虚数。

当激励频率和结构固有频率一致时，则响应将达到峰值：

$$H_{lp}(\omega) \approx \frac{\varphi_{pr}\varphi_{lr}}{jM_r 2\xi_r\omega_r^2} \quad (12-9)$$

对于线性系统位移响应的幅值和频响函数的幅值成正比：

$$X(\omega_r) \propto H_{lp}(\omega) \approx \frac{\varphi_{pr}\varphi_{lr}}{jM_r 2\xi_r\omega_r^2} \quad (12-10)$$

若将振型以质量矩阵的形式进行归一化处理，各阶模态阻尼近乎相等，则

$$X(\omega_r) \propto \frac{\varphi_{pr}\varphi_{lr}}{\omega_r^2} \quad (12-11)$$

为预测某个自由度在一般激励下（在某个频率范围内所有 m 阶模态均被激活）的位移响应的相对大小，定义第 j 个平均驱动自由度位移 ADDOFD 为

$$\text{ADDOFD}(j) = \sum_{r=1}^{m} \frac{\varphi_{jr}^2}{\omega_r^2} \quad (12-12)$$

或者定义第 j 个自由度的平均驱动自由加速度 ADDOFA 为

$$\text{ADDOFA}(j) = \sum_{r=1}^{m} \varphi_{jr}^2 \quad (12-13)$$

采用平均驱动自由度位移法，对车架振动强弱区域进行识别，可将其划定为强激励区域和弱激励区域。如图 12-9 所示，车架的中间部位 ADDOFD 或者 ADDOFA 相对较小，为一般激励区域；而两端 ADDOFD 或者 ADDOFA 相对较大，为强激励区域。

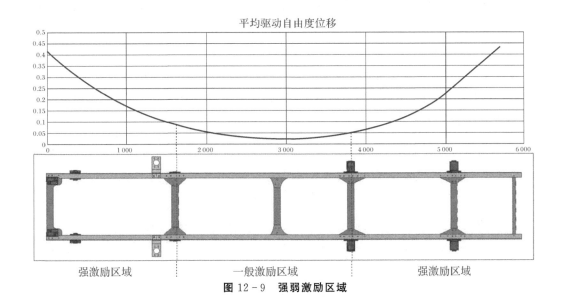

图 12-9　强弱激励区域

12.2.3 湿模态分析理论

结构模态分析理论在第 4.3 节已叙述，本节以油箱为例，对流固耦合模态理论进行介绍。当盛装油液时，液体对结构模态的影响很大，油箱箱体本身的模态已不能表达整体结构的振动特性，因此需要计算结构的流固耦合模态（即湿模态）。目前计算湿模态常用的方法有轴对称水弹性模型分析法、直接流固耦合法、虚拟质量法和外场分析法，其中直接流固耦合法和虚拟质量法最为常用。

1. 直接流固耦合法理论

流固耦合涉及流体力学、固体力学等学科，隶属于力学的一个分支，广泛应用于航天、水利等工程领域。流固耦合问题的复杂性表现为流体和固体之间相互影响，即流体运动状态改变产生的载荷会对流腔造成影响，反过来，流腔的运动或变形会对流场的状态产生影响，流体和固体之间时刻都在以这种耦合方式相互作用。

流固耦合问题具有两个显著特征：一是流体域或固体域不能单独进行求解，二是耦合作用无法显式表达。

在流固耦合问题中，假设流体为均匀、无黏性、无旋且不可压缩的理想流体，基于小位移理论，忽略流固动量传递及局部压力-密度线性关系，自由振动耦合方程为

$$\begin{bmatrix} M_s & 0 \\ A^T & M_f \end{bmatrix} \begin{Bmatrix} \ddot{u} \\ \ddot{p} \end{Bmatrix} + \begin{bmatrix} C_s & 0 \\ 0 & C_f \end{bmatrix} \begin{Bmatrix} \dot{u} \\ \dot{p} \end{Bmatrix} + \begin{bmatrix} K_s & -A \\ 0 & K_f \end{bmatrix} \begin{Bmatrix} u \\ p \end{Bmatrix} = 0 \quad (12-14)$$

式中：M_s 为结构质量矩阵；K_s 为结构刚度矩阵；M_f 为流体质量矩阵；K_f 为流体刚度矩阵；A 为流固耦合矩阵；C_s 为结构阻尼矩阵；C_f 为流体阻尼矩阵；u 为结构节点位移向量；p 为流体节点压力向量。

根据上述方程，可将流体和固体的控制方程耦合在同一个矩阵方程中进行求解，对式(12-15)进行解耦即可获得结构的特征值，即为结构的湿模态。

2. 虚拟质量法理论

虚拟质量法是用流体体积生成的质量矩阵来反映流体耦合对结构边界单元的影响，可以实现流体与结构面的加速度和压力的完全耦合。由 Helmholtz 和 Laplace 方程可以求得速度势和压力场。

$$\dot{u}_i = \sum_j \int_{A_j} \frac{\sigma_j e_{ij}}{|r_i - r_j|^2} dA_j \quad (12-15)$$

$$p_i = \sum_j \int_{A_j} \frac{\rho \dot{\sigma}_j e_{ij}}{|r_i - r_j|^2} dA_j \quad (12-16)$$

式中：$\dot{u}_i$ 为任意节点 r_i 处的速度向量；A_j 为结构体表面上某一微元的面积；σ 为节点 r_j 处的单位面积体积流量向量；e_{ij} 为从点 i 到 j 点的单位向量；p_i 为任意面 A_j 上的压力；ρ 为流体密度；r_i、r_j 为两点处的坐标。

将式(12-15)和式(12-16)积分可得矩阵 x 和 Λ，即

$$\dot{u}_i = x\sigma \quad (12-17)$$

$$F = \Lambda \dot{\sigma} \quad (12-18)$$

式中:F 为节点压力,根据力矩阵、质量矩阵与加速度矩阵之间的关系有

$$F = M_A \ddot{u} \quad (12-19)$$

联合式(12-17)～式(12-19)可求得虚拟质量矩阵为

$$\{M_A\} = [\Lambda][x]^{-1} \quad (12-20)$$

流体以虚拟质量矩阵出现在耦合方程中,耦合方程可表示为

$$[M + M_A][\ddot{u}] + [K + K_A][u] = 0 \quad (12-21)$$

式中:M 为结构质量矩阵;M_A 为流体虚拟质量矩阵;K 为结构刚度矩阵;K_A 为流体对结构的刚度矩阵。

一般情况下,K_A 与结构自身刚度相比较小,可以忽略。将式(12-21)解耦并计算特征值,即为基于虚拟质量法的湿模态频率。

3. 湿模态案例——油箱模态分析

湿模态分析以油箱系统为例。输入数据包括油箱本体、拉带、支架等几何模型和材料属性参数、油液密度和液位高度等。油箱本体保留内部防波板,忽略油泵安装孔、注油通气管道、注油管孔等对结果影响较小的特征,油箱壳体采用常规建模即可。根据常规建模方法,某油箱有限元结构模型如图 12-10 所示。

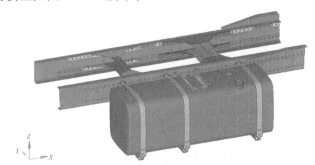

图 12-10 某油箱有限元模型

采用流固耦合模型,燃油部分以六面体单元模拟,在求解器中对流体网格和结构网格通过耦合卡片进行耦合,由于流固耦合运动方程为非对称方程,所以对模态的求解采用非对称模态求解法。

采用虚拟质量法模型,不需划分流体网格,在求解器中,定义好燃油液面高度、燃油密度以及流固交接面,提取虚拟质量矩阵,软件会自动将虚拟质量添加到结构动力学方程中进行计算,其模态分析流程与常规分析方法无异。

表 12-2 和表 12-3 分别为空油箱和半油箱(盛装半箱油液)的模态仿真结果与试验测试结果对比。可以看出:空油箱状态下无油液影响,模态只是结构模态,仿真结果与试验误差不超过3%,仿真与测试结果吻合度较高;半油箱状态下由于质量增加,模态频率明显低于空油箱。有油液时必须考虑流体的影响,分别用流固耦合和虚拟质量法进行仿真计算并与试验测试结果对比,基于流固耦合法计算的油箱模态频率比测试结果小12%～17%,采

用虚拟质量法计算的燃油箱的模态相对于测试结果大3%～6%,该模型采用虚拟质量法更接近测试结果。

表12-2 空油箱模态仿真结果与试验对比

阶次	仿真结果/Hz	测试结果/Hz	误差/%
1	12.3	12.7	3.1
2	19.5	20.1	3
3	22	22.5	2.2
4	27.6	28.1	1.8
5	42.1	43.1	2.3
6	44.8	45.8	2.2

表12-3 半油箱模态仿真结果与试验对比

阶次	模态/Hz			误差/%	
	流固耦合法	虚拟质量法	测试结果	流固耦合法	虚拟质量法
1	8.65	10.89	10.32	16.47	5.5
2	15.2	18.5	17.9	15.1	3.35
3	16.8	20.45	19.47	13.7	5
4	21.9	25.67	24.46	10.46	4.9
5	33.2	39.1	37.71	12	3.7
6	33.4	40.3	38.42	13.1	4.89

12.3 接附件强度分析

12.3.1 车架接附件强度分析工况

车辆在实际运行过程中,可能出现各种工况,包括路面颠簸、凹坑、急转弯和紧急刹车等,为保证接附件在实际使用过程中不发生破坏,必须对接附件的强度进行分析和校核。

一般情况下,接附件主要承受X、Y和Z三个方向的动载荷,为提高分析效率,通常将动载荷等效为静载荷,并简化为三种典型工况,即垂直冲击、转弯工况和制动工况,见表12-4。垂向冲击工况施加$-Z$向$6g$加速度,转弯工况考虑重力场同时加载Y向$0.8g$加速度,制动工况考虑重力场同时加载$-X$向$1g$加速度。

对盛装液体的结构(如油箱),需要采用单向流固耦合的方法考虑流体对结构的影响,其他结构直接按照工况加载即可。本节分别以电瓶箱与油箱为例,对附件的强度分析进行说明。

表 12-4 接附件强度分析典型工况

工况类型	载荷大小		
	X	Y	Z
垂直冲击	—	—	$-6g$
转弯工况	—	$0.8g$	$-1g$
制动工况	$-1g$	—	$-1g$

12.3.2 电瓶箱强度分析

电瓶箱强度分析输入数据包括电瓶箱及其支架、连接纵梁、材料属性和质量信息等。为保证计算结果的准确性，建立有限元模型时尽量保留实际结构的几何特征。

电瓶箱的结构和车架纵梁由一系列薄壁件组成，一般采用壳单元进行模拟；螺栓连接在不考虑其变形和应力情况下，可用刚性梁单元模拟。对于各处焊接主要采用焊缝和焊点单元模拟。对存在接触的区域（如垫板与纵梁之间），根据具体情况建立接触。为使分析模型更结合实际，计算模型中需要带一段纵梁以提供柔性支撑。模型具体处理参考第3章相关内容，本分析模型如图 12-11 所示。

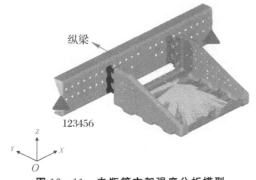

图 12-11 电瓶箱支架强度分析模型

电瓶箱有限元模型坐标系与整车全局坐标系保持一致。对纵梁两端进行全约束，垂直冲击工况下，在 Z 向施加 $-6g$ 加速度；转弯工况在 Y 向施加 $0.8g$、Z 向施加 $-1g$ 加速度；制动工况下，在 X 向施加 $-1g$、Z 向 $-1g$ 加速度。

强度分析评价标准为最大 mises 应力不超过材料的屈服强度。

12.3.3 油箱强度分析

油箱的数据输入和结构建模与电瓶箱类似，如图 12-12 所示。由于流体的惯性与流动性，液体在车辆加速或上坡过程中发生后移，在制动减速或下坡过程中发生前移，在车辆转弯或者较差路面行驶时发生不同程度的波动。这种液体波动冲击不仅会对结构产生极大的破坏作用，还会给车辆的正常行驶造成干扰，降低车辆的安全性，因此对盛装液体的结构应考虑液体对结构强度的影响。目前常用单向流固耦合法计算流体对结构的影响。

单向流固耦合分析流程如图 12-13 所示，先分别建立流体域和固体域的计算模型，然后对流体域和固体域进行相应的设置,提取流体对结构作用的面载荷,最后将面载荷加载到结构上。

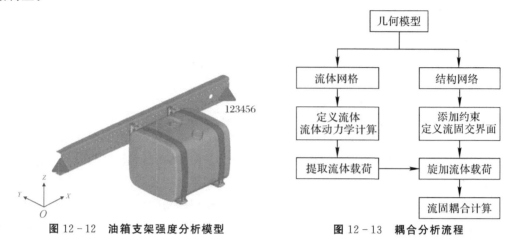

图 12-12　油箱支架强度分析模型　　　　图 12-13　耦合分析流程

1. 单向流固耦合理论

单向流固耦合分析需要分别讨论流体域的计算、流固交接面的计算以及固体域的计算。

(1) 流体域的计算。计算流体力学(CFD)的基本原理是数值求解控制流体流动的微分方程,从而得出流场在连续区域上的离散分布,进而模拟流体流动情况,CFD 的计算基于质量守恒方程、动量守恒方程和能量方程。

质量守恒方程也被称作连续性方程,可以表述为:在计算流体域内,流入质量和流出质量是守恒的。它是流体力学中三大基本定律之一,基本结构形式为

$$\frac{\partial \rho}{\partial t}+\frac{\partial(\rho u_x)}{\partial x}+\frac{\partial(\rho u_y)}{\partial y}+\frac{\partial(\rho u_z)}{\partial z}=0 \tag{12-22}$$

式中:u_x、u_y、u_z 为 x、y、z 三个方向的速度分量;ρ 为密度。

动量守恒方程也称为 $N-S$ 方程,实质上是将动量守恒定律带入流体力学中的求解式,其具体形式为

$$\frac{\partial(\rho u_x)}{\partial t}=-\frac{\partial p}{\partial x}+\frac{\partial \tau_{xx}}{\partial x}+\frac{\partial \tau_{yx}}{\partial y}+\frac{\partial \tau_{zx}}{\partial z}+\rho f_x \tag{12-23}$$

$$\frac{\partial(\rho u_y)}{\partial t}=-\frac{\partial p}{\partial y}+\frac{\partial \tau_{xy}}{\partial y}+\frac{\partial \tau_{yy}}{\partial y}+\frac{\partial \tau_{zy}}{\partial z}+\rho f_y \tag{12-24}$$

$$\frac{\partial(\rho u_z)}{\partial t}=-\frac{\partial p}{\partial z}+\frac{\partial \tau_{xz}}{\partial x}+\frac{\partial \tau_{yz}}{\partial y}+\frac{\partial \tau_{zz}}{\partial z}+\rho f_z \tag{12-25}$$

式中:P 为为流体微元体上的压强;f_x、f_y、f_z 为 x、y、z 处的单位质量力,如果体积力仅考虑重力,定义或默认 z 方向是竖直向上的,有 $f_x=f_y=0$,$f_z=-g$;τ_{xx}、τ_{yx}、τ_{zx}、τ_{xy}、τ_{yy}、τ_{zy}、τ_{xz}、τ_{yz}、τ_{zz} 为分子黏性作用产生的作用在微元体积上的黏性应力的分量;ρf_x、ρf_y、ρf_z 为微体积上的体力。

能量方程是流动、传热问题的基本方程,其基本结构形式为

$$\frac{\partial(\rho_f T)}{\partial t}+\nabla \cdot (\rho_f \mu T)=\nabla \cdot \left(\frac{k}{c_p}\mathrm{grad}T\right)+S_T \tag{12-26}$$

式中：T 为温度；k 为导热系数；c_p 为比热容；μ 为速度；S_T 为黏性耗散项。

通过以上 3 组流体控制方程，即可解出流体作用于流固交接面上的载荷，此时需要将该载荷加载到固体表面上，加载过程需遵守交接面处的控制方程，然后求解固体域控制方程，即可获取在流体作用下固体域的变形。

(2)流固交接面的计算。在定义流固交接面时，固体和流体各类物理参数都是一致的，具体结构表达式为

$$n_f \cdot \tau_f = n_s \cdot \tau_s \tag{12-27}$$

$$d_f = d_s \tag{12-28}$$

$$q_f = q_s \tag{12-29}$$

$$T_f = T_s \tag{12-30}$$

式中：d 为位移；q 为热流量；T 为温度；n 为法向；f、s 为流体与固体；τ 为固体应力。

(3)固体域的计算。通过流体运动从而引发固体域发生改变的方程，具体结构形式为

$$\rho_s \ddot{d}_s = \nabla \cdot \sigma_s + f_s \tag{12-31}$$

式中：ρ_s 为固体密度；σ_s 为柯西应力张量；f_s 为体积力矢量；$\ddot{d}_s$ 为固体域当地加速度矢量。

2. 油箱强度分析

利用前处理软件对油箱进行几何模型处理，坐标系与整车坐标系保持一致，并抽取流体域。使用流体体积函数(VOF)多相流方法定义自由液面，设置为瞬态分析类型，定义重力加速度方向和流体域(燃油)介质参数，油箱表面设置为无滑移壁面边界条件，选用 k-ε 湍流模型和标准壁面函数模型进行流体域仿真分析。

计算制动工况油箱充 90% 体积燃油时油液对结构的冲击特性。假定车辆在行驶速度为 80 km/h 时开始制动，制动开始时计时为 $t = 0$，制动时间根据车辆制动力进行计算确定。采用流体分析软件计算整个制动过程中流体的运动状态，提取液体对箱体各壁面(包括防波板)的作用力大小，绘制成曲线，如图 12-14 所示。当冲击力达到最大时，提取该时刻液体对壁面的面载荷，见表 12-5，将提取结果导入结构分析软件中进行相应壁面的加载，后续的强度分析过程与第 12.2 节所述内容一致。

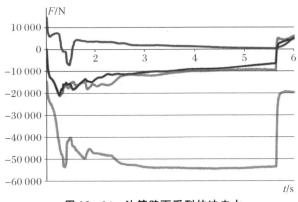

图 12-14 油箱壁面受到的冲击力

表 12-5　油箱壁面面载荷压力(部分)

压力 P_0/Pa	坐标		
	X/m	Y/m	Z/m
11 412.12	−7.697 5	0.803 464	0.650 833
11 541.61	−7.697 5	0.783 749	0.630 497
10 566.25	−7.697 5	0.884 242	0.749 896
10 789.11	−7.697 5	0.864 829	0.726 652
10 963.76	−7.697 5	0.847 221	0.706 962
11 140.54	−7.697 5	0.828 6	0.685 783

12.4　接附件疲劳分析

汽车在行驶过程中,由于路面激励的影响,车架接附件会承受大量的周期性或随机性载荷的作用,在长期受力过程中导致结构破坏。因此,除了保证接附件的模态和结构强度之外,还应对接附件的疲劳性能进行校核。

疲劳分析的输入包括载荷谱、材料疲劳曲线以及应力谱 3 个要素,在本书第 2 章详细介绍了结构应力计算方法、疲劳应力谱合成方法以及材料 $S-N$ 曲线的相关内容,将在第 14 章将对疲劳载荷谱的获取进行了介绍,本节不赘述,仅根据接附件的结构和受力特点提供适应的分析方法。

疲劳分析指标根据整车性能指标制定,一般要求计算疲劳寿命达到或者超过整车技术规范所规定的疲劳寿命,或疲劳耐久试验的损伤值小于 1。

12.4.1　疲劳分析类型

在车辆行驶过程中,车架接附件对激励的响应是不同的,其大小取决于激励频率及接附件的固有频率。当结构承受简谐激励时,结构发生强迫振动,其振动频率与激励频率保持一致,振幅与载荷、频率以及结构固有频率相关,用幅值比和频率比来表达其相互关系,其定义为

$$\text{幅值比} = \frac{\text{动态响应幅值}}{\text{静态响应幅值}}, \quad \text{频率比} = \frac{\text{激励频率}}{\text{结构固有频率}} \quad (12-32)$$

图 12-15 为结构幅值比与频率比的关系曲线,由图可知,当激励频率较小时,频率比接近于 0,幅值比接近于 1,此时结构发生的是准静态振动,其动态响应与静态响应基本一致,在这种情况下,结构动态响应可采用静力学方法求解。

当激励频率接近结构的固有频率时,两者频率比接近于 1,此时结构将发生共振,若此时阻尼较小,激励将对结构始终做正功,导致结构响应持续变大,随着阻尼的提升,结构的动

态响应将逐渐降低。如果频率比在[0.5~1.5]区间内,结构的动态响应与静态响将有明显差异,因此在这个频率区间内,采用动力学方法求解结构动态响应。

当激励频率继续增大,随着频率比升高,结构响应持续降低,在频率比大于1.5后,结构动态响应将小于静态响应,此区间属于隔震区,在车辆上,除了少部分减震元件,大部分结构的模态都不在这个区域,为了减少计算量,此区间的响应也可采用静力学方法求解。

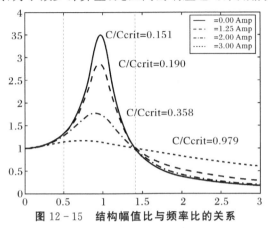

图 12-15　结构幅值比与频率比的关系

基于以上原则,并考虑结构的激励的特点,将车架接附件划分为三种类型,见表 12-6。接附件一般通过螺栓固定在车架纵梁腹面,激励通过车架传递给接附件。接附件与车架一般用几个点同时连接固定,固定点比较集中的可近似认为是单点激励,如尾灯支架和尿素箱支架等;若连接点比较分散,则不能简化为单点激励,需根据激励特点选择采用准静态法或模态应力恢复法进行计算,如侧裙、上车踏步支架等。

表 12-6　车架接附件类型划分

类　别	接附件	特　点	方　法
单点激励	电瓶箱支架、尿素箱支架等	固定点集中,可用一组载荷激励	PSD方法
准静态激励	前伸梁、动力悬置等	固定点分散,载荷差异较大且激励频率与结构一阶固有频率相差较大	准静态法
多点激励	侧裙、上车踏步等	固定点分散,结构动态效应明显,无法用一组载荷描述激励	模态应力恢复法

12.4.2　单点激励疲劳分析

对于电瓶箱、尿素箱等部件,由于刚度较小,因此在分析过程中必须考虑振动特性对结构的影响。此类结构的约束位置集中,载荷差异极小,一般可认为是单一激励源作用下的振动。将约束位置的载荷转换成 PSD 谱,采用随机激励的方式进行加载,既能保证分析精度,又可以减少计算量。其分析流程如图 12-16 所示,PSD 谱理论及转换在第 2 章和第 14 章中有描述,本节以电瓶箱为例说明分析过程。

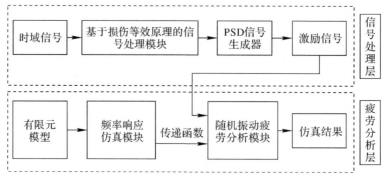

图 12-16　单点激励疲劳分析流程

某电瓶箱有限元模型如图 12-17 所示，保留关键结构，电池、气瓶等非关键结构采用质点代替，电瓶箱根部的加速度载荷如图 12-18 所示，对电池箱根部加速度载荷经过滤波、重新采样和去毛刺后，将其分别转为 X、Y 和 Z 向 PSD 谱，如图 12-19 所示。

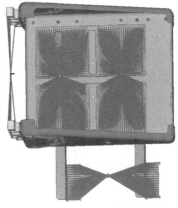

图 12-17　电瓶箱有限元模型

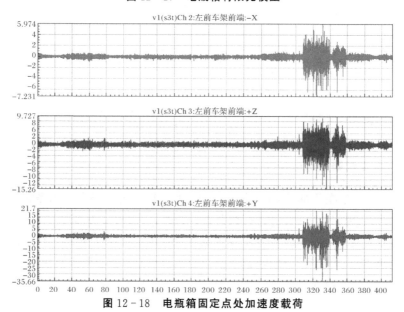

图 12-18　电瓶箱固定点处加速度载荷

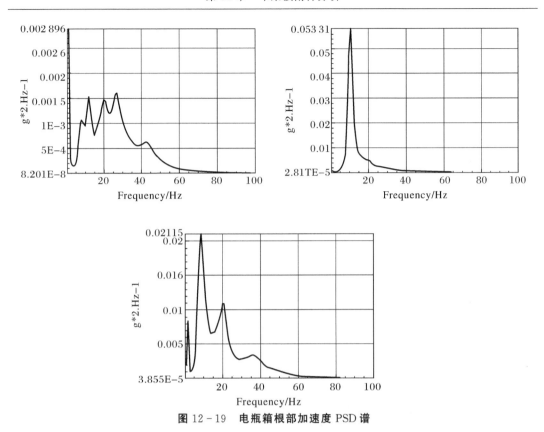

图 12-19 电瓶箱根部加速度 PSD 谱

采用基础激励的方式在电池箱约束处分别施加 X、Y 和 Z 三个方向的单位加速度激励，设置模态提取范围为 $0\sim100$ Hz，扫频范围为 $0\sim50$ Hz，采用谐响应分析计算结构应力随频率变化曲线，即为频响函数(FRF)曲线，如图 12-20 所示。

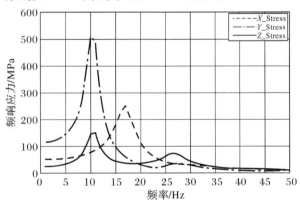

图 12-20 电池箱频率响应函数(最大应力)

在疲劳分析软件中读取结构频响曲线(FRF)和载荷 PSD 谱，设置等效 PSD 谱作用时间，疲劳分析软件将自动叠加载荷 PSD 曲线和频响曲线(FRF)，进而生成结构应力 PSD 谱，选用 Drilik 方法进行计数，获取当前结构应力循环的雨流谱，与 $S-N$ 曲线进行对比即可获取结构的寿命云图，该电池箱寿命计算结果如图 12-21 所示。

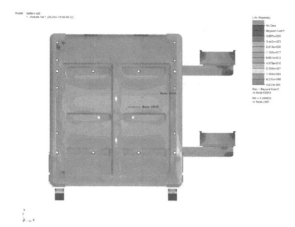

图 12-21 电池箱寿命云图

12.4.3 准静态激励疲劳分析

对于动力总成悬置、前接梁、板簧支座等刚度较大的部件,由于其一阶模态与激励频率相差较大,动态效应不明显,所以可将动态响应近似为静态响应,采用准静态方法计算结构的疲劳寿命。

以板簧支座为例,建立有限元模型如图 12-22 所示,板簧支座采用实体单元模拟,模型中带部分纵梁,纵梁用壳单元划分。

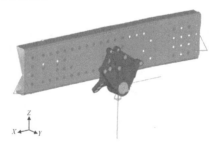

图 12-22 悬置支架分析模型

约束纵梁断面,在板簧连接点分别加载三个方向的单位力和力矩,计算单位载荷作用下结构的应力分布,如图 12-23 所示。

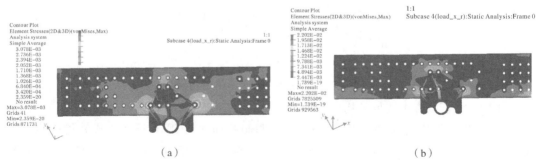

(a) (b)

图 12-23 单位载荷作用下的应力云图(部分)

(a)X 向单位载荷应力云图;(b)Y 向单位载荷应力云图

通过载荷分解或迭代获取板簧连接点各方向的载荷,如图 12-24 所示。

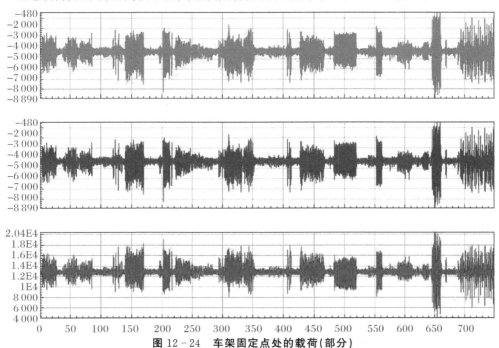

图 12-24　车架固定点处的载荷(部分)

在疲劳分析软件中,将单位载荷应力与载荷谱进行叠加,采用第 2.3.5 节中的疲劳分析方法,计算疲劳寿命,结果如图 12-25 所示。

图 12-25　板簧支座疲劳寿命云图

12.4.4　多点激励疲劳分析

侧防护、挡泥板等结构本身刚度较小,在计算中须考虑振动特性对结构的影响,而且这些结构件尺寸较大,有多个约束点且距离较远,多个约束点之间的载荷差异较大,因此不能采用单点激励和准静态激励的疲劳分析方法。分析时需要将各激励点的载荷同时加载,并采用瞬态分析方法计算结构响应。由于常规的瞬态分析方法计算速度较慢,因此本节推荐使用模态应力恢复的方法进行计算。

在无阻尼振动系统中,振动微分方程可表达为

$$M\ddot{x}(t)+Kx(t)=f(t) \tag{12-33}$$

式中：M 为质量矩阵；K 为刚度矩阵；$x(t)$ 为位移向量；$f(t)$ 为载荷向量。

当系统无外力输入时，系统转换为自由振动状态。假设：

$$x(t)=A\sin\omega t+\varphi \tag{12-34}$$

将 $x(t)$ 代入振动微分方程，方程可变换为

$$(K-M\omega_n^2)A=0 \tag{12-35}$$

式中：A 为振型向量，$A=(A_1,A_2,\cdots,A_n)$。

由于在振动过程中，$A_1,A_2,\cdots,A_n$ 不能同时为零，所以：

$$|K-M\omega_n^2|=0 \tag{12-36}$$

求解此行列式即可得到 n 个 ω 值，即为振动系统的固有频率，它们由系统的刚度和阻尼决定，将 ω_n 代入式(12-35)，可得到对应的振型向量。

上述结构的振动耦合是在其物理坐标系中发生的，利用结构系统的正交特性，可以实现振动的解耦，理论上已经证明了各个振型旋转以后互相正交。为此，引入一组新的坐标 $\xi=(\xi_1,\xi_2,\cdots,\xi_n)$，并使新的坐标 ξ 与原物理坐标之间构成线性变换，即

$$x=\sum_{i=1}^{n}\xi_i\varphi_i \tag{12-37}$$

式中：φ_i 为第 i 阶主振型；ξ_i 为第 i 阶模态坐标(modal coordinate)。

这相当于在 n 维向量空间 $(\varphi_1,\varphi_2,\cdots,\varphi_n)$ 构成了一组相互正交的向量基，而原物理坐标下定义的 n 个自由度系统的振动形式，为 n 个正交的主振型的线性组合，ξ_i 为第 i 个主振型对系统振动的参与因子。

假设系统阻尼很小，或者阻尼为比例阻尼，则利用上述坐标变换，可以将考虑阻尼的振动方程变换为互相独立的振动方程的矩阵形式：

$$\overline{M}\ddot{\xi}+\overline{C}\dot{\xi}+\overline{K}\xi=f(t) \tag{12-38}$$

在新的模态坐标下，系统是相互解耦的，每个方程都可以单独求解，每个自由度振动方程的解为

$$\xi_i=\frac{\overline{f}_l}{\overline{k}_l-\overline{m}_l\omega^2+\mathrm{j}\omega c_i} \tag{12-39}$$

将式(12-39)代入式(12-37)，即可解出：

$$x=\sum_{i=1}^{n}\xi_i\varphi_i=\varphi\xi=\sum_{i=1}^{n}\frac{\varphi_i^{\mathrm{T}}f\varphi_i}{\overline{k}_l-\overline{m}_l\omega^2+\mathrm{j}\omega\overline{c}_l} \tag{12-40}$$

式(12-40)可以解释为一个线性系统的振动响应可分解为若干个简单的单自由度振动响应的叠加，即结构位移可以表达为主振型和模态参与因子的叠加，根据位移与应变的关系：

$$\varepsilon=\frac{\Delta x}{x} \tag{12-41}$$

再由单元本构方程可得：

$$\sigma=E\varepsilon \tag{12-42}$$

式中：σ 为节点应力向量；E 为材料弹性模量；ε 为节点应变。

将式(12-42)代入式(12-43)，并将方程进行简化：

$$\sigma \propto \Delta x \qquad (12-43)$$

即节点应力和节点位移的变化成正比,结合第 2.1 节的模态叠加理论,可以将应力表达为

$$\sigma = \sum_{i=1}^{n} \xi_i \sigma_i \qquad (12-44)$$

式中:σ 为节点应力向量;σ_i 为第 i 阶模态应力振型;ξ_i 为第 i 阶模态坐标(modal coordinate)。

由式(12-44)可以看出,结构应力可以表达为模态坐标和模态应力的线性叠加,此方程即为采用模态叠加法获取结构应力的基本方程。

采用模态应力法计算结构疲劳寿命大致可分为三个步骤:首先,采用模态求解器计算模态应力;其次,采用模态动力学求解器计算在实际载荷作用下结构的模态坐标响应,最后在疲劳分析软件中将模态应力和模态坐标进行叠加,通过 S-N 方法计算结构的疲劳寿命。分析流程如图 12-26 所示。

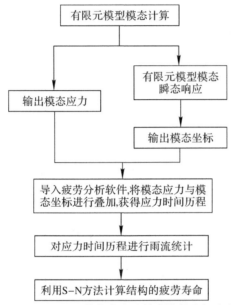

图 12-26 采用模态应力计算疲劳的分析流程

以侧护板疲劳分析为例,有限元模型如图 12-27 所示,保留连接车架部分,采用质点代替右侧的附件,由于车架左右侧载荷差异较小,故可将车架截断面耦合在一个点上进行加载。通过载荷分解或者载荷迭代获取侧护板车架两端的载荷谱,如图 12-28 所示。

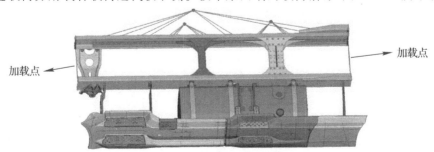

图 12-27 侧护板有限元模型

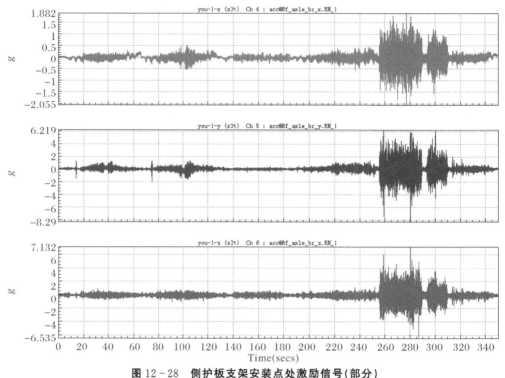

图 12-28 侧护板支架安装点处激励信号(部分)

在结构分析软件中,先采用模态求解器,计算结构 0~100 Hz 的模态,将模态应力输出,然后采用模态瞬态求解器,在加载点处施加载荷谱,计算该载荷谱作用下结构响应的模态坐标,输出为文本文件。

打开疲劳分析软件,读取模态应力与模态坐标,软件将自动对模态应力和模态坐标进行合并,生成瞬态应力时程曲线,然后通过雨流计数,获取应力幅和循环次数,对比材料 S-N 曲线,即可获取结构疲劳寿命。侧护板支架的疲劳寿命云图如图 12-29 所示。

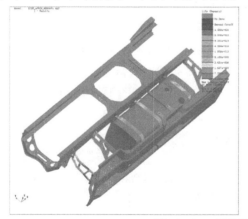
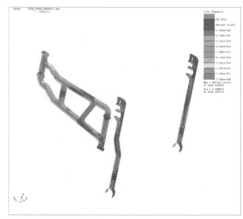

图 12-29 侧护板支架的疲劳寿命云图

参 考 文 献

[1] 付广,梁静强,罗慧娟,等.汽车燃油箱流固耦合模态分析[J].汽车科技,2016(2):25-28.
[2] 莫乃榕.工程流体力学[M].武汉:华中科技大学出版社,2000.
[3] 黄显利.卡车的噪声与振动及其控制策略[M].北京:北京理工大学出版社,2018.
[4] 郦明.汽车结构抗疲劳设计[M].合肥:中国科技大学出版社,1995.
[5] 余志生.汽车理论[M].北京:机械工业出版社,2009.
[6] 纽兰.随机振动与谱分析概论[M].北京:机械工业出版社,1980.
[7] 兆文忠,李向伟,董平沙.焊接结构抗疲劳设计理论与方法[M].北京:机械工业出版社,2017.

第13章 商用车动力电池系统分析

《中国节能与新能源汽车产业发展规划（2012—2020）》发布以来，各地新能源汽车产业蓬勃发展，呈现出良好发展态势，尤其是电动汽车发展迅速。动力电池系统对于电动汽车而言是重要能量来源，是电动车三大核心技术之一。动力电池系统是一个能量存储的载体，通过电能和化学能的相互转换，来实现能量的存储和释放。作为高能量载体，一旦受到外部冲击就有可能导致系统所存储的电能、化学能、电磁能失控，产生很大的破坏力，因此动力电池系统的安全性是车辆研发中不得不考虑的问题。

目前针对电池测试，国家制定了一系列标准法规。《电动汽车用动力蓄电池循环寿命要求及试验方法》(GB/T 31484—2015)、《电动汽车用动力蓄电池安全要求及试验方法》(GB/T 31485—2015)和《电动汽车用动力蓄电池电性能要求及试验方法》(GB/T 31486—2015)是侧重于电池单体和模组级的检验规范。《电动汽车用锂离子动力蓄电池包和系统》(GB/T 31467—2015)是侧重于电池包或电池系统级的检验规范。通过标准的相互衔接和组合，可以覆盖不同零部件等级，达到更好的安全检验效果。2017年国标委对GB/T 31467—2015进行了修订，对部分内容进行了修改；2020年5月发布的《电动汽车用动力蓄电池安全要求》(GB 38031—2020)标准代替了GB/T 31485—2015和GB/T 31467.3—2015，删除了多项电池单体的安全测试，修改了部分电池包或系统的测试方法，尤其是对电池包的振动安全要求进行了较大的修改。

动力电池系统安全包括电气安全、机械安全、化学安全以及功能安全，机械安全作为产品四大安全性能之一，对产品的安全性能发挥着基石般的作用，支撑着电池系统上层安全性能的延伸。

本章主要依据GB 38031—2020法规中安全性要求与测试方法，阐述如何运用仿真分析手段对动力电池系统机械安全性能进行动态分析，发现潜在的设计缺陷，有效缩短产品研发周期，降低开发成本。

13.1 电池系统构成和布置形式

动力电池系统结构一般由单个电池箱或多个电池箱组成。电池箱由若干个电池单体（或模组）、BMS（电池管理系统，一般包含单体监控单元、主控单元和高压件）、结构件（含箱体、安装件、导电金属件、密封件等）、高低压线束（含连接器及接插端子等）、热管理组件等五大部分。单个模组又由若干个电芯+结构件+线束+导电排组成。结构件的主要作用有三方面,即组装和支撑(电池箱内部框架结构及各种加强筋,能抗机械冲击和振动)、电连接(如铜排或铝排通过螺栓或焊接技术实现电芯的串联或并联)、环境防护(外壳提供的防尘防水)。单个电池包基本结构如图13-1所示。

目前锂离子动力电池,按正极材料可分为磷酸铁锂、锰酸锂、镍酸锂、三元(镍钴锰混合)、磷酸锰锂;按负极材料分为石墨和钛酸锂。目前,锂离子动力电池在商用车领域被认为是最具应用潜力的动力电池。动力电池外形和尺寸型号较多,但一般可分为硬壳和软壳两大类,硬壳多采用圆柱形和方形,目前商用车主要采用的是方形铝壳电芯封装,易成组设计,可靠性高,安全性好。

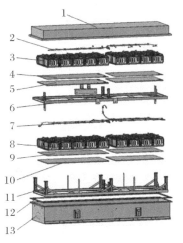

1—电池箱上盖;2—上层模组采样线;3—上层模组;
4—上层模组加热膜;5—上层模组隔热板;
6—上层模组支架;7—下层模组采样线;
8—下层模组;9—下层模组加热膜;
10—下层模组隔热板;11—下层模组支架;
12—箱体密封圈;13—电池箱体

图13-1 单个电池包结构

动力电池系统在商用车上一般有三种布置形式,即侧置、中置和后背式。

侧置式一般是在车架左右两侧各安装一托架,动力电池系统固定在托架上,有些企业为提升托架总成总体刚度,在左右托架之间增加横梁连接,如图13-2所示。该布置方式可以充分利用车架两侧空间,同时方便动力电池系统的检测和维修;其缺点是两侧托架与中间横梁固连,在车架扭转时对结构强度要求较高。

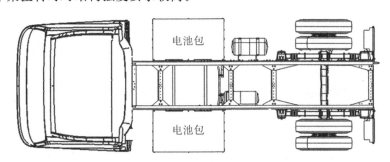

图13-2 商用车动力电池系统侧置示意图

中置式电池系统是将电池通过电池托架安装在车架左右纵梁中间,如图13-3所示。为了减少车架扭转对电池系统的影响,在托架与电池包连接处增加橡胶减振装置。该布置方式适合长轴距且车架下方空间充足的车型,但电池系统的安装和维修相对困难。

后背式布置形式指电池系统安装在车架上部、驾驶室后方,如图13-4所示。该布置形式便于电池安装及维修,一般用于短轴距车架,且上装尺寸较小的结构;其缺点是占用车架上部空间,且外观设计对车辆整体造型有影响。

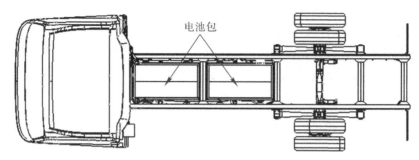

图 13-3 商用车动力电池系统中置示意图

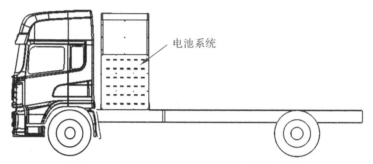

图 13-4 商用车后背式动力电池系统示意图

13.2 电池包机械安全测试和仿真

电池包机械安全设计的总体目标是使电池包在整个寿命期，即从制造、运输、安装、调试、运行、清理、查找故障、维修、停止使用、拆卸及处理等各个阶段都是充分安全的。机械结构安全设计要求防护结构有足够的机械强度，在受到外力作用时，防护结构只发生变形，不破裂，且变形量需控制在一定范围内，因为变形量过大会导致原有的安全电气距离缩小，甚至导致短路，而且还可能会导致电芯或者电气件的压缩过量，造成电芯或电气件失效甚至起火爆炸。

GB 38031—2020 中规定了电池单体及电池包的最新测试方法，包括电池单体的挤压测试，电池包或系统的振动、挤压、机械冲击、模拟碰撞等，试验要求测试完成后电池包或系统无泄漏、外壳无破裂、无着火或爆炸等现象。与 GB/T 31467—2015 相比，GB 38031—2020 取消了电池单体的针刺和跌落测试，同时取消了电池包或系统的跌落和翻转试验。

在试验前可通过仿真方法对电池包结构进行分析，校核结构是否满足标准要求，可有效减少试验的次数，同时规避试验的风险。仿真分析输入数据包括整个电池包组件数模、质量质心和材料参数。构成电池包的零部件较多，根据分析目的可对电池包模型进行简化，简化后的模型必须包括模组、上下壳体、散热部件、模组支架及加强件，其他件以点质量模拟，需保证模组质量及配重。建模时单个模组通常作为一个整体，使用六面体单元模拟，六面体单元材料模型采用模组力-位移测试数据，体现模组的真实刚度；模组钉采用实体建模并根据实际安装要求进行预紧模拟；壳体、加强件等钣金拼焊件及模组框架焊接件，用壳单元模拟；

其余一些电器件进行简化和配重。建模前处理详细方法参见本书第3章。由于机械结构安全性分析涉及非线性、大变形和大位移，所以一般采用显式非线性软件进行求解。显式非线性理论、模型连接、材料属性设置及加载约束方法可参照本书第5章。

13.2.1 挤压工况测试及仿真分析

挤压工况测试的目的是评估电池包或系统在事故中受到挤压的情况下电池系统机械的结构强度。根据 GB 38031—2020 要求：使用挤压板分别沿 X 向和 Y 向（整车坐标系）对电池包边框进行加载测试，允许两次测试用不同的试验对象。

按照标准要求，当挤压力达到 100 kN 或者挤压变形量达到挤压方向整体尺寸的 30% 时停止挤压。要求电池包或系统无着火、爆炸等现象。图 13-5 为挤压试验。

图 13-5　电池包 X 向及 Y 向挤压试验

挤压板有两种形式，如图 13-6 所示，可任选一种进行试验。一种挤压板是半径为 75 mm 的半圆柱，要求柱体长度 L 大于挤压对象，但最长不超过 1 000 mm。另一种是尺寸为 600 mm×600 mm（长×宽）或更小的挤压板，且板上有 3 个半径为 75mm 的半圆柱体，半圆柱体间距为 30 mm。

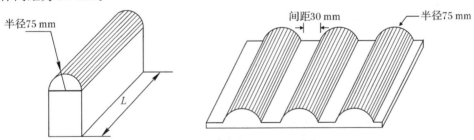

图 13-6　两种形式的挤压板

仿真分析参考试验方法如下。模型包括刚性墙、挤压板和电池包，刚性墙尺寸大于电池包箱体，使用刚性壳单元模拟刚性墙，约束刚性墙全部自由度。挤压板按图 13-6 所示的尺寸要求建模，以刚性壳单元模拟，如图 13-7 所示。电池包分别与刚性墙和挤压板之间建立接触，挤压板分别沿车辆 X 向和 Y 向对电池包进行加载。法规要求挤压速度不大于 2 mm/s，近似于准静态，因此为提高计算效率，分析时采用准静态强制位移加载。加载位置选取电池包接触面内薄弱区域且靠近电芯的位置。仿真模型如图 13-8 所示。

仿真分析中无法模拟系统起火或爆炸，因此以加载力 100 kN 对应的电池包变形量作为评判标准，要求变形后电池包外壳与电池模组、铜排等不发生接触。

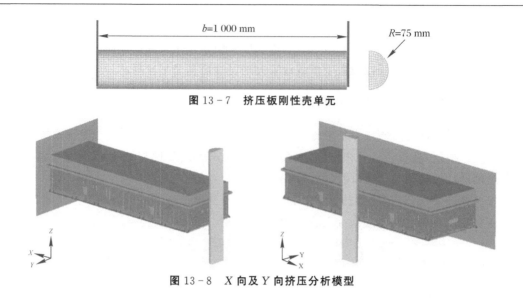

图 13-7 挤压板刚性壳单元

图 13-8 X 向及 Y 向挤压分析模型

13.2.2 模拟碰撞测试及仿真分析

模拟碰撞测试的目的是评估车辆发生正面、后面或侧面高速碰撞时电池包的机械结构强度。根据 GB 38031—2020 中 8.2.3 条的要求:测试对象水平安装在台车上,根据整车质量不同,对台车分别施加规定的 X 向和 Y 向脉冲加速度曲线,加速度曲线要落在图 13-9 所示的 ABCD 与 EFGH 两条曲线之间(即最大、最小容差范围内),两条曲线根据表 13-1 确定。图 13-10 电池包 X 向/Y 向模拟碰撞试验。对于试验对象存在多个安装方向(X/Y/Z)时,按照加速度大的安装方向进行碰撞试验。

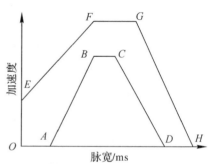

图 13-9 加速度加载曲线

表 13-1 加速度曲线

	脉宽/ms	≤3.5 t		3.5~7.5 t		≥7.5 t	
		X 方向加速度	Y 方向加速度	X 方向加速度	Y 方向加速度	X 方向加速度	Y 方向加速度
A	20	0g	0g	0g	0g	0g	0g
B	50	20g	8g	10g	5g	6.6g	5g
C	65	20g	8g	10g	5g	6.6g	5g
D	100	0g	0g	0g	0g	0g	0g
E	0	10g	4.5g	5g	2.5g	4g	2.5g
F	50	28g	15g	17g	10g	12g	10g
G	80	28g	15g	17g	10g	12g	10g
H	120	0g	0g	0g	0g	0g	0g

图 13-10　电池包 X 向/Y 向模拟碰撞试验

仿真分析考察最恶劣工况,以曲线上限 EFGH 进行加载。建模时用刚性壳单元模拟台车,将电池包通过螺栓连接在刚性台车上,对台车施加加速度载荷。因为正碰和侧碰试验要求用同一个测试对象,先进行 X 向加载,在 X 向分析基础上再进行 Y 向加载,图 13-11 为电池包 X 向或 Y 向模拟碰撞仿真模型。考虑累积效应,可使用 DYNA 软件的重启动功能。

车辆在发生高速碰撞后,电池包需要更换或者全面检修,因此一般不要求模拟碰撞试验后电池包功能正常,只要不发生电解液泄漏、外壳破裂、起火或爆炸即可。仿真分析只要求电池壳体结构不发生破裂,建议目标值为:电池包壳体及连接件材料等效塑性应变小于 $0.8A$(A 为材料断裂延伸率)。

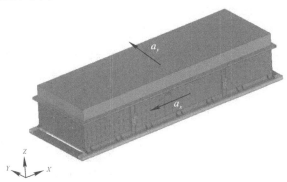

图 13-11　电池包 X 向和 Y 向模拟碰撞模型

13.2.3　底部球击仿真分析

底部球击仿真分析是评估汽车行驶过程中电池系统底面遭遇石头撞击时抵抗变形的能力,一般对底部薄弱点或关键点进行球击仿真。根据电池系统底部结构特点可以确定薄弱点和关键位置,如模组与箱体底部之间加装水冷板的位置、底板上刚度较弱位置(可根据模态振型确定)。

刚性球直径为 150 mm,采用刚性壳单元进行模拟,电池包与托架连接螺栓孔全约束,仿真模型如图 13-12 所示。根据要求设定准静态计算工况,用刚性球挤压电池系统底部的薄弱点和关键位置,挤压速度为 Z 方向 1 000 mm/s。

要求当刚性球的接触力达到 20 kN 时,加载点处箱体外壳与内部模组或冷却系统间的最小距离应大于 0,否则判定此区域的刚度不满足设计要求。

图 13-12　电池包底部球击模型

13.2.4　电池包或系统机械冲击仿真分析

机械冲击测试的目的是评估车辆在高速掠过有凹坑或者障碍物路面等情况下电池系统的结构强度。根据 GB 38031—2020 中 8.2.2 条的要求:对测试对象施加±Z 向各 6 次、共计 12 次的半正弦冲击波(见图 13-13),冲击加速度为 7g,冲击时间为 6 ms。试验规定了机械冲击脉冲容差范围,机械冲击试验如图 13-14 所示。试验后观察 2 h,要求电池包或系统无泄漏、外壳破裂、着火或者爆炸等现象。

GB 38031—2020 电池包冲击强度远低于 GB/T 31467.3 的要求。GB 38031—2020 机械冲击试验要求加速度峰值是 7g,按照容差上限,最大不超过 8.05g,实际车辆在冲击路沿、高速过坎或通过深坑时,电池包的加速度峰值会大于 10g,一般在仿真分析时将冲击载荷适当增大,以提高电池包的安全性。

机械冲击试验中电池包通过安装点固定在刚性工装上,刚性工装固定在冲击台上,冲击脉冲通过冲击台作用于工装上。进行机械冲击仿真分析时,将电池包通过螺栓连接固定在刚性工装上,或者是在电池包安装点处建立刚性单元,全约束刚性工装或者刚性单元主节点,对整体模型施加半正弦加速度载荷激励,仿真模型如图 13-15 所示。

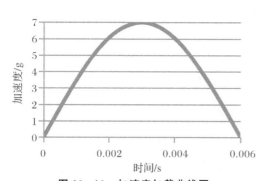

图 13-13　加速度加载曲线图

图 13-14　机械冲击试验

仿真可按试验要求对同一对象进行 12 次冲击,由于电池包在冲击过程中可能产生塑性变形和最大响应时刻滞后于冲击时间等情况,所以在冲击脉冲载荷后增加稳定时间,稳定时间由电池包的一阶模态固有频率 f 确定。一次冲击仿真时间设置为 t(单位为 ms),计算公式为

$$t = 6 + \frac{1}{f} \tag{13-1}$$

分析完成后,要求电池包壳体及连接件材料等效塑性应变小于 $0.8A$,A 为材料断裂延伸率。考虑多次仿真的累积效应,可使用 DYNA 软件的重启动功能。

根据分析经验,后续的冲击损伤比第一次冲击损伤小,因此为提高计算效率,在实际仿真时一般只进行一次冲击分析,要求电池包壳体及连接件材料的等效塑性应变小于 $0.2A$;若以 GB/T 31467.3 冲击强度计算,要求电池包壳体及连接件材料等效塑性应变小于 $A/3$,A 为材料断裂延伸率。

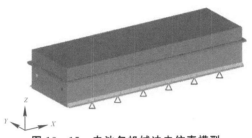

图 13-15 电池包机械冲击仿真模型

13.2.5 随机振动疲劳测试及仿真分析

电池系统在车辆行驶过程中都会受到路面的随机振动激励,这些激励不仅影响电池系统的功能,还对结构的疲劳寿命有着重要影响,因此需要对其进行随机振动疲劳测试和仿真分析。随机振动疲劳分析的相关原理和方法在第 2 章已经进行了详细介绍,本节主要对电池包振动试验法规进行解读,然后对电池系统结构的疲劳仿真分析方法进行介绍。

1. 国标解读

2015 年发布的 GB/T 31467.3 首次规定了电池包及系统的振动测试方法,要求将电池包安装于试验台上,试验如图 13-16 所示,按照测试标准对试验台进行加载,每个方向 21 h,观察电池包的响应,要求测试完成后相关结构件不发生断裂。对于安装位置在车辆乘员舱下部的电池包,测试按照表 13-2、表 13-4、表 13-5 和图 13-17 进行;对于安装在车辆其他位置的电池包,测试按照表 13-2、表 13-3、表 13-5 和图 13-17 进行。

图 13-16 电池包振动疲劳试验

表 13-2 Z 轴 PSD 值

频率 Hz	功率谱密度(PSD) $g^2 \cdot Hz^{-1}$	功率谱密度(PSD) $m^2 \cdot s^{-4} \cdot Hz^{-1}$
5	0.05	4.81
10	0.06	5.77
20	0.06	5.77
200	0.000 8	0.08
RMS	1.44g	14.13m/s²

表 13-3 Y 轴 PSD 值

频率 Hz	功率谱密度(PSD) $g^2 \cdot Hz^{-1}$	功率谱密度(PSD) $m^2 \cdot s^{-4} \cdot Hz^{-1}$
5	0.04	3.85
20	0.04	3.85
200	0.000 8	0.08
RMS	1.23g	12.07m/s²

表 13-4 Y 轴 PSD 值(电池包在乘员舱下部)

频率 Hz	功率谱密度(PSD) $g^2 \cdot Hz^{-1}$	功率谱密度(PSD) $m^2 \cdot s^{-4} \cdot Hz^{-1}$
5	0.01	0.96
10	0.015	1.44
20	0.015	1.44
50	0.01	0.96
200	0.000 4	0.04
RMS	0.95g	9.32m/s²

表 13-5 X 轴 PSD 值

频率 Hz	功率谱密度(PSD) $g^2 \cdot Hz^{-1}$	功率谱密度(PSD) $m^2 \cdot s^{-4} \cdot Hz^{-1}$
5	0.012 5	1.20
10	0.03	2.89
20	0.03	2.89
200	0.000 25	0.02
RMS	0.96g	9.42m/s²

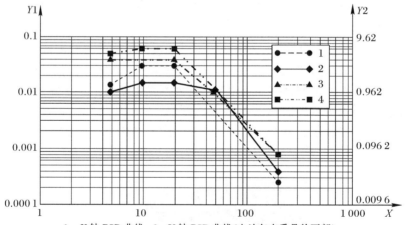

1—X 轴 PSD 曲线；2—Y 轴 PSD 曲线(电池包在乘员舱下部)；
3—Y 轴 PSD 曲线；4—Z 轴 PSD 曲线

图 13-17 电池系统的振动测试功率谱密度曲线

2017 年和 2020 年分别对电池包振动测试标准进行了修改。2017 年国标委 14 号文件批准发布的 GB/T31467.3—2015 第 1 号修改单公告要求对电池包进行整车 Z 方向 15 min 的正弦波振动，振动频率从 7 Hz 增加至 50 Hz 再回至 7 Hz，3 h 重复 12 次，加载频率和幅值见表 13-6。

表 13-6 频率和加速度

频率/Hz	加速度/(m·s^{-2})
7~18	10
18~30	10 逐步降至 2
30~50	2

2020 年 5 月最新发布的 GB 38031 取代了 GB/T 31467.3 的振动测试要求,要求对同一个电池包进行 3 个方向的随机和定频振动测试,加载顺序推荐为 Z 向随机、Z 向定频、Y 向随机、Y 向定频、X 向随机和 X 向定频,每个方向测试时间为 12 h。M_1、N_1 类车辆电池包或系统按表 13-7 和图 13-18 进行振动测试,其他车辆测试标准按表 13-8 和图 13-19 执行。

法规要求电池包在完成振动试验后无泄漏、外壳无破裂、起火或爆炸。

表 13-7 M_1/N_1 类车辆电池包或系统振动测试标准

随机振动(每个方向测试时间 12 h)			
频率/Hz	Z 轴功率谱密度/(g^2·Hz^{-1})	Y 轴功率谱密度/(g^2·Hz^{-1})	X 轴功率谱密度/(g^2·Hz^{-1})
5	0.015	0.002	0.006
10	—	0.005	—
15	0.015	—	—
20	—	0.005	—
30	—	—	0.006
65	0.001	—	—
100	0.001	—	—
200	0.000 1	0.000 15	0.000 03
RMS	Z 轴/g	Y 轴/g	X 轴/g
	0.64	0.45	0.50
正弦定频振动(每个方向测试时间 2 h)			
频率/Hz	Z 轴定频幅值/g	Y 轴定频幅值/g	X 轴定频幅值/g
24	±1.5	±1.0	±1.0

表 13-8 其他车辆电池包或系统振动测试标准

随机振动(每个方向测试时间 12 h)			
频率/Hz	Z 轴功率谱密度/(g^2·Hz^{-1})	Y 轴功率谱密度/(g^2·Hz^{-1})	X 轴功率谱密度/(g^2·Hz^{-1})
5	0.008	0.005	0.002
10	0.042	0.025	0.018
15	0.042	0.025	0.018
40	0.000 5	—	—
60	—	0.000 1	—

续表

	随机振动(每个方向测试时间 12 h)		
频率/Hz	Z轴功率谱密度/(g^2·Hz^{-1})	Y轴功率谱密度/(g^2·Hz^{-1})	X轴功率谱密度/(g^2·Hz^{-1})
100	0.000 5	0.000 1	—
200	0.000 01	0.000 01	0.000 01
RMS	Z轴/g	Y轴/g	X轴/g
	0.73	0.57	0.52
	正弦定频振动(每个方向测试时间 2 h)		
频率/Hz	Z轴定频幅值/g	Y轴定频幅值/g	X轴定频幅值/g
20	±1.5	±1.5	±2.0

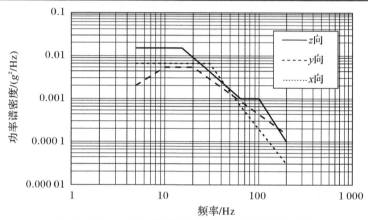

图 13-18 M_1/N_1 类车辆电池包或系统振动测试标

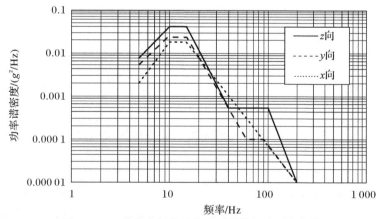

图 13-19 其他车辆电池包或系统的振动测试条件

2. 仿真分析

电池包的振动疲劳仿真按照 GB/T 31467.3 和 GB 38031—2020 的要求进行分析,先对电池包系统进行频率响应分析,求解结构的应力频响函数,然后将应力频响函数导入疲劳分析软件进行随机或定频疲劳计算,求得疲劳寿命。

仿真分析对象可以是单独的电池包或电池包和电池托架总成,电池托架与车架的螺栓连接孔用刚性单元,模拟电池托架与试验台架的连接,具体建模方法参考第3章。有限元模型如图13-20所示。

首先进行频率响应分析,在电池托架与车架螺栓连接孔的刚性单元主节点分别加载 X 向、Y 向和 Z 向的单位载荷扫频激励,通过计算得出结构在单位载荷激励下的应力频响函数,用于后续的疲劳计算。国标测试要求振动输入为加速度激励,因此输入扫频激励信号与标准要求保持一致,用加速度扫频激励。

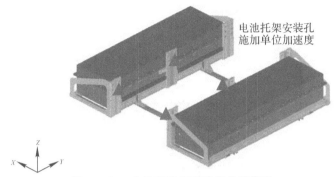

图13-20 电池系统频率响应分析模型

单向振动疲劳分析流程如图13-21所示。
(1)将上一步计算的频响结果文件导入疲劳软件中。
(2)使用振动信号生成器,根据测试标准建立PSD载荷谱。
(3)通过振动疲劳求解器将PSD载荷谱与频响结果进行关联计算。
(4)在后处理模块显示RMS应力云图。

一般假设路面PSD激励服从高斯正态分析,这种激励作用在线性系统上,则输出应力幅值的概率密度函数服从另外一个高斯正态分布。根据正态分布特性可知,3倍RMS应力(也称 3σ 应力)已经涵盖应力幅值概率密度函数99.73%的区域,满足工程需要。因此要求电池系统3倍RMS应力小于材料屈服应力。

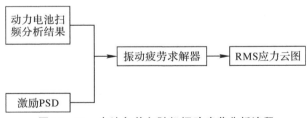

图13-21 电池包单向随机振动疲劳分析流程

GB 38031—2020要求对电池系统进行随机+定频振动疲劳分析,即多方向振动激励。振动疲劳分析流程如图13-22所示。要求结构疲劳损伤值小于1。
(1)将上一步计算的频响结果文件导入疲劳软件中;
(2)使用振动信号生成器根据测试标准分别建立 $X/Y/Z$ 向的PSD载荷谱和定频正弦激励。
(3)通过振动疲劳求解器将第(2)步建立的载荷谱与频响结果进行关联计算。

(4)在后处理模块显示损伤云图。

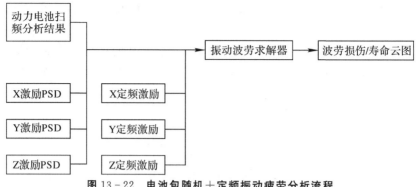

图 13-22 电池包随机+定频振动疲劳分析流程

参 考 文 献

[1] 王芳,夏军等.电动汽车动力电池系统安全分析与设计[M].北京:科学出版社,2017.

[2] GB/T 31467.3—2015,电动汽车用锂离子动力蓄电池包和系统第3部分:安全性要求与测试方法[S].中国国家标准化管理委员会,2015.

[3] GB 38031—2020,电动汽车用动力蓄电池安全要求[S].中国国家标准化管理委员会.2020.

第 14 章 载荷谱分析

载荷谱是整车结构或零部件所受载荷的时间历程,体现的是被测部件受到的载荷信号随时间变化的关系。根据不同的信号类型,载荷谱可以是力、位移、加速度或应变的时域信号。

载荷谱是研究车辆零部件疲劳失效的基础,其主要应用有:①作为有限元分析等计算机辅助设计的数据输入条件,为可靠性设计提供依据;②将用户的真实道路转换为虚拟道路,并制定符合用户实际工况的道路模拟规范;③将道路试验转换为试验室台架试验,利用道路模拟技术进行振动疲劳试验;④根据车辆行驶工况、目标里程等信息,获取用户实际道路、台架试验、道路试验之间的当量里程关系。在商用车结构分析方面,载荷谱获取的最终目的是给结构件疲劳强度分析提供输入,如车架、车身以及各类总成支架等,通过疲劳分析,可实现结构件可靠性的快速验证。

本章对载荷谱的道路采集与处理、道路模拟试验载荷迭代、虚拟样机迭代和多体动力学载荷提取等相关内容进行介绍。

14.1 载荷谱采集与处理

载荷谱的信号特性主要取决于车辆状态、行驶车速和路面状况(路面不平度)等。进行载荷谱采集的一般流程是:①明确采集目的,根据载荷谱的使用要求选择载荷谱采集的路段(典型特征路面),并确定车辆行驶规程;②确定测点位置和信号类型,如驾驶室悬置上下点的加速度、位移信号,前后悬架的加速度、位移信号,车轮六分力信号等;③根据使用要求对数据进行处理。

14.1.1 路面不平度简介

路面不平度表征的是道路表面相对于理想平面的偏离程度,不同的路面(如卵石路、凹坑路、扭曲路、鱼鳞路和搓板路等),对应的路面不平度是有差异的。路面不平度按波长可分为长波、短波和粗糙纹理三种类型,其中长波会引起车辆的低频振动,短波容易引起车辆的高频振动,而粗糙纹理则引起轮胎的行驶噪声,如图 14-1 所示。

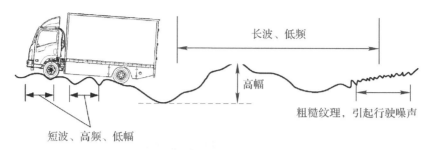

图 14-1 路面不平度示意图

路面不平度是车辆振动系统的主要振源之一,为了描述不平度,通常把路面相对基准平面的高度沿道路走向长度的变化曲线,称为路面纵断面曲线或不平度函数。由于路面不平度呈现出一种随机变化的特征,所以可将路面不平度看成是随机过程,采用统计方法进行研究。作为汽车振动输入的路面不平度,一般采用路面位移、速度、加速度的功率谱密度描述其统计特性。

根据《机械振动道路路面谱测数据报告》(GB/T 7031—2005)中不同等级路面功率谱密度的表达式,可以求出不同速度、不同等级路面的 PSD 曲线。路面时间频率功率谱密度表达式为

$$G_q(f) = G_q(n_0) n_0^2 \frac{u}{f^2} \tag{14-1}$$

式中:$G_q(f)$ 为时间频率功率谱密度(m^2/Hz);$G_q(n_0)$ 为参考空间频率 n_0 的路面功率谱密度(m^3);n_0 为参考空间频率,$n_0 = 0.1 m^{-1}$;u 为速度(m/s)。

根据不同等级路面不平度系数(见表 14-1)和式(14-1),可得到不同车速对应的时间频率功率谱密度,表 14-2 为 80 km/h 车速下不同频率对应的相应等级道路时间频率功率谱密度。

表 14-1 不同等级路面不平度系数

道路等级	不平度 $G_q(n_0)/10^{-6} m^3$		
	下限	几何平均	上限
A	—	16	32
B	32	64	128
C	128	256	512
D	512	1 024	2 048

表 14-2 时间频率功率谱密度

序号	频率/Hz	B 级路面谱值/($mm^2 \cdot Hz^{-1}$)	C 级路面谱值/($mm^2 \cdot Hz^{-1}$)
1	1	14.222	56.889
2	2	3.556	14.222
3	3	1.580	6.321
4	4	0.889	3.556
5	5	0.569	2.276
6	6	0.395	1.580
…	…	…	…

14.1.2 载荷谱采集

载荷谱采集的目的是获得车辆在真实路面运行时的边界载荷,用于在试验室或仿真分析中对结构进行疲劳性能验证。信号采集过程需要不同的传感器进行数据采集,常用的传感器主要有应变传感器、位移传感器、加速度传感器和六分力测量仪等。通常根据测量目的选择相应的传感器,然后将传感器布置到合适的位置,在特定的道路上完成信号采集。

14.1.2.1 传感器分类和应用

1. 应变传感器

应变传感器通常指电阻式应变传感器,应变片种类很多,按材料可分为金属式和半导体式,金属式主要有丝式、箔式、薄膜型,半导体式主要包括薄膜型、扩散型、外延型和PN结型等,根据不同的工作环境和使用要求进行选用。

应变片是基于导体或半导体材料的应变效应制作而成的,通过粘贴的方式固定在被测构件的表面位置,当构件受到载荷发生变形时,粘贴在构件表面的应变片电阻值会相应地发生变化,在一定范围内,应变片的电阻变化量 ΔR 与应变 ε 成以下关系:

$$\frac{\Delta R}{R} = K \times \varepsilon \tag{14-2}$$

式中:ΔR 为应变片伸长或压缩引起的电阻值变化量(Ω);R 为应变片初始电阻值(Ω);K 为应变片的灵敏系数;ε 为应变值。

不同金属材料的灵敏系数 K 不同,铜铬合金的 K 值约为2。由式(14-2)可知,对应变信号的测量可以通过应变片转换为对电阻变化量的测量。由于构件表面的应变通常极为微小,所以对应的电阻变化量也非常小,一般的电阻计通常无法达到测量要求,需要通过带有惠斯通电桥的专业应变测量仪进行测量。通过这种方式,对电阻值的测量,表现在惠斯通电桥上就是输出电压 U_A 的变化,如图14-2所示。

惠斯通电桥输出电压与输入电压之间有如下关系

$$\frac{U_A}{U_B} = \frac{(\Delta R_1 - \Delta R_2 + \Delta R_3 - \Delta R_4)}{4R} = \frac{K}{4}(\varepsilon_1 - \varepsilon_2 + \varepsilon_3 - \varepsilon_4) \tag{14-3}$$

根据应变片数量的不同,应变片的桥路主要分为1/4桥(1枚应变片)、1/2桥(2枚应变片)和全桥(4枚应变片),图14-3所示为各桥路示意图。由于1/4桥路不具备温度补偿功能,因此应用于环境温度变化较小的位置;1/2桥路可分别进行拉伸或弯曲两个方向应变测量,当进行一个方向应变测量时,应变片可消除另一方向应变的影响,部分类型的1/2桥路支持温度补偿;全桥类型应变片应用范围最广,可进行拉压、弯曲和扭转应变测量,支持温度补偿,不过其桥路较为复杂,在试验时应根据需求合理选择。

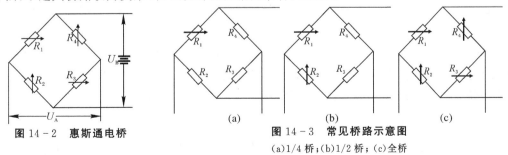

图14-2 惠斯通电桥　　图14-3 常见桥路示意图
(a)1/4桥;(b)1/2桥;(c)全桥

2. 位移传感器

位移传感器类型较多,载荷谱采集通常采用拉线式位移传感器和线性可变差动变压器(LVDT)位移传感器,通过输出电信号实现对构件移动位移的测量。

拉线式位移传感器的功能是将直线的机械运动转换为电信号,通过拉线缠绕在轮毂上,轮毂与旋转感应器连接在一起,通过感应器将机械位移转换成线性或任意函数关系的电阻或电压信号,当被测构件的相对距离变化时,拉线的长度会发生变化,从而带动装有精密感应器的轮毂转动,同时输出一个与拉线移动距离成比例的电压信号。

LVDT 位移传感器由铁芯、初级线圈、次级线圈、线圈骨架和壳体组成,当铁芯在线圈内部运动偏离中间位置时,两个次级线圈之间会产生电势差,从而输出相应的电压值,电压与铁芯的移动距离成比例关系。该传感器具有防潮、防盐雾、防腐蚀、抗辐射、抗振动等优点,可在恶劣的环境中工作。由于其具有非接触的特点,因此可以进行高速冲击振动的测量,具有高线性度、高分辨率、低噪声等特点。

3. 加速度传感器

加速度传感器是一种可以用来快速测量物体加速度的传感器,其组成部分通常包含质量块、弹性元件、阻尼器、敏感元件和适配电路。线加速度传感器的工作原理是惯性原理,通过对传感器加速过程中质量块惯性力的测量,根据牛顿第二定律可以得到物体移动的加速度值,常用的加速度传感器类型包括电容式、压电式、压阻式、电感式和应变式等。

电容式加速度传感器通常包含一个可以运动的质量块和上下固定极板,质量块在极板之间运动并与上下极板组成电容,当物体上下振动时,质量块与上下极板之间的间隙会发生变化,上下极板的电容值随之发生改变,其差值正比于质量块的振动加速度。电容式加速度传感器具有灵敏度高、零频响应、受外界环境因素影响较小等特点,主要用于低频测量,同时由于其量程有限、本身为高阻抗信号源,所以需要通过后继电路进行改善。

压电式加速度传感器利用压电陶瓷或石英晶体的压电效应原理,当传感器受到振动时,质量块对压电元件上的作用力随之变化,当被测信号的频率远小于传感器自身谐振频率时,质量块对压电元件的作用力与其加速度成正比关系,这样对加速度的测量就可以转换为对压电元件电压的测量。对于压电式加速度传感器,通常灵敏度高的传感器量程较小,反之,灵敏度低的传感器测量范围较大。另外,在选用传感器时除了考虑量程,还应注意被测信号的频率分布和传感器自身的谐振频率。

压阻式加速度传感器的工作原理类似于压电式加速度传感器,不同的是压阻式传感器利用的是半导体材料的压阻效应,当敏感芯体受到惯性力时,压敏电阻的电阻值会产生变化,利用惠斯通电桥输出相应的电压信号。当被测信号的频率远小于传感器自身谐振频率时,质量块对压阻元件的作用力与其加速度成正比,这样对加速度的测量就可以转换为对压阻元件电压的测量。压阻式加速度传感器的频率测量范围和量程通常很大,具有体积小、质量轻等特点,测量结果易受温度影响,因此一般需要进行温度补偿。

4. 六分力测量仪

车辆在道路上正常行驶时会发生纵向运动、侧向运动和垂直运动,比如加速制动、转弯行驶以及路面起伏等工况,车辆各个位置会产生相应的动载荷。通过六分力测量仪(也叫六分量或六轴力测试系统)可以快速地测量车轮受到的3个方向的力和力矩,为整车强度疲劳分析提供精确的外部载荷,从而得到相关零部件的疲劳寿命。六分力测量仪的传感器通常由不锈钢、铝合金、钛合金或其他材料加工而成,通过电桥测量力和力矩。传感器安装在轮毂适配器与轮辋适配器之间,轮胎安装在轮辋适配器上,而轮毂适配器安装于车轴上,车轮受到的载荷会依次通过轮胎、轮辋适配器、传感器、轮毂适配器、车轴进行传递,所有的力及力矩都会通过传感器,从而实现车轮上6个分量载荷的采集。

在汽车领域,六分力测量仪工作环境极为苛刻,需满足高转速、高温、霜冻、雨淋、风沙、振动等长期恶劣测试环境,应满足不同温度(−40~125 ℃)、防水、防锈、抗腐蚀环境的使用要求。六分力测量仪通常在出厂前会经过严密的标定和测试工作,之后可用于各种测试项目,如车辆翻转测试、牵引力研究、ABS及制动系统的开发与测试、减振器受力与耐久性试验、悬挂系统性能测试、轮胎磨损以及车辆在转弯、制动、过坑等工况载荷数据的采集,还可用于测试路面滑动摩擦因数等。图14-4为车辆道路试验时通过六分力测量仪采集到的轮心六分力载荷谱数据,包含了三个方向的力和力矩载荷。

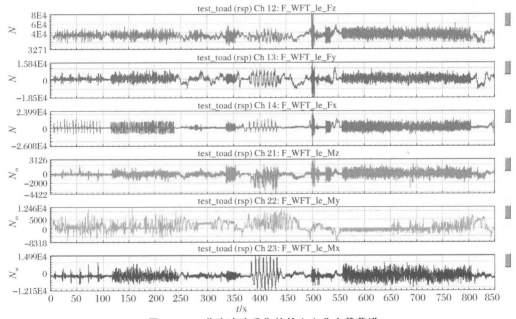

图14-4 道路试验采集的轮心六分力载荷谱

14.1.2.2 载荷谱采集

车辆载荷谱采集通常根据试验目的确定测点位置和信号类型,选择合适的传感器,并按照操作规范将传感器布置在需要测量的位置上,然后在指定的道路上进行数据采集。数据采集完成后需要进行数据合理性检查,可以通过数据比较,初步判断测试过程的有效性,如分布在左右对称位置的通道,其时域、幅值域、雨流域和频域等特征应该是相似的。当数据不合理时,根据数据特征分别进行传感器类型确认、传感器粘贴状态和线束连接情况检查、道路条件符合性确认等,排查问题后重新进行采集。载荷谱的采集流程如图14-5所示。

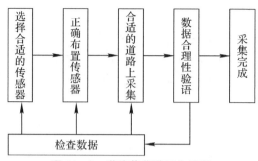

图 14-5 道路载荷谱采集流程

传感器的类型和数量根据实际需求进行设定,对整车进行载荷谱采集时,可按照系统对测点进行分类。通常车架上接附件和动力总成悬置测点进行三方向加速度测量;悬架系统除悬架上下位置的三向加速度测量,还需进行悬架垂向位移测量;对于驾驶室总成疲劳台架试验,需要采集悬置上下点位置的加速度信号以及上下点的相对位移信号,驾驶室本体及附件的应变信号可作为道路模拟试验过程中的监测信号,采集信号和传感器类型见表 14-3。

表 14-3 驾驶室载荷信号传感器的分类

测量点位置	信号类型	传感器类型	传感器数/个	通道数/个
悬置上点	三向加速度	电容式/电阻式	4	12
悬置下点	三向加速度	电容式/电阻式	4	12
悬置上下点相对位移	位移	拉线式/LVDT 式	4	4
白车身热点	应变	1/4 桥路	4	4

对于驾驶室上三向加速度传感器,应布置在刚度较大的地方,避免信号受到驾驶室局部振动的影响,同时各个传感器要尽量分散布置,以准确反映整个驾驶室的运动姿态。传感器粘贴应当牢固可靠,传感器方向应当标记准确。商用车驾驶室传感器可参考图 14-6 进行布置。

图 14-6 驾驶室载荷信号传感器布置示意图

数字信号的采集,需要按照一定的采样频率进行,采样频率即每秒钟采样的次数,频率越高,单位时间内采集的数据越多,信号就越接近真实信号。采样定理要求采样频率至少为所关心频率最大值的 2 倍,这样的设定只能保证信号的频率不失真,不能保证幅值不失真,对于瞬态冲击信号、振动噪声信号或其他对幅值要求较高的信号,采样频率至少为所关心信号频率最大值的 10 倍以上才不引起明显的幅值失真。

试验时应根据试验要求选择合适的路面,典型的可靠性试验路面包括跳动路、颠簸路、长波路、短波路、卵石路、扭曲路、鱼鳞路、搓板路、比利时路、砂石路、块石路等十余种。进行整车数据采集时，需根据试验方法选择合适路面，按照规定的车速进行试验并记录数据。

为了确保载荷谱数据准确可靠，在进行数据分析之前，应该先对采集的时间序列信号进行观察，通过一些简单的方法可以对试验中的测量载据进行初步校核，判断采集到的信号是否存在缺陷。例如所有的信号应具有零均值，将路试轴头分力与理论计算值进行比较。

载荷谱时域分析的目的是验证传感器的量程是否合理、采集过程中是否有外界噪声干扰、检验信号准确性等。通常，传感器量程过大会增大信噪比，降低信号的准确性，量程太小会造成信号超出量程部分被全部削平造成信号失真，如图14-7所示。因此分析时应对每个通道的数据进行检验，确保数据可靠。噪声指的是与所采集信号无关的外界各种信号，通常是传感器固定不牢固出现松动、线束磨损或接头损坏、传感器线路受到外界电磁干扰等原因造成的，一旦出现此类问题应及时进行排查和修正，图14-8所示为汽车轮心加速度数据（异常信号），理想的数据应该上下对称，错误信号产生的原因是传感器松脱。

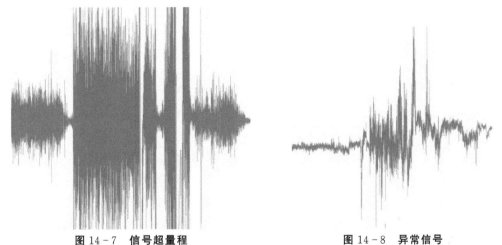

图14-7　信号超量程　　　　　　图14-8　异常信号

进行时域信号分析时，需要对每一测点多次测量值进行幅值统计，以获得这一测点各组信号的平均值、方差、最大值、最小值、峰值因素等统计特性，根据统计特性可以有效排除异常信号并选取最佳代表信号。利用峰值因素（Crest Factor）可以进行数据合理性判断，峰值因素定义为

$$\text{CrestFactor} = \frac{\text{Truepeak}(真实峰值)}{\text{RMS}(均方根值)} \tag{14-4}$$

通过峰值因素对采集到的信号进行分析，可以对数据的变化趋势进行判断，峰值因素若大于7，则数据中可能存在毛刺或其他干扰，需要通过信号编辑做进一步的处理。

14.1.3　载荷谱处理

在车辆运行过程中传感器的工作温度可能发生变化，当传感器没有温度补偿时可能会造成信号漂移现象，或者信号采集过程中受到外界信号干扰，导致信号通道中引入过多噪声，使得采集到的信号与实际信号有一定的偏差，因此需要对采集信号进行滤波、去漂移、去毛刺等处理，同时进行不同特征路面的信号剪辑，在保证与原始载荷谱具有相当损伤值的前提下减小载荷谱数据长度，缩短试验或仿真时长。

1. 滤波处理

汽车振动和疲劳影响较大的是路面不平度的中低频部分,频率大致为 0.5~40 Hz。高于 40 Hz 的能量被认为是噪声信号,进行信号滤波处理,得到用于迭代的目标响应信号,如图 14-9 所示。

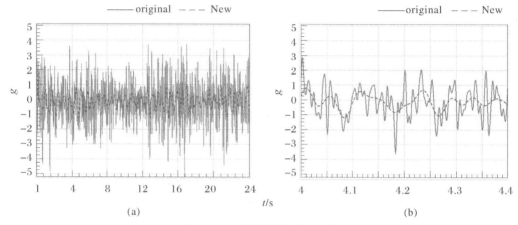

图 14-9 载荷谱滤波处理对比
(a)完整信号;(b)局部信号

2. 消除信号漂移

根据车辆试验过程中信号变化趋势或车辆静态数据的一致性判断信号是否存在漂移现象,存在信号漂移时可以通过手动进行校正,以提高信号的准确性。

通常消除信号漂移的方法有两种:一是去除均值法。将时域信号数据进行分段处理,计算每一段的均值,对于理论均值为零的信号,每段均值即为每段的漂移量,用每段信号数据减去相应的漂移量即可消除漂移。二是高通滤波法。通常漂移信号周期长,漂移频率很低,通过设定很低的频率阈值进行高通滤波,修正漂移信号。图 14-10 中为 Signal2 去漂移前后对比。

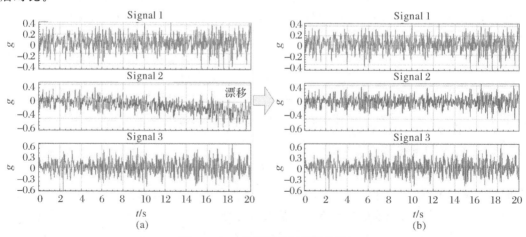

图 14-10 信号漂移判断及处理
(a)去漂移前;(b)去漂移后

3. 去除信号毛刺

同一道路工况下的信号范围应基本一致,根据这一原理或通过峰值因素进行毛刺识别。通常毛刺的斜率会很高,也可通过识别高斜率的方式自动选择毛刺片段并删除,或通过手动选中删除。如图 14-11 所示,Signal1 和 Signal2 均进行了毛刺修正。

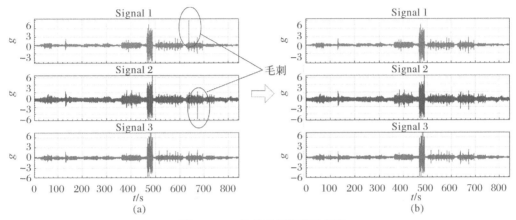

图 14-11 信号毛刺判断及处理

(a)去毛刺前;(b)去毛刺后

4. 信号剪辑

同一车辆在相同载荷条件下,通过在试验场按预先给定的次数进行不同路面的信号采集,建立试验场综合道路载荷谱,然后在试验室道路模拟试验台上不断重复通过试验场测试得到的载荷谱信号,这种方式通常需要花费同试验场一样的试验时间。因此为了用最短的时间达到疲劳试验的目的,需要对测试信号进行合理缩短。

整车和主要的零部件总成的动态响应往往同它们各自的固有频率紧密相关,不能通过改变仿真测试的频率来加快试验速度。虽然汽车的大部分零部件同时承受多轴向载荷,但不是所有的输入载荷都对试件寿命产生等量的破坏,因此将数据中对试件破坏没有影响或影响比较小的载荷剔除,是缩短试验或仿真时长的有效手段。

试验测试循环由试车场特制路面和特制路面之间的过渡路面组成,过渡路面产生的振动幅值和能量都很小,对整车及零部件疲劳损伤的贡献也很小,为缩短室内道路模拟试验的时间,可以将过渡路面的信号剪掉,如图 14-12 所示。车辆在这种确定的混合路面行驶一周的过程被定义为一个测试序列(test schedule)。在试验室中,按照预定义的次数不断重复这种测试序列,就形成了一个完整的疲劳耐久试验。

为了更加合理地对数据进行剪辑,一般在车身、车架和悬架的薄弱部位贴放应变片并进行数据采集。在应变片采集通道中,如果数据的 PP-strain(简称 PP 应变,即两个应变峰值的间隔时间)持续的时间小于 $150\ \mu s$,那么这段载荷数据就可以被认为对试件的疲劳破坏没有影响,在后续的数据分析中可以被忽略。在应变通道上计算累积疲劳损伤(破坏)时,对疲劳损伤值较大的数据部分作为窗口进行保留,窗口的长度决定了测试序列用于编辑的数据的长度。以某一测试序列为例来说明窗口长度对损伤值保留量的影响,如图14-13所示,窗口长度分别为0.2 s、0.6 s、1.0 s、1.8 s和2.2 s,在90%损伤值(Y轴)下,窗口长度越短测试序列也相应变短,窗口长度为0.2 s和2.2 s时测试序列分别缩短至原始序列的20%和40%。但是窗口长度的选择取决于原始测试序列同缩短后测试序列频谱的相似程度,合理的窗口长度应保证频率含量与原始序列相似,同时又能尽量缩减测试序列的长度。

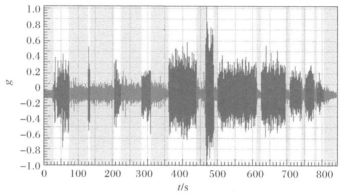

图14-12 删除影响较小的数据

用选定的窗口对数据进行编辑,确保保留90%的疲劳损伤值,编辑窗口需同时应用于所有的数据通道,以保证各通道信号的原始相位关系保持一致。如图14-14所示,将保留的数据段进行合并,从而得到用于实验室模拟试验的测试序列。

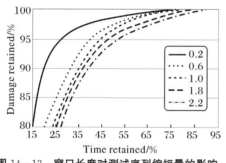

图14-13 窗口长度对测试序列缩短量的影响

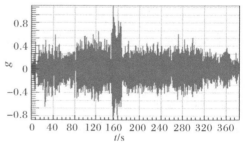

图14-14 道路模拟试验的测试序列

14.2 道路模拟试验方法简介

道路模拟也称为远程参数控制,是一种先进的道路模拟技术,是研究汽车可靠性的重要手段之一。通过道路载荷谱采集试验得到汽车在实际道路行驶中的载荷(应变、加速度、力等信息),对所采集的信号进行分析和编辑后,将整车或零部件置于道路模拟振动台上进行载荷谱迭代,利用相关设备在室内试验台架上模拟与车辆实际行驶过程中一致的载荷环境,还原整车或关键零部件的真实振动情况,实现对相关零部件耐久性、舒适性和安全性等多个方面的评价,同时可以考察各个系统和总成的性能。而且,道路模拟过程中迭代出的激励信号可作为仿真模型的输入载荷,进行相关部件的疲劳分析研究和结构优化。

道路模拟振动台系统主要由液压泵站系统、液压作动器、控制系统和计算机软件组成。

液压泵站系统提供试验台振动所需的能量;液压作动器为试验台的执行机构;控制系统用来采集传感器的反馈通道信号,并控制作动器的工作状态;计算机软件进行载荷迭代,将信号及时反馈给控制系统。道路模拟振动台示意图如图 14-15 所示。

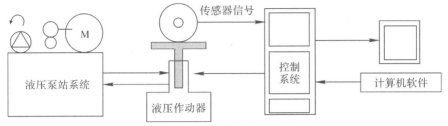

图 14-15 道路模拟振动台示意图

道路模拟试验目前广泛应用于汽车及其零部件的耐久试验中,主要包括驾驶室总成道路模拟试验、悬架系统道路模拟试验、动力总成系统道路模拟试验、整车轮耦合道路模拟试验以及整车轴耦合道路模拟试验等。利用道路模拟试验,可以排除气候等因素的影响,大大缩短试验周期和节约资金,并且试验的可控性好,试验结果的可重复性强、精度高。图 14-16、图 14-17 分别为驾驶室总成道路模拟试验和整车车轮耦合道路模拟试验。

图 14-16 驾驶室总成道路模拟试验

图 14-17 整车车轮耦合道路模拟试验

将驾驶室总成或整车置于室内振动台上,用白噪声作为激励识别整个系统(包括试验对象、振动台、所有支撑车架所用的夹具)的频响函数,借助于振动台系统辨识模块对整个系统进行辨识。由于系统的非线性影响,系统辨识是一个迭代过程,经多次迭代找到目标信号对应的激励信号,便可实现室内的可靠性耐久试验。

为了有效地进行系统辨识,使用白噪声得到最初系统的频率响应函数之后,利用该频率响应函数和目标信号计算更加合理的激励信号。由于原始的目标信号可能彼此相关,导致计算得到的激励信号也彼此相关,影响激励信号的迭代精度。所以在激励信号的计算过程中,系统会对所计算的激励信号进行随机相位处理,即保持频谱不变,将其相位谱随机化。

14.3 虚拟迭代仿真分析

虚拟迭代与道路模拟试验迭代技术原理基本相同,虚拟迭代利用多体动力学软件搭建的动力学虚拟样机替代了道路模拟试验真实的试验样机,通过虚拟的位移驱动命令,模拟了试验台液压作动器的运动状态。虚拟迭代的输入为试验得到的载荷谱,载体为多体动力学模型,迭代工具为虚拟迭代软件,最终输出车辆底盘或车身接附点的力和力矩载荷。

14.3.1 虚拟迭代原理

虚拟迭代是利用道路试验中获得的响应信号(位移、力、加速度等),进行反复迭代获得难以测量的外部激励信号。将整车样机看作系统,路面对车轮的外部激励作为输入,车辆上测得的响应信号作为输出,利用拉普拉斯变换可以建立系统的输入、输出关系,即传递函数(Transfer Function),如图 14-18 所示。

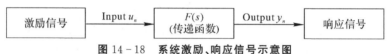

图 14-18 系统激励、响应信号示意图

计算系统传递函数:

$$F(s) = \frac{y_0(s)}{u_0(s)} \tag{14-5}$$

式中 $u_0(s)$、$y_0(s)$ 分别为白(或粉红)噪声和它的响应。

迭代的过程实际是通过响应反求激励的过程,如图 14-19 所示。激励信号通过虚拟样机模型仿真获得响应信号,通过对比响应信号与目标信号(道路试验获得的响应信号)得到误差,经逆传递函数计算后叠加到初始的激励信号(u_n)上,获得新的激励信号(u_{n+1}),系统经过多次循环计算,直到满足迭代条件,最终得到需要的载荷谱。

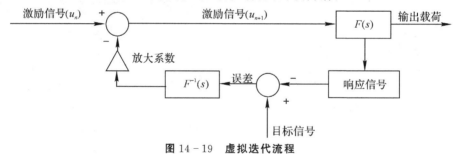

图 14-19 虚拟迭代流程

第一次输入信号:

$$u_1(s) = F^{-1}(s) \cdot y_{\text{Desired}}(s) \tag{14-6}$$

多次迭代后的输入信号:

$$u_{n+1}(s) = u_n(s) + F^{-1}(s) \cdot [y_{\text{Desired}}(s) - y_n(s)] \tag{14-7}$$

式中:$y_{\text{Desired}}(s)$ 为目标信号。

14.3.2 虚拟迭代步骤

通过将多体动力学软件和迭代软件联合起来进行虚拟迭代,首先需要建立准确的多体动力学模型,为了保证模型精度,车架应使用柔性体,整车及各子系统的质量、质心位置、转动惯量及各力学元件参数应与实车保持一致。虚拟迭代步骤主要包括激励信号设置、响应信号设置、疲劳载荷提取设置、静平衡仿真、输入及输出通道设置、计算传递函数、虚拟迭代仿真等。

(1)激励信号设置。虚拟迭代多体动力学模型需要进行激励信号设置,激励信号类型通常为位移驱动。位移驱动函数调用空白 spline(三次样条插值)函数,该 spline 函数数据每完成一次计算后会进行更新,然后用修正后的 spline 函数数据重新驱动模型完成下一次计算,以此类推反复迭代。

(2)响应信号设置。系统的激励信号经多体动力学模型仿真计算后得到响应信号,通过设定 request 进行响应信号的提取。响应信号可以是系统输出端的加速度、相对位移或力载荷,通过对比响应信号与目标信号的差值完成激励信号的修正。激励信号为位移信号时,设置位移函数时初始位移应设为零。

(3)静平衡仿真。模型搭建完成后需进行静载工况仿真,输出系统的 adm 文件,检查各衬套或弹簧的载荷是否和理论计算一致,确保模型的准确性,图 14-20 为商用车驾驶室悬置载荷谱迭代多体动力学模型,车架下方位移输入通道作为系统的激励信号,驾驶室悬置上下点的加速度和位移作为系统的响应信号。

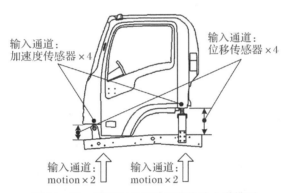

图 14-20 驾驶室虚拟迭代多体动力学模型

(4)输入及输出通道设置。根据输入及输出信号的数量确定迭代通道个数,将建立好的激励信号 Spline ID 和响应信号 Request ID 分别输入迭代软件的输入通道和输出通道,并设定单位。采样频率与路谱载荷信号采样频率保持一致。

(5)计算传递函数。启动噪声发生器生成白噪声,频率范围为 0~40 Hz,如图 14-21 所示。以白噪声作为激励信号,通过虚拟样机得到系统的响应信号,传递函数的频段取 0.5~40 Hz,通过激励信号和响应信号就可以计算出系统的传递函数。

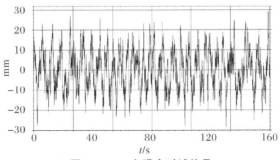

图 14-21 白噪音时域信号

(6)虚拟迭代仿真。设置迭代步数,选择试验道路采集的目标信号,迭代因子可根据模型准确情况进行设定,模型准确时迭代因子可以设置大一些,减小迭代次数,初次计算时设置小的迭代因子便于计算收敛。

上述步骤完成后进行载荷迭代仿真。

14.3.3 虚拟迭代结果评价

在迭代计算时,非线性系统需要通过线性公式多次迭代模拟,才能达到更高的精度。迭代结果的优劣一般通过三个方面进行评价,即信号吻合性、相对损伤值、统计值 RMS ERROR。

(1)信号吻合性。分别对比目标信号与响应信号在时域和频域里的吻合程度,初步判断迭代结果是否满足要求,若吻合情况较差,则需继续进行迭代,图 14-22、图 14-23 分别为某加速度信号在时域和频域的对比曲线。

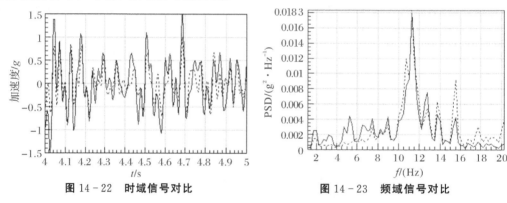

图 14-22　时域信号对比　　图 14-23　频域信号对比

(2)相对损伤值。为比较响应信号与目标信号对同一个部件疲劳寿命的影响程度,引入相对损伤值。不考虑材料、加工工艺等因素影响,只对两种信号的幅值、平均值等进行比较,当两种载荷产生的疲劳寿命影响相当时,相对损伤值等于1,通常相对损伤值控制在 0.5~2 之间。

(3)统计值 RMS ERROR。RMS ERROR 定义为时域内目标信号与响应信号之差的均方根与目标信号均方根的比值。以 RMS ERROR 作为迭代误差评价指标,可以有效体现目标信号与响应信号之间的幅值和相位关系。RMS ERROR 越小计算精度越高,但同时会增大计算成本,图 14-24 为 RMS ERROR 与迭代次数的关系曲线。一般 RMS ERROR 在 20% 以内即可满足工程分析要求,精度要求高且虚拟样机准确时 RMS ERROR 值可提高到 10%。

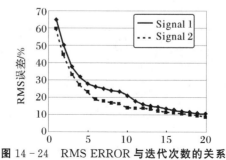

图 14-24　RMS ERROR 与迭代次数的关系

14.4 多体动力学载荷提取

载荷谱可以通过直接采集和迭代的方式获得,适用于已有样车的条件下。在新车型产品开发阶段,没有样车无法实现载荷谱的采集,可以通过建立车辆多体动力学模型,选择运行环境模拟车辆实际的工作状态,提取底盘零部件或车身等连接点的静态载荷或时域载荷谱。

动力学载荷提取的一般流程如图 14-25 所示,通过两个案例进行说明。

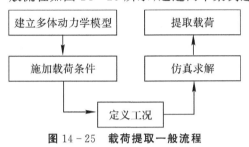

图 14-25 载荷提取一般流程

1. 传动轴支承角板载荷提取

对于多段式传动轴,中间采用中间支承和支承角板固定到车架上,如图 14-26 所示。车辆行驶过程中,传动轴支承角板受力较为复杂,影响因素主要有传动轴转速、传递扭矩、传动轴夹角和传动轴不平衡量等。商用车变速器挡位较多、扭矩范围宽,且传动轴夹角也随着动力总成和驱动桥的跳动发生变化,因此传动轴支承角板受力也处于变动中。根据传动轴支撑角板受力特点,通过大扭矩低转速和小扭矩高转速两种工况对其进行分析。

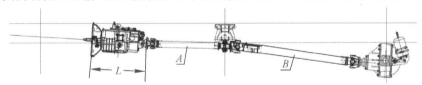

图 14-26 传动轴连接示意图

建立传动轴的动力学模型,各部件按照实际硬点位置和连接关系进行定义,使传动轴两端可以转动,第二传动轴保留轴向滑移自由度,中间支承处采用 bush 单元,刚度为橡胶衬套的动刚度,如图 14-27 所示。

图 14-27 传动轴多体动力学模型

传动轴的不平衡量反映的是传动轴在转动过程中质量偏离轴线的程度,不平衡量越小,则转动时的平衡性越好,产生的一阶振动也就越小。不平衡量定义为不平衡质量与该质量质心到轴线距离的乘积,通过将动力学模型中传动轴的质心位置径向偏移一个距离 r,使得该部件的不平衡量 U 与质量 m、偏移距 r 三者满足如下关系:

$$U = m \cdot r \tag{14-8}$$

传动轴多体动力学施加的载荷大小和方向应与传动轴的实际工作情况保持一致,可在传动轴的输入端施加强制转动,转速为变速箱输出转速,并在传动轴的输出端反向施加该工况下的扭矩。大扭矩工况的转矩应按照发动机最大输出扭矩和轮胎最大附着力两种计算结果的最小值进行选取,具体计算方法见第11.1节;高转速工况扭矩由发动机外特性和变速箱速比确定。

对传动轴进行动力学仿真,通过后处理可以查看支承角板处的时域和频域载荷曲线,大扭矩低转速工况分析结果如图14-28、图14-29所示。支承角板处的载荷交变频率为传动轴转速的二阶频率,是由传动轴十字万向节的扭矩波动造成的。

小扭矩高转速工况分析结果如图14-30和图14-31,支承角板Z向载荷PSD曲线两个峰值频率分别对应传动轴的一阶和二阶转动频率,支承角板的载荷交变频率为传动轴转速的一阶频率,载荷主要由传动轴的不平衡量造成,扭矩较小,因此十字轴万向节造成的二阶振动不明显。

结果审核后,输出bush单元的载荷结果作为强度和疲劳分析的输入条件。

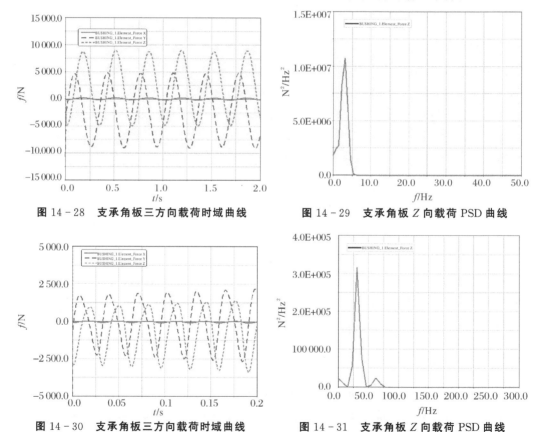

图14-28 支承角板三方向载荷时域曲线　　图14-29 支承角板Z向载荷PSD曲线

图14-30 支承角板三方向载荷时域曲线　　图14-31 支承角板Z向载荷PSD曲线

2. 机械手臂液压缸载荷提取

压缩垃圾车机械手臂设计时需对油缸力的变化进行校核,图14-32为某侧装式压缩垃圾车机械手臂示意图。作业过程:伸缩臂在内置油缸的推动下带动整个机械手臂向车辆外侧伸出直到挂桶架靠近垃圾桶,然后在举升油缸、翻桶油缸作用下,挂桶将垃圾桶挂起并举升,同时压桶油缸伸长带动压桶板将垃圾桶桶沿压紧,防止垃圾桶在举升翻转过程中脱落,当垃圾桶被举升到合适位置时,翻桶油缸伸长,使得垃圾桶翻转并将垃圾倾倒于车厢里,最后各个油缸反向作用,将垃圾桶平稳放回原地。

在进行液压系统设计时,需要确定各个结构的设计边界,即确定整个作业过程中各液压油缸载荷。通过多体动力学建模对液压缸载荷进行提取。

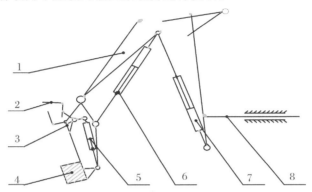

1—举升臂;2—压桶板;3—挂桶架;4—减振块;
5—压桶油缸;6—翻桶油缸;7—举升油缸;8—伸缩臂

图14-32 某侧装式压缩垃圾车机械手臂示意图

建立机械手臂多体动力学模型时,油缸杆与油缸筒之间采用圆柱副进行连接,有铰接关系的零部件之间采用旋转副和球铰进行连接,伸缩臂与固定臂之间,挂桶架、压桶板和垃圾桶之间,垃圾块和垃圾桶之间,垃圾桶和地面之间创建接触。根据运动要求,分别在伸缩油缸、举升油缸、翻桶油缸、压桶油缸圆柱副上添加相应驱动,创建的运动学模型如图14-33所示。根据机构运动要求,完成伸缩油缸、举升油缸、压桶油缸、翻桶油缸驱动函数设置,模拟机械手臂上料过程中各个油缸的运动。

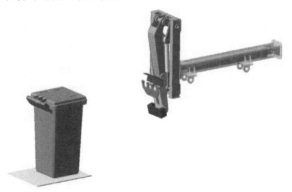

图14-33 侧装垃圾车机械手臂多体动力学模型

机械手臂上料机构上料过程应当平顺合理,垃圾桶不会出现倾倒、掉落,垃圾不出现大量洒落等现象。通过仿真,查看整个上料过程中垃圾桶及各个部件运动状态是否符合设计要求;如果不符合要求,那么需要调整优化各个油缸驱动,重新进行仿真计算;如果符合要求,可进行载荷提取。当模型运动状态能真实模拟机构作业过程时,通过后处理模块,测量油缸铰接副处载荷,即为油缸作业过程中的载荷谱,如图 14-34 所示。

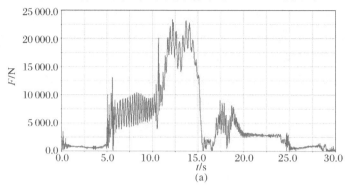

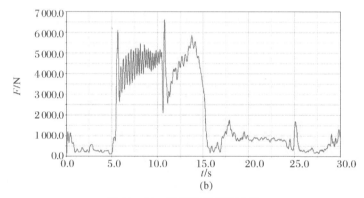

图 14-34 油缸时域载荷曲线

(a)举升油缸载荷曲线;(b)翻桶油缸载荷

参 考 文 献

[1] 余志生.汽车理论[M].北京:机械工业出版社,2009.

[2] 谭祥军.从这里学 NVH[M].北京:机械工业出版社,2018.

[3] 邵建,董益亮,肖攀,等.基于多体模型仿真的载荷谱虚拟迭代技术分析[J].重庆理工大学学报(自然科学版),2010,24(12):84-87.

[4] 关波,郝方楠,黄森,等.路谱迭代精度因素影响分析[J].汽车零部件,2015(1):21-24.

第 15 章 轻量化分析

在汽车产品开发中,要求在保证车辆强度、NVH 和安全等性能的前提下,尽可能地降低汽车整备质量,从而提高汽车的载质量利用系数,减少能源消耗,减少污染。实践证明,若汽车整车质量降低 10%,燃油效率可提高 6%~8%,汽车油耗降低 10%~12%,尾气排放可降低 30%~50%。在当前国家节能、环保和可持续发展的大背景下,用户也在追求使用收益的最大化,轻量化已成为商用车开发的关键性指标之一。

汽车轻量化技术主要包括结构优化、使用轻量化的新材料和先进的制造工艺,如图 15-1 所示。本章重点介绍以结构优化为主的轻量化技术和仿真分析方法。

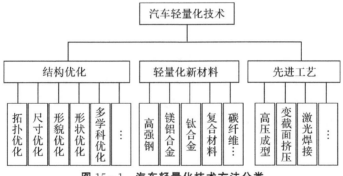

图 15-1 汽车轻量化技术方法分类

15.1 结构优化分析理论与流程

结构优化是在给定约束条件下,按某种目标(质量最轻、刚度最大等)求解出最佳的结构设计方案。结构优化三要素为设计变量、目标函数和约束条件。设计变量是可以发生变化从而提高结构性能的一组参数,如单元密度、结构形状、材料属性等。目标函数是关于设计变量的函数,是优化需要达成的目标,通常目标有质量最小、应力最低、位移最小等。约束条件是对设计的限制,可以选择位移、模态、应力等指标要求作为约束条件。优化的数学模型可表述为

$$\left.\begin{aligned}&f(X)=f(x_1,x_2,\cdots,x_n)\\&g_j(X)\leqslant 0,\quad j=1,\cdots,m\\&h_k(X)\leqslant 0,\quad k=1,\cdots,m_h\\&X_i^L\leqslant X_i\leqslant X_i^U\quad i=1,\cdots,n\end{aligned}\right\} \qquad (15-1)$$

式中：$X=(x_1,x_2,\cdots,x_n)$ 为设计变量；$f(X)$ 为目标函数；$g(X)$、$h(X)$ 为约束条件；X_i^L 和 X_i^U 为变量空间。

解决优化问题的基本思想是基于梯度法迭代计算求解最优解。如图 15-2 所示，攀登一座山峰，为了找到顶峰，从山脚 X_0 点开始，评估函数 $f(X_i)$ 和其在 X_i 点的梯度向量 $\nabla f(X_i)$，使用负梯度方向定义出下一个迭代点 $X_{i+1}=X_i-\gamma\nabla F(X_i)$，迭代计算，直到函数收敛到最值。

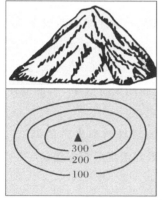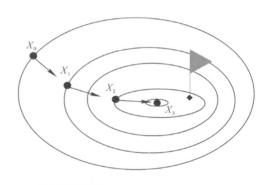

图 15-2　梯度优化原理

求解完成后，需讨论所得到的解是局部最优解还是全局最优解，通常函数有多个局部最优解，但是其中只有一个是全局最优解。基于梯度法求解优化问题时，结果依赖于起始点，这类算法易于找到局部最优解。目前一些优化工具开发了全局搜索算法，通过多个起点执行优化，广泛地在设计空间中探索最优解，有效提高了找到全局最优解的可能性，寻求最优解示意图如图 15-3 所示。

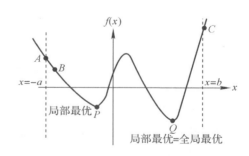

图 15-3　寻求最优解示意图

结构优化流程如图 15-4 所示。建立有限元优化模型进行计算求解，一般当连续两次迭代的目标值相差小于给定收敛容差时，认为优化问题求解收敛。通常设计变量较少时可直接进行优化计算，但当设计变量较多时直接优化计算成本较高。因此针对多个设计变量的情况,一般先进行灵敏度分析,找出关键变量,通过减少设计变量的数量来简化优化问题,提高计算概率。

优化求解中可能出现不收敛问题,通常原因是计算量过大或迭代次数超过设定值,可采用减少非关键设计变量、增大迭代次数等方法进行调节,促进迭代快速收敛。另外也存在优化问题确实无解的情况,此时需重新调整优化边界。

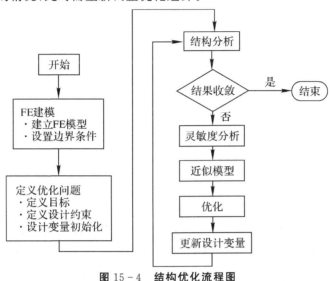

图 15-4 结构优化流程图

15.2 结构优化技术

结构优化技术主要包括拓扑优化、形貌优化、自由尺寸优化、形状优化、尺寸优化和自由形状优化等,实际设计过程中一般是几种结构优化技术的综合运用。通常拓扑、形貌和自由尺寸优化可在概念设计阶段提供设计思路,形状、尺寸和自由形状优化可在详细设计阶段为形状、尺寸等具体参数的确定提供科学的数据支持。

15.2.1 拓扑优化

1. 拓扑优化基本理论

拓扑优化技术是在给定的设计空间内计算最优材料分布的一种数学方法,对于铸件、钣金件、桁架结构的轻量化设计非常有效,多应用于产品概念设计阶段。

拓扑优化研究领域主要分为连续体拓扑优化和离散结构拓扑优化,均以有限元方法为基础。连续体拓扑优化是对连续实体(壳单元或体单元)进行优化模型的建立和分析,离散结构拓扑优化是在设计空间内建立一个由有限个梁单元组成的基结构,对离散的梁单元模型进行优化分析。汽车零部件设计多采用连续体拓扑优化,其优化方法有密度法(SIMP方法)、均匀化方法、变厚度法和拓扑函数描述法等,其中密度法最为常用。

密度法是将有限元模型设计空间每个单元的"单元密度"作为设计变量。单元的取舍通过设计变量的决定,即采用带惩罚因子的相对密度法,通过人为引入相对密度在 0~1 之间

可变的假想材料,其弹性模量与密度之间成指数关系,通过惩罚因子来约束 0~1 之间的单元,可表示为

$$\left.\begin{array}{l} E(\rho) = \rho^q \cdot E_0 \\ \int \rho \mathrm{d}\Omega \leqslant V \\ 0 < \varepsilon < \rho < 1 \end{array}\right\} \quad (15-2)$$

式中:E_0、$E(\rho)$ 为初始和优化后的弹性模量(MPa);ρ 为材料密度(t/mm³);q 为惩罚因子,$q>1$;Ω 为优化设计区域;V 为材料体积允许用量(mm³);ε 为材料为空的最小密度值(t/mm³)。

优化求解后单元密度为 1(或靠近 1)表示该单元位置处的材料很重要,需要保留;单元密度为 0(或靠近 0)表示该单元处的材料不重要,可以去除。

2. 拓扑优化应用案例

以某车型动力总成悬置支架的轻量化设计作为案例讨论拓扑优化。动力总成通过悬置支架安装在车架上,因此应保证悬置支架结构在最恶劣工况(车辆转弯和发动机最大输出扭矩工况等)下能够满足强度要求,如图 15-5(a)所示。

拓扑优化的设计变量为拓扑空间,即确定合适的非设计空间与设计空间,其中非设计空间是优化不可改变区域,如支架安装孔、关键轮廓等;设计空间为可改变区域即拓扑空间,用于生成新的结构。本案例支架原始方案如图 15-5(b)所示,材料为 ZG310-570,质量为 7.88 kg。仿真建模时设置支架安装孔为非设计空间,填充各安装孔中部区域为设计空间,如图 15-5(c)所示。将零件质量、应力作为性能响应,约束条件为零件结构应力小于 240 MPa,优化目标为质量最小化,工况为车辆转弯和发动机最大输出扭矩工况。

为避免优化后的结构小特征过多或材料堆积,一般通过设置最小或最大成员尺寸来进行控制。设置最小成员尺寸为平均网格尺寸的 3~12 倍;设置最大单元尺寸为最小成员尺寸的 2~6 倍。铸造类零件根据制造工艺要求,还需设置拔模约束。

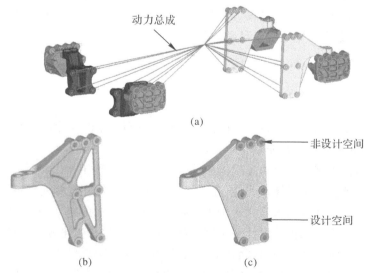

图 15-5 某车型动力总成悬置支座

(a)动力总成悬置支架仿真分析模型;(b)原始方案;(c)设计变量区域与非设计变量区域

经拓扑迭代计算,得到单元密度云图,在此基础上进行几何重构得到零件初步结构,根据铸造工艺要求完成方案的细化设计,如图 15-6 所示。将优化方案代入原动力总成悬置分析模型中验证强度、模态、疲劳等各项性能,结果均满足指标要求,且零件整体应力分布更加均匀,材料利用率进一步提高。支架优化后的质量为 6.95 kg,实现减重 11.8%。

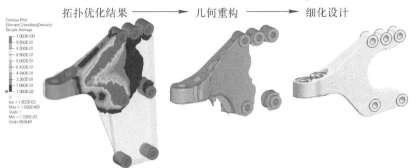

图 15-6 动力总成悬置支座拓扑优化

15.2.2 形貌优化

1. 形貌优化基本理论

形貌优化是实现形状最佳化的一种方法,即在薄壁板形结构中寻找最优的加强筋位置和形状,用于设计薄壁结构强化压痕;广泛应用于提高各种板形冲压件和注塑件的性能,如减小变形,提高模态频率,减小振动,同时减轻结构质量,等等。

形貌优化是形状优化的高级形式,其求解方法与拓扑优化类似,都是概念设计阶段的技术,所不同的是拓扑优化用单元密度作为变量,而形貌优化用形状作为变量。在形貌优化中,设计空间由大量的节点波动向量组成,这些节点波动向量按照一定的模式进行组合,通过一系列的迭代优化,计算这些变量对结构的影响,以满足设计约束,并最终生成优化后的最佳形貌。形貌优化不去除材料,而是通过设计区域各节点在设计载荷步下的扰动,为板形结构生成最优加强筋。

形貌优化的数学模型为

$$\left.\begin{aligned} & X = \{x_1, x_2, \cdots, x_n\}^{\mathrm{T}} \\ & f(x) = \min f(x_1, x_2, \cdots, x_n) \\ & h(x) = \boldsymbol{M}\ddot{\boldsymbol{\delta}} + \boldsymbol{K}\boldsymbol{\delta} = 0 \\ & g_j(x) \leqslant 0, \quad j = 1, 2, \cdots, l \end{aligned}\right\} \quad (15-3)$$

式中:X 为设计变量,设计区域里节点坐标的集合,式中 n 代表设计变量的数量;$f(x)$ 为目标函数,符合优化设计的一般准则,以目标函数最小作为优化目标;$h(x)$、$g_j(x)$ 为约束条件,$h(x)$ 中的 $\boldsymbol{M}$ 为结构质量矩阵,$\ddot{\boldsymbol{\delta}}$ 为节点加速度矢量;$\boldsymbol{K}$ 为节点刚度矩阵;$\boldsymbol{\delta}$ 为节点位移矢量。

2. 形貌优化应用案例

以某车型安全带牵引器支架为例进行形貌优化设计。该支架安装于驾驶室 B 柱上,用于安全带的固定和限位,要求结构优化后可以实现 X 向刚度的提升。

原始方案有限元模型如图 15-7(a)所示,按实际安装和受力情况设置边界条件,将模型划分为设计区域与非设计区域。设计变量包括起筋最小宽度、高度、拔模角等,本例中设置起筋宽度为 5 mm,高度为 2 mm,拔模角为 60°;优化目标为结构总体应变能最小。

经形貌优化后的有限元模型如图 15-7(b)所示,在设计区域生成了加强筋,根据优化结果进行结构重构。对优化前后的支架进行验证,在同一受力点施加 X 向 1 000 N 的集中载荷,优化前和优化后支架的 X 向位移分别为 4.31 mm 和 2.58 mm,优化后位移减小了 40.14%,结果对比如图 15-8 所示。即经过形貌优化后,支架 X 向刚度提高了 40.14%,达到优化目的。

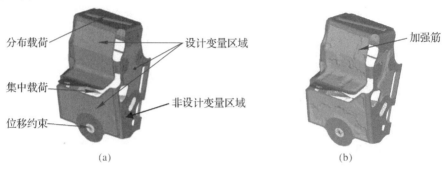

图 15-7 安全带牵引器支架有限元模型
(a)优化前;(b)优化后

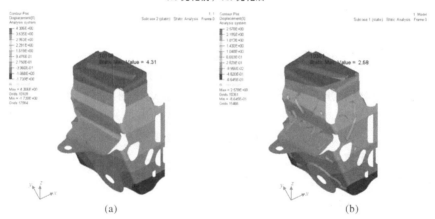

图 15-8 形貌优化前后结果对比
(a)优化前;(b)优化后

15.2.3 自由尺寸优化

1. 自由尺寸优化基本理论

自由尺寸优化是为非等厚板壳结构确定最佳厚度分布的技术。在自由尺寸优化中,设计空间的每个单元的厚度就是一个设计变量,其优化算法与拓扑优化(每个单元的密度就是一个设计变量)类似,不同点在于拓扑优化的结果是桁架结构,带有大量的空腔和间隙,而自由尺寸优化的结果是板结构。对于实体单元,只能选择有或无的密度分布;对于壳单元,厚度可以是连续变化的,中间密度可以用不同的厚度来实现。因此,对于板壳结构和复合材料等产品设计,自由尺寸优化是适用的。

自由尺寸优化设计的数学模型为公式

$$\left.\begin{array}{l} f(x)=\min f(x_1,x_2,\cdots,x_n) \\ h(x) \geqslant h_{\min}(x) \\ x_{\max} \geqslant x \geqslant x_{\min} \end{array}\right\} \quad (15-4)$$

式中：$f(x)$ 为目标函数；$h(x)$ 为约束条件；x 为设计变量；$x_{\max}$、$x_{\min}$ 为设计变量上下限。

给定初始设计模型和设计要求后，自由尺寸优化的每一步迭代通过不断修改设计变量，来寻找单元厚度的最优分布。

2. 自由尺寸优化应用案例

本案例对某肋板零件进行自由尺寸优化设计，实现其刚度优化。原始方案有限元模型如图 15-9 所示。根据实际受力情况，对安装孔进行全约束，在两个施力点分别施加 X 向 ±2 000 N，Y 向 -1 000 N 的集中力载荷。设计变量为涉及区域壳单元的厚度，响应包括加权应变能与体积分数响应，以体积分数小于 0.3 作为约束条件，以加权应变能最小作为优化目标。

图 15-9 原始方案有限元模型

自由尺寸优化结果如图 15-10 所示，优化前腹板单元厚度统一为 0.1 mm，优化后腹板单元厚度重新分布，尺寸如图所示。肋板结构优化后整体位移为 0.036 mm，优化前为 0.0401 mm，经过自由尺寸优化后，肋板刚度提高了 10.22%，达到了刚度优化的目的。

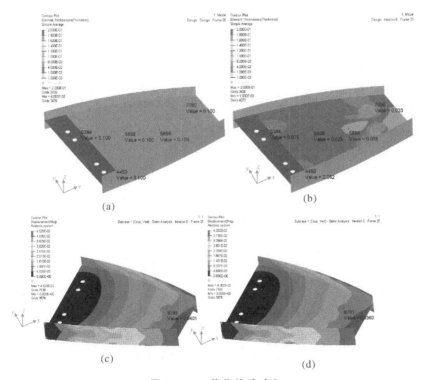

图 15-10 优化前后对比

(a)优化前肋板尺寸；(b)优化后肋板尺寸；(c)优化前肋板位移；(d)优化后肋板位移

15.2.4 形状优化

1. 形状优化基本理论

形状优化是基于有限元网格节点移动的优化技术,即通过改变零件几何形状,从而提高结构性能,如提高刚度、模态和降低应力集中等。设计者结合设计空间和工程经验等因素,以网格变形为设计变量,通过软件优化计算,确定变形的最佳状态,即在满足约束条件的前提下求出结构的最佳几何外形和节点位置。

形状优化采用自适应网格自动划分技术来控制优化后的结构形状,形状优化边界形状的描述不但影响设计变量的选取,还会影响优化结果的有效性,因此边界描述方法的选择十分重要。为便于和工程造型相衔接,工程上一般选用 B 样条曲线描述结构的边界,B 样条曲线越逼近实际线段精度越好。B 样条曲线定义多个平面或空间顶点,连接 $n+1$ 个顶点组成的多边形,称为 B 样条曲线的特征多边形,每个特征多边形确定一段 n 次 B 样条曲线段,全部曲线段形成的整条曲线称为 B 样条曲线。$m+n+1$ 个顶点 $P_i(i=0,1,2,\cdots,m+n)$,可以定义 $m+1$ 段 n 次 B 样条曲线,n 次 B 样条曲线可以达到 $n-1$ 阶连续。第 k 条 n 次 B 样条曲线的表达式为

$$P_{k,n}(t) = \sum_{i=0}^{n} P_{i+k} F_{i,n}(t) \tag{15-5}$$

这些曲线段的全体成为其基函数表达式为

$$F_{i,n}(t) = \frac{1}{n!} \sum_{j=0}^{n-i} (-1)^j C_{n+1}^j (t+n-i-j)^n \tag{15-6}$$

$$0 \leqslant t \leqslant 1, k=0,1,\cdots,m, i=0,1,\cdots,n$$

式中:$F_{i,n}(t)$ 为 n 次 B 样条基函数;t 为节点;P 为顶点。

例如已知 8 个顶点的曲线段,求 2 次 B 样条曲线。$i=8, n=2, m=5$,经计算可得到一条 6 段二次 B 样条曲线,如图 15-11 所示。

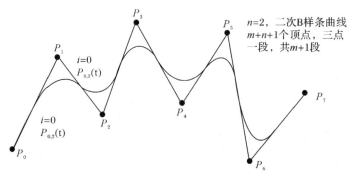

图 15-11　6 段 2 次 B 样条曲线

在实际工程应用中,3 次 B 样条曲线应用比较广泛,可以满足大多数工程问题的需求,其表达式为

$$P_{0,3}(t)=\frac{1}{6}\begin{bmatrix} t^3 & t^2 & t & 1 \end{bmatrix}\begin{bmatrix} -1 & 3 & -3 & 1 \\ 3 & -6 & 3 & 0 \\ -3 & 0 & 3 & 0 \\ 1 & 4 & 1 & 0 \end{bmatrix}\begin{bmatrix} P_0 \\ P_1 \\ P_2 \\ P_3 \end{bmatrix}, \quad 0 \leqslant t \leqslant 1 \quad (15-7)$$

2. 形状优化应用案例

以钢轨结构的形状优化为例进行说明，优化目的是提高抗弯系数，在给定载荷下不发生屈曲，并满足应力要求。分析工况是对钢轨的一端施加恒定的作用力，另一端全约束，如图 15-12 所示。

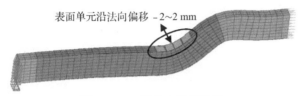

图 15-12 钢轨有限元模型

本例设计变量为形状变化量，设计变量为结构弯曲部位单元的法向移动距离，定义原始状态为 0 mm，移动距离限值为 ±2.0 mm。优化目标是应力最小，约束条件是一阶屈曲系数大于 30，且设计区域体积不大于 8×10^5 mm³。

形状优化后钢轨弯曲部位上表面折弯区单元上移，结构过渡趋缓，一阶屈曲系数提高到 30，且整体应力水平下降，最大应力由 11.68 MPa 降低到 10.90 MPa，降低 6.69%，结构强度提升，达到优化目的。优化前后钢轨应力结果如图 15-13 所示。

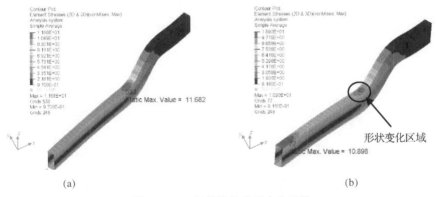

图 15-13 钢轨优化前后应力云图
(a) 优化前；(b) 优化后

15.2.5 尺寸优化

1. 尺寸优化基本理论

尺寸优化是对结构的尺寸和属性参数进行优化，从而提升结构性能。优化对象包括壳的厚度、梁的横截面属性参数、质量属性、复合材料的铺层厚度和角度等。优化目标包括降重、减小应力、提高刚度等。尺寸优化是对结构细节进行优化，是一种成熟且较为简单的优化方法。

在 OptiStruct 中，尺寸设计变量使用 DESVAR 和 DVPREL 卡片定义，建立设计变量与优化目标之间的关系。设计变量可用线性组合方程描述为

$$p = C_0 + \sum DV_i C_i \tag{15-8}$$

式中：p 为优化目标；C_0 为常量，默认值为 0；DV_i 为设计变量；C_i 为与设计变量 DV_i 相关的线性因子。

2. 尺寸优化应用案例

以钣金支架为例进行尺寸优化设计，优化目标是满足一定应力水平的基础上优化零件厚度，实现减重。该支架下端固定，上端受力 15 N，有限元模型如图 15-14 所示。以支架厚度为设计变量，初始值为 2.5 mm，设定下限和上限值分别为 1.0 mm 和 2.5 mm。创建尺寸设计变量，将设计变量与支架属性的厚度参数关联起来；创建应力响应和体积响应，约束条件为支架最大应力小于 100 MPa，优化目标为体积最小化。

图 15-14 支架有限元模型

尺寸优化后支架厚度由 2.5 mm 降为 1.0 mm，如图 15-15 所示；质量由 0.39 kg 减为 0.16 kg，降重 60%，应力满足要求，实现轻量化设计。

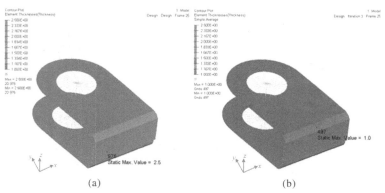

(a)　　　　　　　　　　　　(b)

图 15-15 尺寸优化前后结果对比

(a)优化前；(b)优化后

15.2.6 自由形状优化

1. 自由形状优化基本理论

自由形状优化通过将有限元模型网格节点移动到某个新的位置，确定最佳结构形状，从

而提高结构的性能,如提高刚度、模态,降低应力集中等。自由形状优化与形状优化类似,都是通过网格节点的移动而改变零件的外形,不同的是自由形状优化不需要对网格变形进行定义,只需设置变形边界(如零件运动空间的边界面、边线等),提交软件进行优化计算,自动确定满足约束条件的最佳形状。自由形状优化的扰动矢量是定义与原始网格节点位置的改变,结构的形状改变可用扰动矢量的线性组合来表示,即

$$X = X_0 + \sum DV_i \cdot PV_i \tag{15-10}$$

式中:X 为节点坐标矢量;X_0 为节点设计初始时的坐标矢量;DV_i 为设计变量;PV_i 为与设计变量 DV_i 相关的扰动矢量。

2. 自由形状优化应用案例

本节以压缩机支座为例进行自由形状优化,通过改变几何特征减小局部应力,提高结构强度。压缩机支架有限元模型如图 15-16 所示,校核工况为安装孔全约束,上加载点施加 2 500 N 集中力。创建自由形状设计变量,将支架内圆弧表面节点作为对象,设置网格界面,并以此网格界面创建网格界限约束。创建应力响应和质量响应,约束条件为应力小于 62 MPa,优化目标为质量最小化。

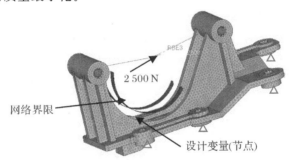

图 15-16 压缩机支架有限元模型

自由形状优化后支座设置网格界面区域的材料增加,整体应力减小,最大应力由 100.82 MPa 降到 61.88 MPa,降低 38.6%,提高了结构强度。优化前后应力云图如图 15-17 所示。

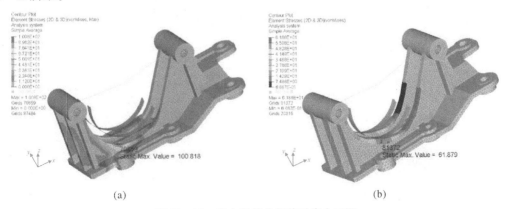

图 15-17 自由形状优化前后应力云图
(a)优化前;(b)优化后

15.3 基于结构优化的轻量化设计实例

实际结构设计过程中,采用单一优化方法往往难以达到设计目标。因此为了得到最优方案,需要综合运用不同的优化方法。本节通过两个实例进行说明。

15.3.1 蓄电池中部连接板轻量化

如图 15-18 所示,蓄电池中部连接板位于蓄电池箱体中部,作用是连接蓄电池左右侧箱体,提高蓄电池箱的整体强度和刚度。该连接板原始方案为 3 mm 等厚设计,质量 4.24 kg,材料为 Q235。连接板验证工况包括 Z 向静强度和模态分析,要求应力小于材料屈服强度,模态高于 35 Hz,加载和约束与车架附件验证方法类似,不再赘述。对原始方案进行分析,一阶约束模态频率为 49.87 Hz,最大应力为 27.11 MPa,可以看出该方案存在设计冗余。本案例优化目标是轻量化设计消除设计冗余,要求轻量化后模态指标不降低且强度满足要求。轻量化思路是采用形貌优化对结构轮廓进行优化,使其结构更为合理,然后运用拓扑优化完成轻量化设计。

首先进行形貌优化。约束与加载方式不变,如图 15-19 所示,设定设计变量和非设计变量区域,以频率和柔度作为优化响应,约束条件为第一阶模态频率大于 49.87 Hz(原方案),优化目标为柔度最小化(即刚度最大)。经优化迭代计算,形变云图如图 15-20(a)所示,几何重构后的有限元模型如图 15-20(b)所示。可以看出,形貌优化可以识别载荷的传递路径并生成加强筋。

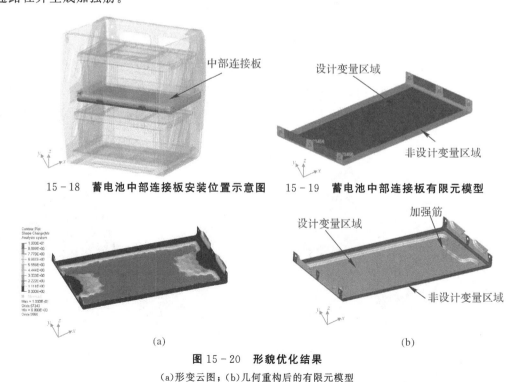

15-18 蓄电池中部连接板安装位置示意图　　15-19 蓄电池中部连接板有限元模型

(a)　　(b)

图 15-20　形貌优化结果

(a)形变云图;(b)几何重构后的有限元模型

对形貌优化后的方案进行静强度和模态分析验证,计算结果如图 15-21 所示。最大应力为 15.49 MPa,小于原方案 27.11 MPa,一阶模态频率为 135.16 Hz,远大于原方案一阶模态频率 49.87 Hz。形貌优化后质量由 4.24 kg 增加到 4.49 kg。在形貌优化方案的基础上继续运用拓扑优化进行轻量化设计。约束与加载方式不变,拓扑优化设计变量区域和非设计变量区域如图 15-21(b)所示,以应力和质量为优化响应,约束静强度工况连接板应力小于 10 MPa,优化目标为质量最小。

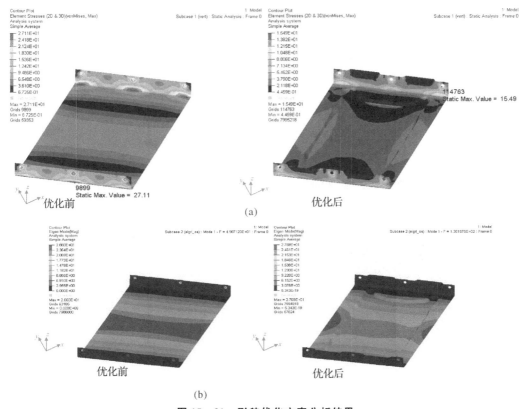

图 15-21 形貌优化方案分析结果
(a)优化前后应力对比;(b)优化前后模态对比

经拓扑迭代计算,得到材料密度分布云图,如图 15-22 所示,可见中间材料对整体强度贡献很小。根据拓扑结果进行几何重构得到零件初步结构(见图 15-23),进一步考虑工艺及实际装配要求对加强筋轮廓内部进行材料去除和翻边处理,最终轻量化方案如图 15-24 所示。

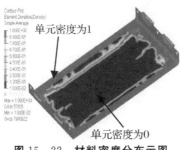

图 15-22 材料密度分布云图

图 15-23 几何重构结果

图 15-24 轻量化方案

对轻量化方案进行验证分析,计算结果如图 15-25 所示。轻量化方案最大应力为 9.48 MPa,小于原方案最大应力 27.11 MPa;轻一阶模态频率为 120.05 Hz,远大于原始方案一阶模态频率 49.87 Hz;质量为 2.41 kg,与原方案相比,实现降重 43.16%。

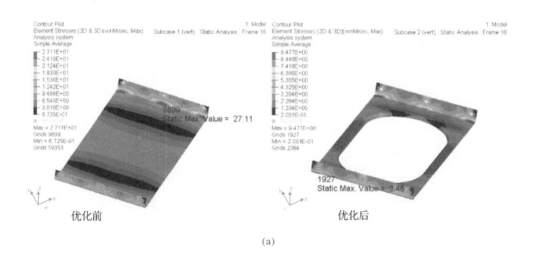

(a)

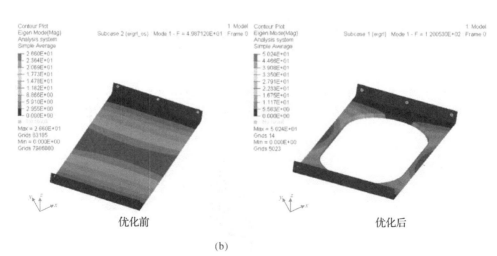

(b)

图 15-25 轻量化方案分析结果

(a)优化前后应力对比;(b)优化前后模态对比

15.3.2 传动轴花键轴叉的轻量化设计

本实例采用自由形状优化和拓扑优化对某传动轴花键轴叉进行轻量化设计。花键轴叉作为传动轴的关键组成部件,连接十字轴与轴管,传递扭矩,如图 15-26 所示。该花键轴叉材料为 40Cr,原始方案质量为 16.36 kg,强度工况参考第 11 章,此处不赘述。对原方案施加 22 000 N·m 的额定扭矩进行静强度校核,花键轴叉最小静态安全因子为 1.43,大于材料强屈比(材料 40Cr 的强屈比为 1.25),花键轴叉轴颈处局部应力较大。轻量化思路是先通过自由形状优化提高花键轴叉轴颈处的局部强度,再通过拓扑优化进行轻量化设计。

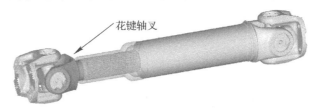

图 15-26 花键轴叉安装位置示意图

首先进行自由形状优化。设计变量和非设计变量区域如图 15-27(a)所示,设计变量区域为轴颈处应力较大的区域,根据花键轴叉和花键套装配空间,确定网格界限面,如图 15-27(b)所示。以应力和质量作为优化响应,约束为应力小于 650 MPa,优化目标为质量最小。经优化迭代计算,得到的形变云图如图 15-28(a)所示,根据优化结果将花键轴叉过渡圆角半径 r 增加 3 mm,重构后的有限元模型如图 15-28(b)所示。

图 15-27 花键轴叉原始方案模型

(a)花键轴叉有限元模型;(b)网格界限面位置示意图

图 15-28 自由形状优化结果

(a)形变云图;(b)重构后的有限元模型

对花键轴叉重构模型进行静扭工况强度验证,计算结果如图 15-29 所示。自由形状优化后方案质量由 16.36 kg 增加为 16.42 kg,最小静态安全因子为 1.58,静强度优于原方案。

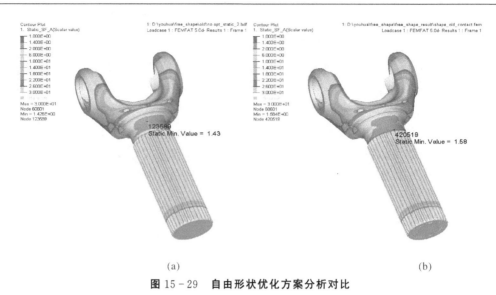

(a)　　　　　　　　　　　　　　(b)

图 15-29　自由形状优化方案分析对比

(a)优化前；(b)优化后

在自由形状优化方案的基础上进行拓扑优化。如图 15-30 所示，花键轴叉与十字轴和花键套安装连接部分为非设计区域，其他为设计区域，将零件应力和质量作为响应，约束条件为应力小于 650 MPa，优化目标为质量最小。

经拓扑迭代计算，材料密度分布云图如图 15-31 所示。根据密度云图进行几何重构，得到零件初步结构，如图 15-32 所示，进一步根据铸造工艺要求和实际装配要求完成方案细化设计，如图 15-33 所示。优化后去除花键轴叉前端局部材料，轴内部空心。

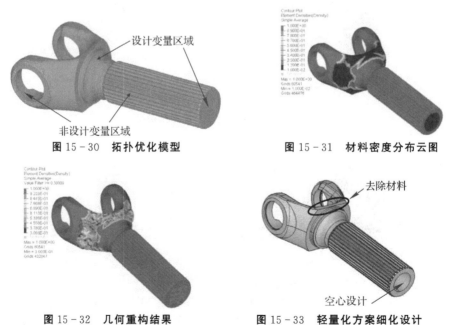

图 15-30　拓扑优化模型　　　　　图 15-31　材料密度分布云图

图 15-32　几何重构结果　　　　　图 15-33　轻量化方案细化设计

优化前后静态安全因子如图 15-34 所示，花键轴叉的最小静态安全因子为 1.63，提高了 0.20。优化后质量为 13.55 kg，实现降重 17.18%。

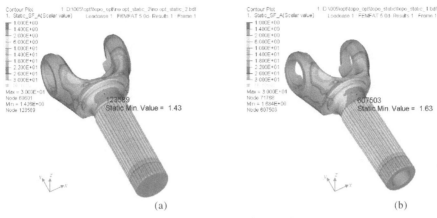

图 15-34 轻量化方案分析对比
(a)优化前；(b)优化后

15.4 基于超单元的结构优化分析

结构优化需要经过多次迭代计算，如果优化模型很大，将会耗费大量的计算时间，而且对计算资源也提出更高的要求。采用超单元分析可大大缩小模型的规模，减少计算时间和资源消耗，降低计算失败的风险，而且带有数据保密作用，是对大型模型结构优化的一种有效手段。

超单元方法是将一个复杂的大模型分为若干个不同的部件，每个部件作为一个超单元，每个超单元可将整个模型分为内部自由度和外部自由度两部分，形成相应边界矩阵，即超单元是独立的，有自己的节点、单元、约束、载荷等。因此，超单元可独立计算。分析时以超单元方法对某个目标部件进行计算，从而代替整个模型的求解。该方法本质上是一种有限元子结构的分析方法，其主要思想是把多个有限元单元通过静力缩聚得到一个超单元，将超单元的力学信息(结构刚度矩阵、质量矩阵、阻尼矩阵与载荷向量等)缩聚到与其他超单元或非超单元结构(通常被定义为"剩余结构")相连的节点上，如图 15-35(a)所示。

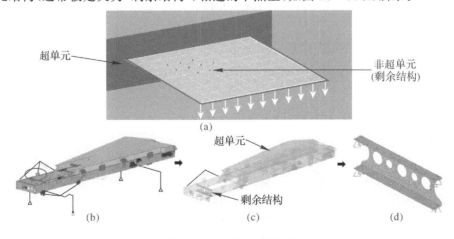

图 15-35 超单元示意图
(a)超单元定义；(b)车架完整模型；(c)二横梁超单元模型；(d)二横梁计算模型

以某车架二横梁分析为例。图15-35(b)为车架完整模型,将二横梁以外零部件作为超单元计算相应的力学信息,如图15-35(c)所示,分析时只需结合超单元力学信息对二横梁模型进行计算,如图15-35(d)所示,可达到与完整车架模型同样的计算效果。

15.4.1 超单元法相关理论

超单元法生成缩聚矩阵时通常采用的是Guyan缩聚算法,该算法是一种静态缩聚,缩减过程对刚度信息的凝聚不会对结构带来较大影响,因此在静力位移的求解上具有较高的计算精度。

Guyan缩聚算法:假设一个结构的自由度数量为n,λ_i和$\varphi_i(i=1,2,3,\cdots,n)$分别为该结构的一对特征值与特征向量,则结构的特征方程可以表示为

$$\boldsymbol{K}\boldsymbol{\varphi}_i = \lambda_i \boldsymbol{M} \boldsymbol{\varphi}_i \tag{15-10}$$

式中:$\boldsymbol{M}$为结构质量矩阵;$\boldsymbol{K}$为结构刚度矩阵;λ_i为结构第i个特征值;$\boldsymbol{\varphi}_i$为结构第i个特征向量。

一般而言,结构质量矩阵$\boldsymbol{M}$为正定矩阵,结构刚度矩阵$\boldsymbol{K}$为正定或半正定矩阵。将式(15-10)扩展至结构位移矩阵$\boldsymbol{X}$,则特征方程可改写为

$$\boldsymbol{KX} = \lambda \boldsymbol{MX} \tag{15-11}$$

为便于后续静力缩聚,可将位移向量分为主自由度方向的$\boldsymbol{X}_m$与从自由度方向的$\boldsymbol{X}_s$,按照自由度的不同类别,结构的刚度矩阵与质量矩阵也可分别划分成4个子矩阵,式(15-11)可以转化为

$$\begin{bmatrix} \boldsymbol{K}_{mm} & \boldsymbol{K}_{ms} \\ \boldsymbol{K}_{sm} & \boldsymbol{K}_{ss} \end{bmatrix} \begin{Bmatrix} \boldsymbol{X}_m \\ \boldsymbol{X}_s \end{Bmatrix} = \lambda \begin{bmatrix} \boldsymbol{M}_{mm} & \boldsymbol{M}_{ms} \\ \boldsymbol{M}_{sm} & \boldsymbol{M}_{ss} \end{bmatrix} \begin{Bmatrix} \boldsymbol{X}_m \\ \boldsymbol{X}_s \end{Bmatrix} = \begin{Bmatrix} \boldsymbol{f}_m \\ \boldsymbol{f}_s \end{Bmatrix} \tag{15-12}$$

当不考虑从自由度方向质量对结构响应的影响时,惯性力为0,令$f_s=0$,将式(15-13)展开,则可以得到如下坐标变化式:

$$\boldsymbol{X}_s = -\boldsymbol{K}_{ss}^{-1} \boldsymbol{K}_{sm} \boldsymbol{X}_m = \boldsymbol{D}_G \boldsymbol{X}_m \tag{15-14}$$

式中:$\boldsymbol{I}_m$为m阶单位矩阵。$\boldsymbol{D}_G$为Guyan缩聚矩阵,可由式(15-13)求得:

$$\boldsymbol{D}_G = -\boldsymbol{K}_{ss}^{-1} \boldsymbol{K}_{sm} \tag{15-14}$$

由此可建立坐标转换公式,即Guyan缩聚式:

$$\boldsymbol{X} = \begin{Bmatrix} \boldsymbol{X}_m \\ \boldsymbol{X}_s \end{Bmatrix} = \begin{bmatrix} \boldsymbol{I}_m \\ \boldsymbol{D}_G \end{bmatrix} \boldsymbol{X}_m = \boldsymbol{T}_G \boldsymbol{X}_m \tag{15-15}$$

通过上述坐标转换之后,结构刚度矩阵的维数大幅降低。

15.4.2 超单元优化分析流程

在结构优化中存在大量的迭代计算,而超单元法可大大减小模型的规模和计算量,因此将超单元法和结构优化相结合,可有效提高机构优化的计算效率。

超单元建立方法较为简单,首先在整体模型中确定超单元的位置和数量,然后将与该超单元相关的初始单元进行集合,形成超单元的质量矩阵、刚度矩阵与载荷矩阵,再按照有限元方法进行矩阵转化,形成结构的总体质量矩阵、刚度矩阵与载荷矩阵,最后把集成的矩阵

运用到目标模型中进行结构计算，具体流程如图 15-36 所示。

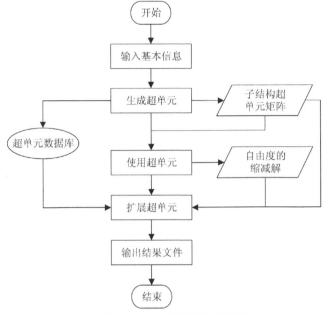

图 15-36 超单元计算流程

运用超单元法进行结构优化分析的主要步骤为：
(1)在完整模型中生成缩减矩阵；
(2)定义优化模型的设计变量、响应、约束、目标；
(3)优化模型中引用缩减矩阵进行计算。

以 Optistruct 为例，对于输出在 .pch 和 .dmg 文件中的缩减矩阵，使用 INCLUDE 关键字引用，对输出在 .h3d 文件中的缩减矩阵，使用 ASSIGN、H3DDMIG 关键字指定。如果仅使用部分缩减矩阵可直接采用关键字引用，主要包括刚度阵 K2GG、质量阵 M2GG、黏性阻尼阵 B2GG、结构阻尼阵 K42GG、荷载向量 P2G 及 P2GSUB、流固耦合阵 A2GG。

对 15.3.1 节蓄电池中部连接板轻量化分析案例，应用超单元法进行结构优化，与采用直接优化计算的结果和时间进行对比。

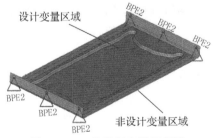

图 15-37 连接板有限元模型

以 HyperWorks 软件为例，使用超单元法进行拓扑优化时，首先生成缩减矩阵，在连接板的 6 个螺栓孔的中心点处定义边界节点集，创建 loadcollect，对边界节点施加类型为 ASET 的约束（见图 15-37）；删除蓄电池中部连接板的单元，创建控制卡片 param/

EXTOUT;进行计算可从蓄电池箱完整模型中输出以.pch 为后缀名的缩减矩阵文件;定义优化模型与 15.3.1 节保持一致,删除其余部分模型,只保留连接板;引用缩减矩阵,在控制卡片中创建 include bulk,载入生成的.pch 文件,创建 K2GG=KAAX 和 P2G=PAX,用于调用刚度矩阵和载荷向量,设置完成后提交拓扑优化计算。优化后的单元密度云图如图 15-38 所示。

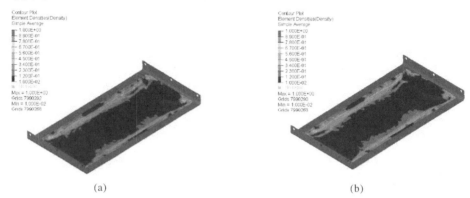

图 15-38　优化后的单元密度云图
(a)超单元法拓扑优化结果;(b)直接拓扑优化结果

由图 15-38 可以看出,采用超单元和直接优化得到的结果一致。采用超单元法优化计算耗时 3 min,直接优化耗时 41 min。由此可见,采用超单元法结果可信,且计算用时大大减少,配合结构优化分析可解决大型模型优化困难问题,并大幅提高计算效率。

参 考 文 献

[1] 洪清泉,赵康,张攀.OptiStruct & HyperStudy 理论基础与工程应用[M].北京:机械工业出版社,2013.

[2] 郭冬青.客车驱动桥壳的特性分析及轻量化设计[D].太原:太原理工大学,2015.

[3] 李直.重型自卸车车箱优化设计[D].太原:太原理工大学,2013.

[4] 宋晓磊.轿车白车身结构设计与优化[D].镇江:江苏大学,2015.

[5] 张朋飞.形状优化与有限元网格重构研究[D].武汉:武汉理工大学,2015.

[6] 龚来智.增程式电动汽车车架及后悬架静动态分析与优化[D].合肥:合肥工业大学,2014.

[7] 谭志成.面向桥梁有限元模型修正的超单元虚拟变形法研究[D].哈尔滨:哈尔滨工业大学,2016.